U0070982

ISBN 978-986-97233-4-3

執著離念靈知心為實相心而不肯捨棄者，即是畏懼解脫境界者，即是畏懼無我境界者，即是凡夫之人。謂離念靈知心正是意識心故，若離**俱有依**（意根、法塵、五色根），即不能現起故；若離**因緣**（如來藏所執持之覺知心種子），即不能現起故；復於眠熟位、滅盡定位、無想定位（含無想天中）、正死位、悶絕位等五位中，必定斷滅故。夜夜眠熟斷滅已，必須依於**因緣**、**俱有依**緣等法，方能再於次晨重新現起故；夜夜斷滅後，已無離念靈知心存在，成為無法，無法則不能再自己現起故；由是故言**離念靈知心是緣起法**、**是生滅法**。不能現觀離念靈知心是緣起法者，即是未斷我見之凡夫；不願斷除**離念靈知心常住不壞之見解**者，即是恐懼解脫無我境界者，當知即是凡夫。

——**平實導師**——

一切誤計**意識心為常**者，皆是佛門中之常見外道，皆是凡夫之屬。意識心境界，依層次高低，可略分爲十：一、處於欲界中，常與五欲相觸之離念靈知；二、未到初禪地之未到地定中，暗無覺知而不與欲界五塵相觸之離念靈知，常處於不明白一切境界之暗昧狀態中之離念靈知；三、住於初禪等至定境中，不與香塵、味塵相觸之離念靈知；四、住於二禪等至定境中，不與五塵相觸之離念靈知；五、住於三禪等至定境中，不與五塵相觸之離念靈知；六、住於四禪等至定境中，不與五塵相觸之離念靈知；七、住於空無邊處等至定境中，不與五塵相觸之離念靈知；八、住於識無邊處等至定境中，不與五塵相觸之離念靈知；九、住於無所有處等至定境中，不與五塵相觸之離念靈知；十、住於非想非非想處等至定境中，不與五塵相觸之離念靈知。如是十種境界相中之覺知心，皆是意識心，計此爲常者，皆屬常見外道所知所見，名爲佛門中之常見外道，不因出家、在家而有不同。

——**平實導師**——

如《解深密經》、《楞伽經》等聖教所言，成佛之道以親證阿賴耶識心體（如來藏）為因，《華嚴經》亦說**證得阿賴耶識者獲得本覺智**，則可證實：證得阿賴耶識者方是大乘宗門之開悟者，方是大乘佛菩提之眞見道者。經中、論中又說：證得阿賴耶識而轉依**識上所顯真實性**、**如如性**，能安忍而不退失者即是**證真如**、即是大乘賢聖，在二乘法解脫道中至少為初果聖人。由此聖教，當知親證阿賴耶識而確認不疑時即是開悟眞見道也；除此以外，別無大乘宗門之眞見道。若別以他法作為大乘見道者，或堅執**離念靈知**亦是實相心者（堅持意識覺知心離念時亦可作為明心見道者），則成為實相般若之見道內涵有多種，則成為實相有多種，則違實相絕待之聖教也！故知宗門之悟唯有一種：親證第八識如來藏而轉依如來藏所顯眞如性，除此別無悟處。此理正眞，放諸往世、後世亦皆準，無人能否定之，則堅持離念靈知意識心是眞心者，其言誠屬妄語也。

——**平實導師**——

目次

第十八輯：

第十九輯：

第二十輯：

第二十一輯：

自序

大乘佛法勝妙極勝妙，深奧極深奧，廣大極廣大，富麗極富麗，謂此唯一佛乘妙法，意識思惟研究之所不解，非意識境界故，佛說為不可思議之大乘解脫境界，名為大乘菩提一切種智，函蓋大圓鏡智、成所作智、妙觀察智、平等性智；然而此等極勝妙乃至極富麗之佛果境界，要從因地之大乘眞見道始證，次第進修方得。然大乘見道依序有三個層次：眞見道、相見道、通達位。眞見道者位在第七住；相見道位始從第七住位之住心開始，終於第十迴向位滿心；通達位則是圓滿相見道位智慧與福德後，進修大乘慧解脫果，再依十無盡願的增上意樂而圓滿，名為初地入地心菩薩。眾生對佛、法、僧等三寶修習信心，十信位滿心後進入初住位中，始修菩薩六度萬行，皆屬外門六度之行；逮至開悟明心證眞如時，方入眞見道位中；次第進修相見道位諸法以後，直到通達而得入地時，歷時一大阿僧祇劫，故說大乘見道之難，難可思議。

大乘眞見道之實證，即是證得第八識如來藏，能現觀其眞實而如如之自性，名爲證眞如；此際始生根本無分別智，同時證得本來自性清淨涅槃。乃至證悟般若不退而繼續進修之第七住位始住菩薩，轉入相見道位中，歷經第一大阿僧祇劫中三十分之二十有四的長劫修行，同時觀行三界萬法悉由此如來藏之妙眞如性所生所顯，證實《華嚴經》所說「三界唯心、萬法唯識」正理；如是進修眞如後得無分別智，終能具足現觀非安立諦三品心而至十迴向位滿心，方始具足眞如後得無分別智，相見道位功德至此圓滿，然猶未入地。

此時思求入地而欲進階於大乘見道之通達位中，仍必須進修大乘四聖諦，現觀四諦十六品心及九品心後，要有本已修得之初禪或二禪定力作支持，方得相應於慧解脫果；或於此安立諦具足觀行之後發起初禪爲驗，證實已經成就慧解脫果；此時已能取證有餘、無餘涅槃，方得與初地心相應，而猶未名初地。而後再依十大願起惑潤生，發起繼續受生於人間自度度他之無盡願，不畏後世長劫生死眾苦，於此十大無盡願生起增上意樂而得入地，方得名爲大乘見道之通達位，眞入初地之入地心中，完成大乘見道位所應有之一切修證。此時已通達大乘見道位應證之眞如全部內涵，圓滿大乘見道通達位應有之無生法忍智慧，及慧解脫果與增上意樂，方證通達位之無生法忍果，方得名爲始入初地心之菩薩。

然而觀乎如是大乘見道之初證眞如，發起眞如根本無分別智，得入第七住位，成爲眞見道菩薩摩訶薩；隨後轉入相見道位中繼續現觀眞如，實證非安立諦三品心而歷經十住、十行、十迴向位之長劫修行，具足眞如後得無分別智，生起初地無生法忍之初分，配合解脫果、廣大福德、增上意樂，名爲通達見道位眞如而得入地。如是諸多位階所證眞如，莫非第八識如來藏之眞實與如如二種自性，同屬證眞如者。依如是正理，故說未證眞如者，皆非大乘見道之人；證眞如者謂現觀如來藏運行中所顯示之眞實與如如自性故，實相般若智慧依如來藏之眞如法性建立故，萬法悉依如來藏之妙眞如性而生而顯故，本來自性清淨涅槃亦依如來藏之眞如法性建立故。

如是證眞如事，於眞藏傳佛教覺囊巴被達賴五世藉政治勢力消滅以後，由於時局紛亂不宜弘法故，善知識不得出世弘法，三百年間已經不行於人世。及至時局昇平人民安樂之現代，方又重新出現人間，得以繼續利樂有緣學人。然而，縱使末法時世受學此法而有實證之人，欲求入地實亦匪易，蓋因眞見道之證眞如已經極難親證，後再論及相見道位非安立諦三品心之久劫修行，而能一一教授弟子四眾者，更無其類；何況入地前所作加行之教授，而得具足實證大乘四聖諦等安立諦十六品心、九品心者？眞可謂：「善知識者出興世難，至其所難，得值遇難，得見知難，得親近難，得共住難，得其意難，得隨順難。」如是八難，具載於《華嚴經》中；徵之於末法時世之現代佛教，可謂誠言，眞實不虛。

縱使親値如是善知識已，長時一心受學之後，是否即得圓滿非安立諦三品心及安立諦十六品心、九品心而得入地？觀乎平實二十餘年度人所見，誠屬難事；殆因大乘見道實相智慧極難實證，何況通達？復因大乘慧解脫果並非隱居深山自修而可得者，如是證明初始見道證眞如已屬極難，更何況入地進修之後，所應親證之初地滿心猶如鏡像現觀，解脫於三界六塵之繫縛；二地滿心猶如光影之現觀，能依己意自定時程及範圍而轉變自己之內相分，令習氣種子隨於自己施設之進程而分分斷除；三地滿心前之無生法忍智慧，能轉變他人之內相分；以及滿心位之猶如谷響現觀，能觀見自己之意生身分處他方世界廣度眾生，而使無生法忍及福德更快速增長。至於四地心後之諸種現觀境界，更難令三賢位菩薩了知，何況未證謂證、未悟言悟之假名善知識，連第七住菩薩眞見道所證眞如都只能想像者？

雖然如此，縱使已得入地，而欲了知佛地究竟解脫、究竟智慧境界，亦仍無法望其項背，實因初地菩薩於諸如來不可思議解脫及智慧仍無能力臆測故。縱使已至第三大阿僧祇劫之修行——已得八地初心者，亦無法全部了知諸佛的境界，則無法了知佛法之全貌，如是而欲了知十方三世諸佛世界之關聯者，即無無其分。以是緣故，世尊欲令佛子四眾如實了知三世佛教之亙古久遠、未來無盡，以及十方虛空諸佛世界等佛教之廣袤無垠；亦欲令弟子眾了知世間萬法、出世間法及實相般若、一切種智無生法忍等智慧，悉皆歸於第八識如來藏妙眞如性者，則必於最後演述《妙法蓮華經》而圓滿一代時教；是故 世尊最後演述《法華經》時，一仍舊貫而如《金剛經》稱此第八識心爲「**此經**」，冀諸佛子醒悟此理而捨世間心、聲聞心，願意求證眞如之理，久後終能確實進入絕妙難思之大乘法中。斯則世尊顧念吾人之大慈大悲所行，非諸凡愚之所能知。

然而法末之世，竟有身披大乘法衣之凡夫亦兼愚人，隨諸日本歐美專作學問之學者謬言，提倡六識論之邪見，以雷同常見、斷見外道之邪見主張，公開否定大乘諸經，謂非佛說，公然反佛聖教而宣稱「**大乘非佛說**」。甚且公然否定最原始結集之四大部阿含諸經中之聖教，妄判爲六識論之解脫道經典，公然貶抑四阿含諸經中之八識論正教，令同於常見外道之六識論邪見；全違 世尊依八識論而解說聲聞解脫道之本意，亦令聲聞解脫道同於斷見、常見外道所說之解脫，則無餘涅槃之境界即成爲斷滅空而無人能知、無人能證。如是住如來家，著如來衣，食如來食，藉其弘揚如來法之表相，極力推廣相似像法而取代聲聞解脫道正法，最後終究不免推翻如來正法；如斯之輩至今依然寄身佛門破壞佛法，而佛教界諸方大師仍多心存鄉愿，不願面對如是破壞佛教正法之嚴重事實，仍多託詞高唱和諧，而欲繼續與諸多破壞佛教正法者**和平共存**，以互相標榜而**維護名聞利養**。吾人若繼續坐令如是現象存在，則中國佛教復興，以及中國佛教文化之推廣，勢必阻力重重，難以達成；眼見如是怪象，平實不得不詳解《法華經》之眞實義，冀能藉此而挽狂瀾於萬一。

如今承蒙會中多位同修共同努力整理，已得成書，總有二十五輯，詳述《法華經》中 世尊宣示之眞實義，因名《法華經講義》，梓行於世，冀求廣大佛門四眾捐棄邪見，回歸大乘絕妙而廣大無垠之正法妙理，努力求證，共爲復興中國佛教文化、抵禦外國宗教文化之侵略而努力，則佛門四眾今世、後世幸甚，中國夢在文化層面即得實現。乃至繼續推廣弘傳數十年後，終能使中國成爲全球最高階層文化人士的歸依聖地、精神祖國；流風所及，百年之後遍於歐美社會各層面中廣爲弘傳，則中國不唯民富國強，更是全球唯一的文化大國。如是復興中國佛教文化之舉，盼能獲得廣大佛弟子四眾之普遍認同，乃至廣有眾人付諸實證終得廣爲弘傳，廣利人天，其樂何如。今以分輯梓行流通在即，因述如斯感慨及眞實義如上，即以爲序。

佛子　**平實**　謹序

公元二〇一五年初春　謹誌於竹桂山居

第二十四輯：

《妙法蓮華經》

〈觀世音菩薩普門品〉第二十五（上承第二十三輯同一品未完部分）

可是這樣講解過了，也只是事相上的說明，那麼理上該怎麼說呢？你們聽到我要從理上解說，眼睛可就大起來了。我們從這一些偈的第三行開始講：「我為汝略說，聞名及見身，心念不空過，能滅諸有苦。」前六句就等這四句說完了再來解說。世尊說：「我釋迦如來為你無盡意菩薩大略的來說明，只要聽聞到『觀世音菩薩』名號了，或者甚至相應到『觀世音菩薩』現身，從此以後心心念念都不會空過，可以滅掉三有之苦。」請問「聞名」是聞什麼名？「聽到『觀世音菩薩摩訶薩』這個名號」到底是指什麼？欸！就是如來藏。如果沒有眞正的善知識出世來解說，就會成為前面我剛講過的，只在事說上面的聞名；可是在理上聽聞到「觀世音菩薩」之名，想要從理上聽聞到世尊在〈普門品〉中說的「應該要稱呼『南無觀世音菩薩摩訶薩』」的理，也並不容易，得要有夠多的福德才行，所以世尊說：「每一個有情各自都有一個能觀聽五陰世間音聲的菩薩摩訶薩。」只要這麼聽聞過一次，未來就已經是「心念不空過」的了。

因爲你聽聞之後開始知道：「在我這個五蘊身中是有一個清淨聖者『觀世音菩薩摩訶薩』同在。」那麼你心心念念就會記掛著這件事情，這就是唯識學中說的心中似有物，世親菩薩的《唯識三十論頌》中是怎麼說的：「現前立少物，謂是唯識性；」也就是說，有一個眞實常住、性如金剛的不可壞識永恆存在，祂是眞如法性，萬法都由這個識而成立。由於你聽到善知識告訴你說：「你有一個自性的『觀世音菩薩』，能夠作爲你的依怙；而祂出生了你這個五陰世間，然後時時刻刻都在觀聽你這個五陰世間的音聲。」有智慧的人，聽聞而知道了，在心中建立了這個正知見，並且也信受了，唯識學這兩句講的就是這個正見智慧。

你聽到了以後也相信了，你有一天就會問：「到底這個『觀世音菩薩』

實際上的名稱叫作什麼？」你會去問別人，眞正的善知識就會告訴你：「這個心就叫作眞如，又叫作如來藏，也就是第八識。」他一定會告訴你。那你聽了以後心裡面說：「喔！原來我也有眞如欸！不是只有諸佛才有。」心中很歡喜，知道說：「我死了以後不是斷滅空，依止祂再轉生去到後世。」你心中這樣子信受了；這就是說，在你眼前先幫你建立起正知見。

眼下似乎有這麼一個東西確實存在，這叫作「現前立少物」；「就好像有這麼一個東西建立起來，說祂叫作眞如，就是我自己的『觀世音菩薩』，原來就是念佛人講的自性彌陀。」那麼這一個現前所立的似乎有一個東西存在的祂叫作什麼？就叫作萬法唯識的眞實性：「謂是唯識性。」也就是說萬法唯識。萬法要「唯」什麼識而有？唯第八識而有；第八識有什麼法性？有眞實而如如的法性，「眞實」就是確實存在而能生萬法；這就是實證佛法的大乘菩提善知識，要先在你心中建立有一個眞如的概念，讓你建立正確的實證方向，將來你才有可能實證，再也不會落入身見之中。

而這個眞如，在〈普門品〉裡面叫作「觀世音菩薩摩訶薩」；所以你只要聽到這個名稱，心裡記住了，未來世你重新聽到的時候，自然而然就信受了；於是以後你只要聽到人家談佛法時，只是跟你講四聖諦、八正道、緣起性空，你聽了不會很喜歡，因爲那些聲聞法聽起來全部都是無常、斷滅、不眞實。可是突然間聽到別人講眞如如何、如何，或者說自性彌陀如何、如何時，你心中就歡喜了，這不叫作「心念不空過」嗎？因爲這個種子在某一世種進心田以後，你生生世世就不愛聽二乘菩提，就是愛聽佛菩提，於是從聽聞時開始，都是「心念不空過」。

那你如果「聞名」之後，而且眞的「見身」了——看見你自己的「觀世音菩薩摩訶薩」，祂現前給你看，你「見身」了，一定更是「心念不空過」。打從你看見自己的「觀世音菩薩摩訶薩」以後，叫你去否定祂，你還否定不了；你根本不想否定，從此就歸命於祂了。即使過去有人在我幫助下實證以後又心疑，因此而退轉後自以爲增上實證了，其實他們沒有、也不能否定這個第八識心的存在；他們只是慧根、慧力不足，於是心疑而產生了頭上安頭的現象，但始終不曾否認過這個第八阿賴耶識的存在。所以說，聽到善知識依〈普門品〉在講自心「觀世音菩薩摩訶薩」的時候，心中就慶幸說：「好在我有看見自己的『觀世音菩薩摩訶薩』現身了！」

從此以後叫你要把祂忘了還眞難！截至目前爲止，我所度的那麼多人之中，就只有一個人忘了祂，天下竟有這種人！怪不得他會退轉，那我們也就不談他了；從古代到今天，我也只曾遇到過這麼一個人。所以你只要看見祂現身，從此以後一定「心念不空過」。當你在禪三時找到「觀世音菩薩摩訶薩」時，你會不斷地體驗祂；然後回家，《金剛經》等般若諸經，你就一直讀下去，離不開手。爲什麼會這樣子？因爲你想要對祂瞭解更多，這也是「心念不空過」。所以有的人禪三解三回家以後，拿了我的書一直讀，忘了打禪三時累到難以想像，竟然還讀到天亮，捨不得睡覺，然後就直接去上班，也有人這樣子。因爲太妙、太妙了！原來祂還有這麼多功德。一直到下班回家才去睡覺。

禪三期間已經嚴重睡眠不足了，解三回家以後還一直讀，讀到天亮直接去上班，你說世間有這種人嗎？有啦！眞的有！這眞的叫作「心念不空過」。你一旦看見祂爲你現身了——見到祂全身現前了，你再也不會把祂忘了；這時對你來說，在理上的所見，三有諸苦已經都不存在了。雖然你也許原來有慢性病，例如有的人腎臟不好、肝臟不好等等，這些慢性病還是繼續存在著，還是有苦啊！可是你的精神層面已經脫離這些五陰中的苦：「因爲這是色陰的事，那我連覺知心都否定了，我現在的覺知心不把自己當作是眞的，把覺知心依附於我的『觀世音菩薩摩訶薩』，所以我的覺知心就跟著『菩薩』變成眞實的；但這一些三有諸苦都是色陰的事了，與我覺知心和我的『菩薩』無關了。」而色陰是虛妄的，所以你從理上已經滅掉這三有諸苦。心想：「從此以後就算輪迴三惡道去，我依舊不是斷滅，我依舊會回到『觀世音菩薩』的正知上面來，然後我在三界之苦自然滅除了。」這就是「能滅諸有苦」。

然後回頭來解說前六句：「汝聽觀音行，善應諸方所；弘誓深如海，歷劫不思議，侍多千億佛，發大清淨願。」我就不必解說太多，諸位一聽就懂了。但是在理上，世尊吩咐說：「你聽我講解『觀世音菩薩』的種種清淨行，祂很擅長感應五陰於任何的處所；而祂的偉大誓願深廣猶如大海一般，這樣的行爲已是經歷過無量無邊不可思議阿僧祇劫，祂也侍奉過千億諸佛了，發了很大的清淨願。」請問諸位：你家的「觀世音菩薩」有沒有「善應」你這個五陰於一切方所？當然是有。那麼無數劫來，祂有沒有奉侍過你們自己世世的五陰未來佛？一樣是有！往昔奉侍世世的五陰未來佛，所經歷過的時間，你能夠計算出來嗎？不能！這樣子，是不是「弘誓深如海」？是不是「歷劫不思議，侍多千億佛」？由此可見祂確實是「發大清淨願」，否則怎能如此？這樣子一聽，已明心的人也就明白了，我也就不必再多說了。

接著說：「假使興害意，推落大火坑，念彼觀音力，火坑變成池。」假使有人興起了殘害法身慧命的意念來，是什麼樣的情形會興起殘害法身慧命的意念？現成的例子，譬如有人來勸你：「我們這個法比正覺的法更勝妙，可以即身成佛。」假使你明心了，你聽到人家這麼說；由於你以前沒有聽聞過密宗是什麼東西，這時你就會問他：「那麼請問，你們密宗是怎麼修的，可以即身成佛？竟然是在這個身體上就可以成就佛果？」你一定不會想偏爲「在這個色身上成佛」，你一定會當作是「利用這一世的色身修行成佛」，因爲身體只可以用一世。當他告訴你說要如何廣行樂空雙運，以這個色身來成佛等等，你一定馬上想：「這不是要推我落入邪見火坑嗎？」

因爲這個色身永遠是無常之法，憑什麼要以這個色身爲主而修行成佛？你一聽就懂了：「唉呀！他要推我掉下大火坑去啦！」那你就「念彼觀音力」——觀察自己的「觀世音菩薩摩訶薩」，這個境界中是寂滅、清淨、清涼，而且常住不變，永遠都是眞如法性、本來涅槃；那你這時憶念到「觀世音菩薩摩訶薩」這個本來解脫的清涼境界時，祂的威神力就顯現出來了，你一看：「唉呀，這個密宗是大火坑啊！」可是這時候你會說：「在他們這個火坑裡面其實也是清涼池啦！你們喇嘛們懂不懂呢？」你就會反問他們。

一定會反問，爲什麼呢？因爲你很清楚知道：這就像《華嚴經》的婆須蜜多菩薩講的一樣，所以你就告訴他們說：「當你們樂空雙運的時候，其中也有本來自性清淨的『觀世音菩薩摩訶薩』，知道嗎？」他們一聽，心中懷疑說：「哪有？我們雕的觀世音菩薩摩訶薩的像，都不是雙身像啊！」他們一定會想到這邊去，因爲他們都在事相上用心。那麼你說：「我講的不是這個，我講的是你這位喇嘛自己，以及配合你雙修的那個明妃女性，你們兩個人各自都有毗盧遮那佛在身上，我們在《法華經》中又稱爲『觀世音菩薩摩訶薩』。但你們竟然都不要祂，都在追逐最後面、最粗淺的純感官的樂空雙運我所境界；你們這個其實是大火坑，死後只會下墮三惡道啦！」

再告訴他這個道理：「可是在我看來，你們這個大火坑裡面，也就是當你們兩個人雙修的時候，卻有兩朵大紅色的很光明、很清淨的蓮花在那裡面，你們看見了沒有？」告訴他：「對我來說，那個大火坑也是個清涼池。」他們一定聽不懂，就說：「你到底在講什麼？」因爲他們一定聽不懂啊！也因爲他們連一點點基本佛法的正知見都沒有，絕對聽不懂的。那他們如果一天到晚糾纏著你說：「既然如此，顯然你成佛比我們快；我們是即身成佛，你應該是即念成佛，是在一念之間就成佛了，那你比我們快，你教教我們吧！」你就說：「我可沒空，你想要學，去正覺比較快。」眞的呀！因爲在這種大火坑之中，只要你從其中去看到「觀世音菩薩摩訶薩」，那時一念歸命，也就跳出那個大火坑了，他們再也無法去誘惑你了。

這就是說，大火坑其實處處都有；可是大火坑之所以成爲火坑，最根本的原因是「自戀」——愛戀自己這個五陰，愛戀的結果就會由五陰我而成就了種種欲望；我就說這是愛戀成欲。由於自我愛戀成欲的結果，也就會愛他，所以一切眾生都愛家屬，根本的原因則是愛自己啊！爲什麼呢？因爲這是「我的」父母，落在「我的」上面啊！這是「我的」妻子、「我的」先生，這是「我的」兒女，所以他會愛別人，全都是因爲愛自己這個我。同樣的道理，「上帝愛世人」，這是從什麼開始的？從「愛他上帝自己」

開始的！基督教上帝的眷屬欲非常之強，誰不信他，他就生起瞋心，降下大火、大水來弄死異教徒。那麼，如果以配偶之間來說，我就說「自愛成欲，愛他成淫」，都是因爲愛對方，所以成就了淫事，因此欲火之坑便成就了。然而這只是在欲界中一個又一個小火坑，大家喜歡在裡面打滾就打滾，本來也沒什麼大事；可是密宗把它擴大貪愛，所以他們已經受了密灌的人，要每天尋找不同的對象，不斷地去樂空雙運，說那個遍身淫樂的境界就是報身佛的快樂境界。這是密宗的基本或根本教義，喇嘛本身就是這樣從小被教導長大的，所以推廣以後就變成大火坑了！

如果有人要你去密宗裡學習樂空雙運、領受密灌，在密灌之後就不是只有一對一的夫妻之間修學了，還得要不斷地去交換對象，雖然不一定同時同處輪座雜交，但是卻教導你說，要每一次都儘可能去改換對象；喇嘛們常常會出問題，也就在這裡，這時也就是被推落大火坑了。可是假使你還沒有證得自己的「**觀世音菩薩摩訶薩**」，而你知道自己的「**觀世音菩薩摩訶薩**」境界中，永遠都是寂靜、清涼，也是寂滅而眞實的，並且常住不變，因爲離見聞覺知、性如金剛而不可壞，這時你就說：「**那我若是改依你所說的樂空雙運的境界，其實只是五蘊的我所境界而已，會使人死後下墮三惡道，你就是要引誘我落入大火坑囉！欸！我想一想，我的『觀世音菩薩摩訶薩』可不是這個境界，而是本已解脫的境界啊！」那你縱使一時被騙而修學了，修學久了以後當然也會知道眞相啊！其實他們那個大火坑之中，依舊是有清涼池的，只是他們自己不知道而已；你一旦看清楚了，自然便解脫於密宗那個「大火坑」了，所以說「火坑變成池」。

可是如果從佛菩提道來看二乘菩提——從菩薩來看定性聲聞的時候，大火坑是什麼呢？正是無餘涅槃，也就是「涅槃貪」。因爲你修學菩薩道之目的是要成佛，如果想要成佛，就應該具足四種涅槃；要具足四種涅槃就必須次第修學，到達佛地才能具足；結果半路上突然間厭棄了辛苦的佛菩提道，想要取無餘涅槃，這就是佛菩提道中最大的「大火坑」了。因爲一旦趣向無餘涅槃，你的法身慧命就完了。所以從菩薩來看定性聲聞，從佛菩提來看二乘菩提時，最大的火坑還不是密宗那個樂空雙運，因爲不愼誤入密宗而貪著淫樂境界時，終究會有一世再遇到正法，知道他們的錯誤，立刻就能回頭依止自己的「觀世音菩薩」；可是一旦入了無餘涅槃，可就再也沒機會回到佛菩提道了。所以從法身慧命來看，對二乘法的「涅槃貪」才是最大的「大火坑」！

可是當你知道自己的「觀世音菩薩摩訶薩」，當你心中對於入無餘涅槃有所愛樂的時候，你心中會想：「不對呀！我依止於『觀世音菩薩摩訶薩』，就不應該入無餘涅槃啊！我若是入了涅槃，法身慧命可就壞掉了。」所以這時「念彼觀音力，火坑變成池」。這時那個二乘無餘涅槃的功德，即使你已經實證了，捨壽時可以入無餘涅槃，但你只會把它拿來作爲佛菩提道中的一個幫助與證量，而不會想要在捨壽時趣入無餘涅槃，所以這時候「火坑變成池」。

「或漂流巨海，龍魚諸鬼難，念彼觀音力，波浪不能沒。」在佛菩提道的長遠修行過程中，很多人往往漂流於巨海中，而他們自己都不知道。巨海是什麼？就是自性大海。不但佛子，一般眾生也都是在自性大海中不斷地漂流，然後把這一些枝末的自性當作是眞實法，都不知道是依於如來法身——也就是依於自己的「觀世音菩薩摩訶薩」的威神之力，才能有這一些無量無邊的自性；但是因爲不懂，所以在這一些自性上面去貪著，捨本逐末而成爲自性見外道，也就是佛門中自以爲已見佛性的凡夫僧。

佛門中的法師們最喜歡罵人家「自性見外道」，有沒有呢？因爲我也曾經被他們罵過啊！可是自性見外道究竟是落在什麼自性裡面？是落在色陰的自性裡面，落在識陰的自性裡面，落在受、想、行陰的自性裡面，總是不離五陰等自性，不離見聞覺知等自性，這就是自性見外道的落處。且不說那些自性見外道，就說責罵自性見外道的那些佛教法師們好了，他們自己也一樣是流落於、漂流於自性大海之中；所以他們講的一大堆所謂佛法，講來講去也都離不開識陰的自性，所以他們一樣是自性見外道。而我這個被他們責爲自性見外道的人，教導給佛教界的法，卻從來不在五陰的任何自性中，那麼誰才是自性見外道呢？也就昭然分明了。

簡單地說，凡是不承認自性「觀世音菩薩摩訶薩」第八識的人，他們全都落入自性見之中，他們全都漂流於自性見的大海中，因爲他們既不想墮入斷見中，就必須回頭抓住識陰六識等自性，以及伴隨識陰而存在的其餘四陰的自性；也就不斷地在「性海」之中漂流，一望無際，始終沒有登岸之處。那麼在這個自性大海之中，可就有許多奇奇怪怪的事情出現——惡龍之難、大魚之難、諸鬼之難。

你們自己去想一想就會知道，在自性大海中有許多種「龍魚諸鬼難」；所以有人學佛之後，學到後來去練什麼禪功，說練了那個禪功以後就會開悟；可是他們宣稱開悟又是悟到了什麼？只是悟到如來藏所生的五陰種種自性中，才會在那邊宣稱：「我已經打通任督二脈，所以我開悟了。」打通任督二脈跟開悟有什麼關係？不管他的禪功有多厲害，不過就是五陰的自性而已，還是在自性大海裡面漂流著；這一些外道法的擾亂，若不是惡龍之難，就是大魚之難，不然就是諸鬼之難。反正學佛以後他們都開始弄一些奇奇怪怪的東西，說那就是佛法。

也有人說：「打禪七時，每天都要好好盤腿，最少要盤五天；每天都要一念不生，坐到後來，你會看見自己身體變得好大，比寺中的佛殿還要大，那就是色界天身現前。」這是錯把欲界定中的幻覺當作證得色界境界了，那你說，這不叫作鬼難，又要叫什麼？因爲他遭了妄想鬼。所以佛法的實修過程中，這一類「龍魚諸鬼難」非常多，都是因爲五陰的自性太多了，淺智學人不懂得捨離。那麼這時你只要一念回歸於「觀世音菩薩摩訶薩」第八識，由於如來藏「觀世音菩薩」的威神之力，這一些「龍魚諸鬼難」，在自性大海裡面再怎麼樣興風作浪，可都無法淹死你啦！這就是「波浪不能沒」。今天講到這裡。

天氣眞的好熱（編案：這是二〇一三年八月六日所說），諸位還是趕來聽經，精進如此，令人感佩。我想大概會一年比一年熱，可是我們講堂冷氣更新的速度好像是趕不上；其實是我們沒有一直在更新，只是不斷在加強。但因爲都是三十年的老機子，都是我們冷氣組的同修們不斷地去維護，並且繼續擴充它的功率才能用到今天，所以那些老舊冷氣機也該退休了，因爲它們都已三十幾歲了。我們計畫今年冬天要更新，更換比較環保的新機子，所以在這個夏天還請諸位多多包涵。

《妙法蓮華經》上週講到一百九十三頁倒數第四行，說很多的學佛人都在自性巨海中漂流，總是落入如來藏的自性、五蘊的自性、十八界的自性之中，不斷地漂流於法性之海中捨本逐末，卻不知道原鄉究竟在何處？也就是不曉得自己的「觀世音菩薩摩訶薩」之所在。那麼今天要從倒數第三行開始：

「或在須彌峰，爲人所推墮，念彼觀音力，如日虛空住。」須彌峰是物質世間，也就是粗重的物質世間的最高峰，須彌峰是忉利天所住的境界；因爲那是粗重物質世間的最高處，所以與人間關係最密切的諸天有兩個，就是欲界六天中最低的四王天和忉利天。人間的許多事物就由忉利天在掌管著，忉利天之下有四天王天，這四天王天各有一位天王，總共有四位，直接在人間處理許多事務，所以人間萬一有什麼大不平時，他們往往會來干預。

但是四王天歸忉利天所管，也就是從欲界人間上去的第二天；那忉利天在須彌山頂，又區分成三十三天，中央有一天，東、西、南、北四方各有八天，所以總共是三十三天，因此忉利天又名三十三天。那麼這個忉利天的三十三天，與人間關係密切，所以在忉利天上除了中天玉皇上帝以外，東、西、南、北各有八天，就各有八位上帝或者大帝。例如道教崇奉的主尊玉皇上帝，他是忉利天的中央一天，掌管著四方的三十二天，所以玉皇上帝的名號就叫作中天玉皇上帝，他住在中天而作統領。又例如玄天上帝是北方八天中的一天，所以叫作北極玄天上帝，因此他的令旗是黑色的，因爲那裡是玄天。所以道教中總共應該有三十三位天神才對。

那麼因爲這是粗重物質世間的最高處，所以叫作「須彌峰」，是須彌山的最高處，而三十三天正是在須彌山頂。這個須彌峰在佛法中，往往被人稱之爲妙高峰，或者稱爲妙高山，也就是說，它是粗重物質世間的最殊勝之處，所以須彌山頂又稱爲妙高峰。然而這個「須彌峰」在佛法中到底是代表什麼意思？在這一句話裡面告訴我們的是說，如果你在人間修學菩薩道，你已經證眞如了，那你所住的眞如境界，祂是一切法之中的最高位置，祖師們就引申出來而稱爲已經到了妙高峰，所以在這裡就說「或在須彌峰」。

爲什麼用「或」字？因爲不是永遠都會住在這個地方；也不是所有的人都能夠住在這個地方，所以叫作「或在須彌峰」。以現代佛教來說，全球能夠住在須彌峰的人，也不過是正覺同修會中這四百出頭的人而已，算是很少。現在全球大約七十億人口，也才只有四百出頭，所以眞的很稀有。但這稀有，除佛世以外，幾乎每一個年代都是很稀有的，所以才用這個「或」字，因爲不是每一個人都能住在這個地方。

這裡說，假使你住在須彌峰頂—也就是住在菩薩所證的眞如境界中—「爲人所推墮」，那麼能推墮你的人到底是什麼人？請想一想：當你住在眞如境界中，有誰能夠推墮你？只有一個人，他叫作「無明惡人」。從你所證的眞如境界中來看，因爲祂難信極難信，所以往往有人太容易證得眞如以後，心中依舊懷疑說：「這眞的是眞如嗎？哪有這麼容易證的？普天下都沒有人證，我們這麼輕易就證了，哪有可能？一定另外有一個眞如很難、很難證的，不是像正覺同修會裡面這麼容易親證的。」因爲他認爲一定要是很難證的才算數，可是他沒有想一個問題：「是誰使他容易證？他自己能不能證？」

他們從來都沒有想這一點，就好像一個人在大深坑裡面，人家拋了繩索給他，弄了個套結給他，讓他穿在身上一套，人家就幫他拉上來了，他自己也不必花力氣，於是覺得太容易了，就認爲自己如此輕易脫離大深坑，應該是假的，只是夢境。他都沒有想說，如果讓他自己爬，根本就不可能上得來。因爲他們都沒有想到這一點，就想：「這眞如這麼容易證，應該不是，應該是我們永遠證不到的，才會是眞正的眞如。」問題來了，如果永遠證不到的就是眞如，就表示那是不可證的，那怎麼能叫作眞如？應該是戲論啦！

再說，如果一定要很難證的才是眞正的眞如，那我應該把他磨上二十年才讓他實證，他就不會懷疑了：「對呀！本來就是很難證的，你看我進了同修會，那麼努力拚義工，前後努力拚了二十年才證，當然是眞的。」那我就說他是「賤骨頭」（大眾笑…），不是久學菩薩。可惜的是世間的學佛人大多如是，所以在須彌峰頂——也就是住在眞如的境界之中，證得輕易的人往往心中有疑：「這眞的就是眞如嗎？」他反覆地觀來看去：「這阿賴耶識確實眞實而如如，可是在正覺同修會裡面畢竟證得太簡單了，所以我不太相信。」因此證了眞如以後，還千方百計想要另外再證一個眞如，這就是二〇〇三年退轉的那一批人，成爲頭上安頭的人。

他們退轉了以後，我們就得處理了，我們好好努力製作了很多解毒劑、疫苗，一年以後終於處理完了；可是在他們心中的某些陰暗角落中，也難免還是會有一點毒素繼續留存著，因此還是會有極少數人在心中有疑。當他們心中有疑的時候，我們就說他們是「爲人所推墮」——被無明惡人把他們推墮。因爲被無明惡人所推墮的緣故，他們認爲說：「這個就是眞如嗎？太簡單了！太現成了！眞如不是難可思議的嗎？既然不可思惟、不可議論，怎麼這麼現成？我這麼容易親證了，就看得清清楚楚，我全都知道啊！爲什麼會這樣？可能這個不是眞如。」那我們就說他們是被無明惡人所推墮了。

那些被無明惡人所推墮的人都會有一個問題，沒有第二個問題，永遠只有一個大問題就是：他們嘴裡說「好喜歡無爲法」，可是他們退轉後自以爲增上時所說的無爲性的眞如，自稱很勝妙的眞如，卻是有爲法，想要以識陰我所來變成有爲性的眞如，又想要眞如變成有爲性的生滅法，永遠都是有這個特性。那目前我們所看見的有這兩種：第一種就是說，他希望識陰想怎麼樣就能夠怎麼樣，說那樣就是證眞如；可是眞如既然是無爲性，就不會是想要怎麼樣的有爲心；而他們希望的是說：「譬如我現在肚子正痛，我叫祂說：『你要立即跟我停下來，現在就得不痛，祂就聽我的話，就不痛了，這樣才叫作證眞如。』」這是第一種，這是二〇〇三年退轉的人。已經幾年了？剛好十年了，十年出頭了。

另外又有一種人，他們希望的證眞如境界是：「我這麼一證，就能立刻擁有某一種特殊境界，那才叫作證眞如，你們同修會證的不是眞如。」等我們要求他說：「不然，你認爲證眞如是什麼境界？」他老兄提出來的結果，卻是第四地菩薩的無生法忍境界，那我就要說：「那麼，是不是三地菩薩，以及二地、初地下到七住位，全都沒有證眞如嗎？是不是佛陀講的《菩薩瓔珞本業經》講錯了？」欸！佛陀還會講錯嗎？是呀！因為《菩薩瓔珞本業經》裡面 佛陀有說：「菩薩修學般若波羅蜜多，『般若正觀現在前』，進入第七住位常住不退。」請問：般若的現觀——般若的正觀顯現在眼前時，那是不是證眞如？沒有證眞如的人怎麼能叫作般若正觀現前？是不是 佛講錯了？

那麼《華嚴經》中的〈十地品〉，或者單譯的《十地經》，也都要修改了？因為初地菩薩不可能不證眞如啊！結果他說的證眞如，卻是四地菩薩的無生法忍境界，那麼是不是指稱三地以下都沒證眞如？所以結果還是落在什麼上面？落在貪求境界上：才剛剛在第七住位，就想要得到四地菩薩的境界，這就是第二種，依舊不離有為性。

所以我的結論是：證得太容易，使他們心裡面懷疑：「這不可思議、不可想像、凡夫不知，連阿羅漢都不知道的眞如，怎麼可能我進了正覺同修會才不過三、五年就證了？而且又這麼現成，卻太平凡實在，不是五神通，這應該不是！」所以他們希望的是很奇特、而不是很平實的境界。就是希望證眞如時，在世間法上就可以得到奇特的境界；不然就是一證眞如，就應當立即像四地菩薩那樣。所以說這些人都是落在「有為」的心態裡面。因此我們就說這一類人是「為人所推墮」，就是被無明惡人從「須彌峰」推墮。這是因為，明明你找到阿賴耶識的時候，祂就是眞實的，你怎麼樣想方設法都無法毀壞祂；而你不論怎麼樣去罵祂、褒獎祂，祂都不動其心，永遠如如不動，所以既眞實又如如。你證得這個阿賴耶識——「觀世音菩薩」，現觀祂眞實而如如的時候，也就是證眞如，不管祂是不是很現成，不管祂是不是很平凡實在，祂就是眞如，以外別無眞如可求。可是竟然會突然間起了無明，還要另外再找一個更奇妙的眞如，那是不是眞如有兩種？是在阿賴耶識有眞實如如法性以外，還有另一個東西或心，也是眞實如如的？那麼眞如就不是絕待之法，就變成相待之法了。所以我說這一類人都要好好磨練，這種人，最好讓他來正覺學十輩子才開悟，將來悟後就不會有問題。至少年輕時進來修學以後，讓他學到白髮蒼蒼、眼花齒搖即將耳聾了才讓他開悟，他就不會退轉了；未來就不會被無明惡人所推墮。

我說的都是實話，所以會外有些人希望來見蕭平實，一見之下就像禪宗公案寫的那樣當下開悟。十來年前這種人很多，往往打電話去出版社要求要見蕭平實，出版社義工就告訴他：「蕭老師不見外人，您如果想見，週二去正覺講堂聽經就可以見到。您貴姓大名，請先通報，我可以幫您安排，但蕭老師私下都不見人。」然而這一類人大多心性傲慢，只想要私下相見當場得法，怕人家知道是來見我時才得到佛法。我當然不見這種人，因爲幫他們悟了以後對正法的弘揚不會有絲毫幫助，反而會有大害，就都不見，因此大家才死了心。

現在大家都知道我不私底下見人的，所以這幾年就沒有人再打電話來說要私下約見蕭平實。想一想，咱們度人那麼多年，看到這個情形，豈有可能讓他們來見之下就讓他們證悟了？而且就像一句臺灣南部的話說：「我都還不知道他是熊還是豹？」（臺語，大眾笑…）也就是說，他得了這個法以後，將來會幹什麼，我不知道，不能隨意給他，免得他得了這個法去求取名聞、利養，反而壞了這個正法。得要是個心性很好的菩薩，我們才要給他證得；必須是個沒私心的菩薩，才能把法傳給他。所以，早期有名的人來求見時我就給他們方便，現在都不給了；反正週二來臺北講堂聽經，講經完畢時可以安排相見；如果怕人家看到，就別來與我相見。

所以說，無明惡人是大家都要提防的；並不是證眞如以後就都不會退轉，反而是悟錯的人才不會退轉。爲什麼悟錯的人不會退轉呢？諸位想想看，眾生最愛的是誰？是自己呀！都是愛有念靈知的自己，或者學禪以後最愛離念靈知的自己，這是眾生最愛的，卻正好是識陰，不離身見。當他所謂開悟的時候，是悟到有念或無念的自己時，你叫他退轉，他是死也不退的：「我永遠認定這離念靈知就是眞如。」他是不會退轉的，只有進到正覺同修會來，修學了幾年以後才會退轉——證眞如而把身見眞的斷掉。

可是證得第八識眞如法性的時候很容易退轉，因爲他的五根剛剛起來，五力的功德還沒有出現——有五根而沒有五力。他的信、進、念、定、慧五根是有了，才能進得同修會來；可是這五根還沒有力量發出來，也就是沒有被好好熏習鍛鍊，就沒有五力。那我們早期不作觀察，就幫他開悟了，以後他就會出問題；都是因爲他還沒有五力，所以很容易就退轉了。

那麼有些不懂的人說：「同修會每過一段時間就會有人退轉，可見那個佛法不是眞的。」有智慧的人卻說：「正因爲有人會退轉，才是眞正實證的佛法。落入常見的人，是永遠不會退轉的，除非福德足夠而且善根深厚而遇到眞善知識，所以永遠沒有人退轉的法就是有問題的。」他倒是有智慧講出這一番話來，眞的有道理啊！可是無明惡人蠢蠢欲動，隨時都在窺視著證眞如的菩薩，只要稍微一不小心，隨即就被無明惡人所推墮。推墮到哪裡去呢？又墮回人間境界來呀！人間是什麼境界呢？就是五陰加上五欲具足的境界。

這種退轉的事是很平常的，所以證眞如以後會有許多不退的層次，未證的人也有許多層次。十信位滿足了叫作信不退，進入初住位開始一步一步往前走，都只是信不退而已；所以初住位走完、到了二住位，可能又退回初住位；到了三住位可能又會退回二住位；到了七住位證眞如了，可能又會退回六住位；甚至於到了第十迴向位還沒有滿心之前，還可能再退回第九迴向位。對於福德不夠的人來說，這都很正常，只是不會再退出三賢位罷了。

福德不夠的人，就像股票市場上的新手一般；諸位看那股票市場，有沒有一條直線一直往上走的？沒有！它往上的時候也是上上下下逐漸往上的，對不？退轉的人也是一樣，當他退轉的時候就像股票市場在下跌一樣，有時上去、有時候下來，大約是往下的幅度大，最後是往下，這是一樣的道理。那爲什麼拿股票市場來譬喻？因爲股票市場是人在操作的，那個證眞如的人是不是人？也是人嘛！他的福德不夠，表示他跟世間的一般人差不多，所以他會退轉。

那麼福德足夠的人，在位不退而往上推進的過程中，只要有善知識拉拔著，往下墮的幅度就很小，永遠不會退到下一個階位去；而他往上走的幅度就比較大，可是仍然會有退，就是修行上有時會暫時中止，也就是行退。乃至於入地以後還會有退，入地以後只是行不退而已，有時候也會產生念退的現象；例如當他很努力，毫無所得而爲眾生義務付出以後，結果眾生反過來狠狠咬他一口，他也會有念退，也許想：「唉呀！度人沒意思啦！恩將仇報。算了！不度人了。」也許過個幾秒，也許過個幾分鐘，也許過個幾天，他又想：「不行！我還是要拉拔他們！」於是又想到要救護那些反咬他的退轉者。所以他還有念退，只是沒有行退而已。

那我有沒有念退？有沒有？有！二〇〇三年那一批人搗蛋，退轉了兩百多人，我沒有念退。而是更早，在正覺同修會成立之前，那時我們在三個地方共修，結果三個地方的負責人，他們各個都有所把持，我只能演說佛法幫助他們；至於能講什麼以及不能講什麼，由他們給我規定。他在這個地方規定說：你不要講某某大師的法不對；在那個地方規定說：你不可以講另一位大師的法不對。他們各有規定；也有規定說：什麼樣的事情不許講。我全都遵守了。

可是後來因爲人越來越多，他們就發起說：「我們應該成立一個同修會。」他們就想要租一個大一點的地方，大家集合在一起共修。大家都說好了，這十個人就互相約定，而我是其中的第十個。他們後來約定說：「**大家出資都要一樣多，不可以因爲誰出資比較多，講話就大聲，權力就比較大。**」於是約定每一個人每月出三千塊錢，不許有人出資比較多，我說：「**好啊！我也算一分子吧。**」於是就有一些規定討論，規定說：「**老師！你以後不許對外發言。你如果要對外講什麼話，要先與我們討論通過了，你才可以講出去。**」當時我也答應啊！他們安排的其他規矩我也接受啊！只要法能傳下去就好，我不計較什麼。

可是到後來又有問題，又開始鬧意見；他們鬧意見，結果有些人就說：「**那我們不參加了。**」我在私底下說：「**好啊！不然就解散吧！**」因爲他們實在鬧得太不像話了。他們互相轉告，都以爲我在開玩笑，但我是當眞的。那時剛好是舊曆年過年前的事，新春時間我有跟一位師姊講過：「**過年後我**

會在三個地方一樣繼續上課，每一處上課完了，下課的時候我就宣布解散，以後不再共修了，我就不再弘法了，妳要保密。」結果她把消息傳出去了，然後有些人知道了，私下反對說：「不行！這麼妙的法不該就此失傳！」他們就發起一股熱誠，到處去看房子，說要離開他們那三個地方，要自己租房子共修，不理他們了。

剛開始時我也不知道，到了新春好像初三或初五吧？我如今都忘了，她們說要我陪她們去看房子，我說：「要看什麼房子？」因為她們沒先告訴我。然後我同修才告訴我，說她們要幹什麼。我聽了，心想：「那也好。」不然我就已經準備下課時直接宣布結束共修了。這算不算是弘法上的念退？是啊！真是念退，因為心中決定要關門了；若是真的關了不弘法了，可就是弘法上的行退了。那時若真的關了門，大概諸位就不會認識我了，這便叫作「念退」。當時覺得像這樣子度眾生真的沒有意義：「全部都依你們，也把最勝妙法義務傳給你們；甚至連一個月分攤付三千塊錢的房租，我也跟隨你們。我把法送給你們，從來沒有接受過你們任何供養，而我也一樣跟你們分擔道場的租金，結果你們竟然還要退縮。」那我就想：「這些人沒有用處，度了這些人幫不上我正法久住的期待，乾脆關起門來；我自己禪定的修持目標還完成不到一半呢！不如就把時間用來自己的道業上用功。」這便叫作念退，是在弘法上面念退，但在道業上並沒有退。

至於正覺同修會成立以後的法難，應該只有兩次，就是一九九八年跟二〇〇三年，總共二次；在同修會成立之前，法難事件只有一次。但我只在最早的那一次，確實曾經有過念退，因爲預備終止弘法了，但我在道業上依舊沒有絲毫退轉之心，這部分並沒有念退；至於同修會成立以後總共有兩次法難，就完全沒有影響到我。由此可以想一想看：成佛之道修行過程中會不會有退？會啊！如果說，確實是眞正的法而你悟了以後不會退轉，那一定是常見外道法，因爲眾生都愛自己，總是認定覺知心的自己是常嘛！

所悟的如果是自己，與常見外道相同，就與我見、我執相應，一定不會退轉，因爲這是世俗人所愛的自我境界。所以如果有人告訴你說：「我們的法最好，我們證悟以後都不會退轉。」那你就說：「你們一定是落入常見外道法中。」這意思就是說：眞如難信、難解、難證、難可思議，眾生若是悟得太快，當他證悟應有的各種基本條件還不具足時，過一段時間就會退轉。

猶如儒家說的：「天將降大任於斯人也，必先苦其心志，勞其筋骨，餓其體膚。」對不？所以要先磨練他。磨練就是要讓他體魄強健，然後他才能承擔得起。所以近年來正覺同修會不再像以前那樣統統有獎，來到會裡以後要先磨一磨、練一練，鍛鍊到可以了，這時再讓他實證，悟後就不會退轉了。

對於會外那些學人而言，我們根本不可能幫得上忙；如果他們來了，我就隨即幫他們開悟，他們明天就公開說：「正覺同修會那個是假的，一定是假的。」假使你出門去到這戶人家，他們送你一塊黃金；去到那戶人家，他們家也送你一塊黃金；當你拿了三、四塊黃金以後，一定走到沒人的地方就丟棄了，因爲認爲這一定是假的。可是明明人家送你的都是眞金，但因爲得的太容易，你一定會想：「這哪有可能？黃金那麼珍貴，竟然到處都有人送我黃金。」這就是一般人的心理。

所以進到同修會以後，即使經過磨練而悟得眞如，仍然可能會被無明惡人所推墮；因爲無明惡人有很多不同的層次，你在這個階段對治了一個無明惡人，爬上去以後，那一個階段還有另一個無明惡人，你要不斷地對付。就好像小孩子玩電動遊戲，這孩子說：「我才剛打完第一關，你再讓我打一會兒。」他想要拼第二關，於是一關又一關一直打過去，每一關都有惡人等著他去殺掉，很不容易都殺完了，遊戲勝利時才會有歡喜心。如果只要一打就勝利，遊戲全部結束了，你不會喜歡的。

同樣的道理，你要到達入地的階段，需要對付的無明惡人非常多，所以要一一去應付，那麼應付之法就是要「念彼觀音力」；當你遇到無明惡人的時候，立刻憶念「觀世音菩薩摩訶薩」，看看自己是不是應該永遠依止於「觀世音菩薩摩訶薩」？「觀世音菩薩摩訶薩」是這樣的自性清淨，無始以來永遠常住，無始以來絕無染污，當你這樣看到的時候，你就說：「我還是把無明惡人誘惑我的境界，來跟『觀世音菩薩摩訶薩』作個比較。」你要這樣時時想起祂。

每當無明惡人才一出現，你就把祂的境界拿來跟「觀世音菩薩摩訶薩」作比較；比較之後你會發覺，根本沒辦法與「觀世音菩薩摩訶薩」相比；那你這麼一比對之後，自然就會繼續轉依「觀世音菩薩摩訶薩」，無需所依而能自在，因此你的心就像太陽處於虛空中，誰都動轉不了：「如日虛空住。」因此要常常憶念「觀世音菩薩摩訶薩」的威神力啊！

當你如實觀察以後，你去看看無明惡人給你的那些境界，有沒有辦法像「觀世音菩薩摩訶薩」一樣地永遠常住？你會發覺都不可能，全都是生滅無常之境界。能不能像「觀世音菩薩摩訶薩」一樣永遠眞實而如如？都不可能；能不能像「觀世音菩薩摩訶薩」一樣出生我們這個五陰世間？永遠都不可能，就只有「觀世音菩薩摩訶薩」作得到！所以當無明惡人把你從眞如佛性那個須彌峰推墮下來時，你只要憶念自己的「觀世音菩薩摩訶薩」如來藏的威神力，然後你就可以「如日虛空住」。

接下來說：「或被惡人逐，墮落金剛山，念彼觀音力，不能損一毛。」被惡人所追逐，到底誰是惡人？你可別說：「我住在自己的豪宅裡面有保全保護著，惡人才沒有辦法奈何我呢。」可是這個惡人並不在外面啊！就住在你家裡，因爲舉目所見都是惡人；從理上來說，幫你照顧豪宅的那一些保全都是惡人，你自己心中就有一堆惡人，統統是惡人。這「惡人」就是：愛樂追求境界。喜歡追求境界的人要很小心，每一個人的家裡，這種惡人都不少。拿了算盤來打，也還是算不清楚到底有多少？這是因爲才一醒來就開始追逐境界了，不是嗎？

世尊在《阿含經》說阿羅漢要怎麼過日子？假使聽到一個聲音，就等於被一支矛刺中身體；假使看見一個色塵，就等於又被一支矛射中了；假使聞到一個香味，就等於又被一支矛射中。然後 世尊問比丘說：「這樣子一天下來，有沒有被刺了三百支的矛？」比丘說：「不止啊！」世尊說：「如果這樣刺了三百支矛以後，是不是體無完膚呢？」比丘當然只好說「是」，而且根本就沒有命了。那諸位想想看，我們日常生活一天十二個時辰、二十四個小時下來，被多少惡人所追逐著？因此惡人是很多的。

但是菩薩在修行的時候，不要排斥「惡人」，因為這些惡人是你要攝化的眾生；你自己心中有好多好多眾生，把這一些惡人眾生都攝化成功了，你才能成佛。那麼這些「惡人」你不要受它影響，怎麼樣叫作不受影響呢？也就是說，無妨繼續有許多的境界存在，但是你不去追逐；如果去追逐色法境界、聲法境界、香味觸塵等法的境界，那你就是被「惡人」牽著走了；只要被它牽著走，它隨時推你一把，你就從須彌峰頂掉下來，墮落於須彌山外圍的金剛山中。

金剛山又名鐵圍山，七金山總共有七個，這七金山在須彌山的外圍，擋住了地獄吹來的惡風，所以地獄的惡風吹不到須彌山腳，也吹不到須彌山四周的平原人間。那麼回到理上來說，當你在須彌峰頂，這是住於什麼境界？眞如境界啊！眞如旁邊有七金山，這又是什麼境界？就是七轉識的境界。你住於如來藏第八識眞如的境界中好好的，結果突然間被追逐境界的惡人引導而到了須彌山的懸崖邊；他希望你追逐境界，就告訴你：「你看喔！下面四面八方，有很多好玩的境界哩。」讓你在那邊看著看著，他突然一把就把你推下去了！那你就墮入七轉識的境界中。七轉識的境界是什麼境界？就是人間五欲六塵的境界，那你不退轉才怪。

所以說，一不小心就被這個貪求境界的「惡人」所追逐，但重要的不是在追逐你的事情上面，因爲你既然行菩薩道，你世世生在人間，境界當然會永遠圍繞著你，而七轉識的境界則是永遠圍繞著你如來藏的境界而存在。那麼既然不可能擺脫它們，你就讓它們跟隨著，而你不要主動去跟隨它們，所以你運作著七轉識和境界，依於如來藏的眞如境界而繼續在人間行走。該如何行道，你就直接去行，但要讓這七金山—七轉識—連同境界追逐著你，而你不要去執著它；意思是，這些境界要爲你所用，而不是你被它牽著走。能夠這樣的話，就不會墮落七金山了。

可是萬一（因爲人間總是會有萬一的），縱使有很多人都很小心，從第一件、第一百件，一直提防到九千九百九十九件，都很小心，不想要最後一件出了問題，終於通過了一萬件，全都沒有問題；然而這一放心，那一萬零一件就出現問題了，總是會有萬一啦！好！萬一被境界所牽引而墮落於七轉識境界中，也就是萬一被境界所牽引時，心裡面對如來藏的眞如法性就不再愛樂了，所以心裡面想著說：「**轉依如來藏以後，好吃的也不能多吃一點，好看的也不能去欣賞，好聽的ＣＤ也不能去買來聽，眞沒意思！**」這就是萬一的情況已經出現了，如果還沒有警覺，可眞的會墮落七金山。

墮落七金山的時候，連請假都不請假：週二不來聽經，增上班也不來上課，遊山玩水去了（大眾笑…）；可是放逸心遊玩三個月以後，他想想：「**五欲只不過這樣而已。**」於是他又偷偷回來了。有的人告訴我說：「**老師！某某人好久沒來了。**」我說：「**喔！是喔！**」過很久以後，有一天他終於又回來上課。我瞄他一下，當作不知道。（大眾笑…）因爲家人遠遊回來，他一定不想讓我知道他有翹家，我又何必挑出來講？對吧？回來就好了呀！心中暗暗歡喜就夠了。

但也有人光明正大請假，直接請長假也行，於是在七金山裡面住了兩、三年以後，想一想又回來說：「老師！我想要回來上課。」我說：「行啊！你隨便寫個條子說你要回來上課，直接交給教學組，就會發上課證給你。」增上班的上課證就直接發給他，不問緣由。家人要回來，怎麼能不歡迎？

這就是說，被「惡人」所逐是很平常的事，因爲你既然在人間行菩薩道，不可能離開七轉識相應的六塵境界；所以這一些境界「惡人」追逐著你，那就讓它追逐著，你有時候轉頭去摸摸它的頭說：「你要乖一點喔。」把它攝受就好。所以你心裡面有很多眾生，就慢慢把它們攝受，但不要被它們牽著走。可是不怕一萬、只怕萬一，一萬件都通過了，最後突然有一件出現時，你一不小心就被它所推墮了；當你被推墮到七金山的時候，要想辦法突然一念想起來說：「南無觀世音菩薩！」於是你就想起來：「唉呀！我的『觀世音菩薩摩訶薩』威神之力好大，能夠出生我這個五色陰，還能夠出生七金山，讓我在這兒一邊玩，一邊修行，那我爲什麼不歸依祂，反而歸依祂所出生的七金山？」想一想：「嗯！有道理！」所以這時你就保住了法身慧命，你的法身慧命一絲一毫損害都沒有，這最安全。

所以要記住，境界「惡人」是永遠隨逐著你的，你心中要常常憶念著「觀世音菩薩摩訶薩」的威神力，境界「惡人」就不能損害你一毫毛。假使你有時候不慎被它推墮金剛山了，也不會被它所損害；也就是說，凡是菩薩，你都必須要能夠在人間五欲境界中行道而不會退轉；不能求著說：「**我去極樂世界好修行。**」要記得喔！世尊告訴我們說，去極樂世界努力修行那裡的一百年，不如在娑婆世界這種五濁惡世中，持八關齋戒清淨修行一天的功德，所以不要一天到晚想要遠離五欲。

你應該設法使自己在五欲之中而不被染污，要像蓮花一樣；蓮花是在淤泥中冒頭出來的，那蓮花的蓮苞的表皮都還沾有泥巴，可是它一張開時，可全都是清淨的。所以在人間，外表怎麼樣無所謂；人家看見你到了素食餐廳也吃好吃的，這也無所謂呀！只要不被牽著走就好了。「**如果有因緣，我必須這一週的每一天去那裡吃飯也沒關係，但是我沒有被它牽著走。**」這才叫作人間的清淨蓮花。也就是說，在五欲淤泥之中而不被染污，這樣行道才會快。

接著說：「或值怨賊繞，各執刀加害，念彼觀音力，咸即起慈心。」「怨賊」是對你有怨而且是賊人；有怨的惡賊，它對你一定施加很不好的手段，就是想要害死你；如果只是爲了籠罩你或者爲了誘惑你，就不會害你的命。可是怨賊會害命，它一定會害死你的法身慧命。如果你遇到「怨賊繞」著你的景況，這些怨賊各個都拿著刀要加害於你，有沒有這回事？有啊！佛道上的「怨賊」是非常多的，這些怨賊有多少人呢？有六十二位之多，所以才說圍繞著你。在大乘經裡面有談到怨賊六十二個，《阿含經》中也有談到，好像是《佛說梵網六十二見經》吧？《阿含經》中就有講過六十二種邪見的外道。

這一些邪見「怨賊」，其實你把它歸納起來並不複雜；這六十二種邪見之所以出生，都是因爲在世間法中修學或者證得宿命通，而且是很好的宿命通，或者證得很好的天眼通，說他能夠看現在世，也能夠看過去很多劫的事，也能看未來很多劫後的事，那他就從這裡去看，然後說：「我過去很多劫以前一直到現在，一直都還存在，所以我是常；然而世間已經成住壞空很多遍了，所以世間無常。」這樣就是一種邪見。然後也許很多人的宿命通不好，他看不到一劫之遠，只能看個半劫，他就說：「欸！我過去很多世以來一直都在呀！而世間也一直都在呀！所以我是常，世間也是常。」這樣就是兩種邪見。那你如果說他們講的都不對，他們一定會跟你辯解：「你連上一世都不知道，我可以知道自己過去的很多世，我講的一定正確。」但是眞的正確嗎？並沒有正確啊！你卻沒有辦法反駁他。除非你證悟了，因爲你連上一世自己在哪裡都還不知道，而他都知道呢！

那麼如果他是看見未來：「未來很多劫以後我還在，可是世界不斷的壞了又成就；所以我常，世界無常。」這就是第三種邪見了。如果他的天眼通不好，只能看個半劫，他看了就說：「我未來很多世以後還在，世間也還在；所以我是常，世間也是常。」那就有四種邪見了。然後有的人是從「斷滅見」來看，又衍生出來另外的四種。總而言之，就是從「我是常、是斷」，「世間是常、是斷」，再以「過去、現在、未來」的時分去作界定。

然後又說：「過去很多劫以來，沒有什麼東西是可以出生我的，就只是大梵才能出生諸法，而我就是大梵所生；所以我是有生死的，那大梵則是永遠無生死。」這樣又是另一種邪見。然後去看未來等等，由這一些法上，綜合去複雜地完成邪見的建立，因此首先是有十八種外道見衍生出來，再由這一些邪見而從另一方面又衍生出四十四種外道見，那麼總共就是有六十二種。

這一些邪見，你以前可能都沒有想到過；有一天也許你遇見了一個有宿命通的人，或是有天眼通的人，他告訴你說：「我就告訴你吧！你過去世如何、如何，所以你這一世常常會夢見什麼狀況，對不對？」你想：「唉喲！這麼厲害，還是眞的咧！」所以他講的話你就信了。然後他就告訴你這一些：「所以我看見過去劫怎麼樣，現在怎麼樣。」那你就被他所轉了，當他否定你的所悟時，你就可能退轉了！這眞的有可能，這就是怨賊正在殺害，或是正要殺害你的法身慧命。

可是這一種怨賊很多，因爲不同的狀況會產生不同的情形，總而言之，就是六十二種邪見「怨賊」圍繞著你。當你證眞如以後，還沒有機會去探討它們，可是它們全都圍繞著你，什麼時候會出手砍過來，你都不知道。那你先要知道說：「我的四周都有怨賊，總共六十二個，各個都拿著一把利刀，隨時會向我下手，想要害我法身慧命死掉。」要有這個正知見，要先建立這個觀念在。當你有一天遇到某一個怨賊眞的舉刀砍來時，你隨即反應出來：「念彼觀音力。」不管對方說什麼，你都憶念起你的「觀世音菩薩摩訶薩」來；看看這個「怨賊」所說過去劫或未來劫的這一些事情，以及這一些事情中的怨賊和自己，是不是都來自於「觀世音菩薩摩訶薩」？是不是都由「觀世音菩薩摩訶薩」所出生的？怨賊自然就轉而對你生起慈心，不再加害你了，這就是「念彼觀音力」。當你這樣憶念起來的時候，等於是把這個道理告訴怨賊，那些「怨賊」聽了以後，不但不敢害你，反而會跟著你一起「念彼觀音力」。

當它們跟著一樣「念彼觀音力」之後，結果就是「咸即起慈心」，就跟你同樣生起了慈愛之心，就不再來害你了。因爲當你有很好的宿命通，而且也證悟了，不管過去多少劫以來，你看到了自己眞實存在，世界不斷地成住壞空；或者你只能看到半劫以內，而這個世間一直都在，你世世的五陰也一直都在；但不管你看到哪一種情況，你都同時來憶念「觀世音菩薩摩訶薩」，看看好多劫或好多世以來的世間和自己，是不是全都由「觀世音菩薩摩訶薩」所出生？當你全都歸結到這裡來看時，這麼一歸結，邪見「怨賊」們就都只好聽你的了。

這時候，邪見「怨賊」刀才剛剛舉起來，被你這一眼所見，立刻生起慈心來看待你，那你也用慈心來看待這個「怨賊」；這時你的心態要改變了，不再視它們爲「怨賊」了，於是它們也跟著改變，這時「怨賊」就成爲你的幫手。以後如果再有這一種怨賊出現時，你就叫這些被你收服的怨賊，去告訴其他的邪見「怨賊」就好了，未來就不再會有這一類「怨賊」來殘害你的法身慧命了。所以一個又一個怨賊，你就這樣不斷地把它們收服起來。這就是說，假使你遇到了怨賊圍繞的情況，不管它們的刀子有多利，它們縱使全部一起砍過來，你也可以經由自己所憶念的「觀世音菩薩摩訶薩」的威神之力，來促使它們全部都對你生起慈心，那你的法身慧命就安全了。

「或遭王難苦，臨刑欲壽終，念彼觀音力，刀尋段段壞。」「王難」到底是指什麼？我出來弘法，王難眞的很多；也就是說，在佛教界，他是一方之師——是一個大山頭的國王。諸位想一想，現代佛教界中，海峽兩岸的這種國王多不多？多啊！諸位都知道很多啊！我說 世尊講這部《法華經》還眞的奇妙，祂都看見未來世會怎麼樣了，那我們要講解經典的時候，這些事情就剛好讓我們遇上了。

在近代，臺灣海峽兩岸很多佛教界的大山頭，動輒一、兩百公頃，寺院建築總是蓋得成山成片，大殿也總是金碧輝煌；可是他們號稱顯密雙修，像這樣的道場多不多？（大眾回答：多。）為何你們這樣子篤定回答？因為事實真的如此，確實很多啊！那麼堂頭和尚其實也就是一個小國的國王，香客都離開了，晚上山門一關，他們就有許多的后妃服侍著，因為他們都是顯密雙修的山頭。既是號稱顯密雙修，他們把山門一關，晚上當國王時當然就一定有后妃服侍啊！不但有皇后，連妃子都有了。我這樣講起來，大家都笑不起來了，心頭很沉重，對不？

末法時代佛教界的這種國王真是太多了，而我們弘法，特別是早期——大約剛開始那十五年之內，一天到晚都是「**遭王難苦**」；那些佛教界的國王們，指示或者默許徒眾大力抵制正覺；他們都不用文字寫下來流通，都只是在言語上傳播：「**正覺是邪魔外道，蕭平實是邪魔外道。**」不然就說：「**正覺的法有毒，他們的書，你們都不能讀。**」北部有個大山頭比較小心，因為恐怕謗正法的因果，不敢這樣明講，但他們說：「**正覺的法，不如法。**」這是最客氣的毀謗，算是對正覺最客氣的抵制，那你們說，正覺同修會弘法以來，像這樣的遭遇，是不是遭到王難之苦？因為他們各擁大山頭，信眾很多，都是一言九鼎啊！當年我們的一言，可能連一鼎都沒有呢。

可是我說，我們即使一言只有半鼎，也沒關係，我多講一句就可湊成一鼎，而且我每一個鼎都是百鍊精鋼所製成的，並且很大；他們那一些鼎縱使是那麼大，還都是一言就有九鼎，然而每一個鼎都是保麗龍製作的，我可不怕他們來砸。所以我每天多講一些，把我們精鋼製成的鼎越說越大、越說越多，全都是百鍊精鋼成就的，他們的鼎再多，再怎麼砸過，全都砸不壞我的。所以我們正覺弘法以來遭到的王難之苦其實太多了，但終究對正覺無可奈何，只是延緩正法的流布而已。至於密宗的那一些所謂法王們，他們罵我們可就更嚴重了。那他們是不是王？是不是王？是呀！他們都自稱法王了，怎麼不是王？可是我們遭到「王難苦」——當他們不斷地對我們行刑時，我們的法身慧命不就像是「臨刑欲壽終」了嗎？對呀！

我報告諸位一件事情，大陸統戰部的宗教局不願出版我們的書，原因是什麼？最近從內部得到的消息，是因為索達吉喇嘛寫了書批評我們，宗教局官員說我們無法回應，所以認定正覺不是眞正的佛教。我說：「欸！我還第一次聽到這種說法。」可是我兩年前就已經告訴幾位老師說：「我們的書未來都不要去找宗教局出版了。」我已經公開說了，而且會貫徹到底。將來他們若是想要出版我的書，我還是不要給他們出版，寧可去民間的小出版社，或者給小小小出版社出版都行，就是不要給他們出版，因爲這表示宗教局的官員根本沒有正知正見，給他們出版眞的沒意義。那麼這樣講起來，那個索達吉算不算法王？算哪！他竟然能夠讓大陸宗教局官員相信，一起抵制正覺推廣的 世尊正法，所以他也應該算是一位法王吧。可是這個假法王，我們《正覺電子報》終於有人抽空開始辨正他的邪見了，爲什麼他又不敢具文一一回應？

這就是說「或遭王難苦，臨刑欲壽終」時，終究不會是眞的壽終；也就是說表面上看來似乎即將壽終了，可是我們畢竟不是「臨刑欲壽終」，我們的法身慧命從來都是活得好好的，只是這幾年很忙，沒時間處理他，暫時把他的邪見與毀謗擺著。好了，當我們有空而開始辨正索達吉時，正式回應他的書中邪見了，都已經開始連載了，就寄去給宗教局，讓他們讀一讀，看你索達吉與宗教局又能怎麼說？所以我們確實常常遭遇王難，可是一向無苦，因爲那對我們而言並不是「難」，只是往世留在大陸的同修們，今天得法的因緣會被耽誤而已。

可是有的人證眞如以後，心中很歡喜，回去跟原來追隨的大師報告說：「師父！我去正覺開悟了呢！」師父說：「你悟得了什麼？」「悟得如來藏啊！如來藏有眞如法性，我眞的證眞如了。」師父問說：「哪個是如來藏？」這弟子說：「師父！很抱歉，不能告訴你呢。」那師父當然不高興，就告訴他：「什麼如來藏？學術界早就說那是外道神我、外道梵我，你落到外道法去了。」這時他心中起疑了，因爲他想：「大師說這個是外道神我。人家大師不可能隨便講話呀！我得要信個幾分吧？」所以心中開始猶豫了，這就是「遭王難苦」啊！他這時眞正是「臨刑」時，因爲他的法身慧命即將被斬死了，正是「欲壽終」之時。他如果有智慧，這時「念彼觀音力」，轉個念回想一下：「我自己的『觀世音菩薩摩訶薩』，祂有什麼威神之力？」想來想去就知道：「有啊！有威神力啊！我是祂所生的啊！那我出生了以後，我所看見的六塵也都是祂給我的，而我的壽命也是祂給我的。我能夠在人間享受種種的法樂，甚至於享受世間的五欲，全都是祂給我的。那些外道的神我、梵我能夠作到嗎？那些大師們能作到嗎？他們全都作不到，而且他們的一切也都是由他們的『觀世音菩薩』給的。」這麼一念生起以後就轉變了，眞的是「念彼觀音力」，所以他的認知就轉變了，這時想要加害的法王手中，臨刑時要用的那一把刀子，立刻就段段毀壞了。

接著說：「或囚禁枷鎖，手足被杻械，念彼觀音力，釋然得解脫。」這裡說到三個東西：囚禁、枷、鎖。囚禁是很平常的現象，也就是說，絕大多數的有情，都被囚禁在三界牢獄之中；除了極少數菩薩是可以離開三界囚獄的人以外，絕大多數有情都是住在三界囚獄中，被囚禁於三界牢獄中；即是被三界愛所繫縛，所以囚禁在三界中，永遠跳脫不出三界牢獄。那麼被囚禁而永遠出生在三界牢獄中，有兩個東西，一個是枷、一個是鎖；枷是讓你很難作事，行動被嚴格限制了；鎖是把你的腳用鐵鍊鎖住，但你的雙手還是好的，還可作很多事，也還可以走來走去。

譬如用條鐵鍊把雙腳鎖住，那你要到這裏、要到那裡都隨意，只是沒有辦法開步跑，而兩隻手都沒有被綁住，還能作事情。可是如果用枷，就是兩塊大木板往脖子一掐，再往兩隻手腕一掐，然後把兩隻手再鎖上，那麼作事時就只能這樣渾身不便地作；因爲兩隻手已經被綁在一起了，那麼想要作什麼都很難如意，身上也承擔著重量。

這個枷跟腳上的鎖有什麼不同？這個枷就好比是三界愛，也就是見惑與思惑，讓人連脫離三界都作不到，所以限制很大；可是鎖，腳上的鐵鍊限制比較小，還可以到處去，但使你沒辦法成佛；你很自由，三界來來去去都沒問題，可是沒辦法成佛。你雖然有很大的自由，雙手都沒有被束縛，想要作什麼都行；而且你可以走來走去，多遠都可以去，只是被鎖住了；被什麼鎖住了呢？被無始無明鎖住了，因此沒辦法成佛；可是你依然可以在三界來來去去，因爲你斷了見惑、思惑，所以沒有那個枷在身上。因此說，囚禁就是有兩種：一種是用枷囚禁，腳上同時還有鎖；另一種是沒有枷的囚禁，可是腳上有鎖囚禁著。

不論是兩種具足或只有一種，不外乎就是「手足被杻械」；若不是手被鎖住了，就是手腳都被鎖住，所以說「手足被杻械」。所以杻的意思，我們從理上來說，就是墮入三界有之中，不能出離三界生死；械就是墮入斷滅空裡面，這是一般學佛人的常態。末法時代這很正常，不管你遇到什麼樣的學佛人，若不是常見，要不然就是斷見；所以有的修禪人會告訴你：「離念靈知就是眞如。」他落入常見中；有的人則說：「一切都是緣起性空，一切都無常，一切都會斷壞。」原來他是斷見者。這兩種人就是被「空」與「有」鎖住，也就是被「杻械」鎖住了。

可是你如果找到了自己的「觀世音菩薩摩訶薩」，突然間有個人告訴你說：「一切法緣起性空，你幹嘛要執著如來藏？那是自性見啊！」因爲我就曾被一個很有名的法師在信中講過了：「你執著有如來藏，你就是落入自性見。」但我馬上就「念彼觀音力，釋然得解脫」，於是回過頭來問了她好幾個問題，她連一題都答不了，所以回信說：「我對你沒有敵意，我很敬佩你，不想跟你起爭執。」這就是說，當你找到了自己的「觀世音菩薩摩訶薩」，以後不管人家給你什麼樣的杻或械，想要來鎖住你，全都沒關係。他把你冠上什麼自性見外道，或是別的外道名號來鎖住你，也都沒關係：只要憶念彼「觀世音菩薩」的威神力，於是杻械、枷鎖立刻就解開，也就沒有任何枷鎖或囚禁可說了，這就是「釋然得解脫」。

因此，「念彼觀音力」對一個實證的人來講，眞是非常重要，不可或然遺忘啦！應該隨時有一個作意，只要有誰來否定你對眞如的所證，你就要立刻「念彼觀音力」，這是你最好的依靠。曾經有人捨壽前說：「從今天起，南無阿彌陀佛是我最後的依靠。」因爲發覺要求悟顯然很難，臨死前不如求生極樂世界吧，這是絕對可以依靠的呀！去極樂世界就永遠不會下墮，太好了。但你如果可以趕快把自己的「觀世音菩薩摩訶薩」找出來，一旦與祂相見了，那你不必等待死後才去依靠，現在就可以依靠，而且是現成的、永遠的，因爲「觀世音菩薩摩訶薩」每天呵護著你，而且會永遠呵護著你啊！祂又每天都在爲你說法，讓你永遠領受最勝妙的法義；所以「念彼觀音力」，對於一個實證佛菩提的人來講是非常重要的，這個作意要時時放在自己心中。

接下來說：「咒詛諸毒藥，所欲害身者，念彼觀音力，還著於本人。」「咒詛」，也就是說，他一天到晚都拿相似佛法來恐嚇你，想要讓你對如來藏妙法心生懷疑乃至退轉，最後死掉法身慧命，這叫作「咒詛」。在理上來講，我講的不是密宗用「息增懷『誅』」來咒死誰，而是說他一天到晚拿經文來恐嚇你說：「經文這麼講，所以你講第八識如來藏的法，那是錯誤的。」有的人很愚癡，一被恐嚇就退轉了，眞不知道他所證的眞如哪裡去了！

我們早期也有一個同修就是這樣，我幾乎是明講而幫他證得如來藏，後來人家告訴他說：「欸！印順法師有講，如來藏是不存在的，如來藏是爲了度那一些恐懼落入無我的人而施設的一個方便說，你看《楞伽經》有經文這麼講……。」可是他不知道印順法師是斷句取義，心中就恐慌了，於是不告而別，連招呼都不打一下就走人了，那你說這種人有智慧嗎？所以我發覺印順法師的問題眞大，後來我從《楞伽經詳解》第三輯就正式指名道姓來論證，會寫他的原因就在這裡啊！

在那之前，我都是不指名道姓論證法義，也只是說「古人有什麼人悟錯了」，就這樣來寫公案拈提。但有人不服氣說：「你們蕭老師都只寫死人（大眾笑…），死人又沒有辦法辯解，眞的不公平。」好啊！既然說我寫死人不公平，死人沒有嘴巴可以辯解，活人總有吧？剛好有印順著作誤導同修的這件事情，我就開始指名道姓寫出對印順的評論。又有人告訴我說：「印順法師會氣死吧？」我說：「不會呀！我希望他活久一點，他活著對我很有意義，他活越久就表示他根本無能爲力，絲毫都無法回應我對他所作的論義，所以他長壽對我才是有利的。」因爲假使人家繼續講出他的錯誤，而他一生都沒辦法回應，就證明他對佛法是不解的，才會有荒誕的說法被辨正而不能回應的事。所以我希望這一些被我評論的大師們都活久一點，並且終其一生都無法回應，才能顯示「觀世音菩薩摩訶薩」的威神力啊！所以當他們那些錯誤的說法不斷講出來時，對於末法時代證眞如的人會有影響，除非實證者已經有五力發起了，或者肯聽受善知識的教誨。若是只有五根而無五力的人，通常都會受影響的。

至於「毒藥」是哪一些東西？我們正覺同修會弘法的過程中所遇到的非常多了，最多的一種佛法毒藥叫作「大乘非佛說」；他們還拉扯外國人講的東西進來一起說：「你看！人家外國人都有考證的，這大乘佛教是聲聞部派佛教以後才有的啊！」這藥還眞毒欸！這可是佛法中最大的毒藥，因爲他們以文獻考證的名義來嚇唬人，一般人大多會相信他們；而他們也幾乎成功了，如果不是我用《阿含正義》證明說「大乘法在第一次結集時就已經與二乘法同時存在著」，如果我不是經由所謂經典結集的道理把它講了出來，他們還眞會成功的。

那我依最古早的《阿含經》中記載，證實他們所謂大乘經典結集的說法，根本就不對！他們說：「第二次結集，第三次結集時，才結集大乘經典。」我說：「根本就不對。」他們還說：「大乘經典是部派佛教以後才有的。」我也說：「不對。」並且從《阿含經》中舉證出來。如果是像他們這樣主張的話，就應該阿含部諸經中都不會提到大乘法，也都不會提到諸佛，也不會提到菩薩摩訶薩們。可是為何《阿含經》中會說有「三乘部眾」？我依據《阿含經》中的記載，特別是長阿含部，一一把他們的說法推翻了。他們說：「大乘佛教是從部派佛教中演變出來的。」我說：「部派佛教是以什麼法演變，而在最後有十八個部派？是聲聞法。」聲聞法中的凡夫（即使是實證聲聞法的阿羅漢），他們不懂、不證大乘佛法，如何能衍生出大乘佛教來？我就一一把他們推翻了。

他們還有一個說法也很毒的：四大部《阿含經》是經過三、四次的經典結集才成就的。我就用《阿含經》中的聖教來圍堵他們，因為《阿含經》裡面有明文記載，四大部阿含已經有經藏、論藏跟雜藏，而這三藏是一次就結集完成的，明文記載於《阿含經》中；我這樣提出來證明以後，他們那個毒藥的毒就被我化解掉了。

在這之前，他們那一些「毒」，都是隨時在殘害大乘佛子的法身慧命。他們還有一個很厲害的毒藥，主張如來藏是外道神我。在臺灣佛教界，這一種邪說也幾乎要成功了，而我們也用「觀世音菩薩摩訶薩」的威神力，把他們破除掉了！因為我說：「如來藏是出生一切外道神我、也出生一切外道梵我的第八識。而外道所說的梵我或神我，全都落在五陰裡面，五陰卻是第八識如來藏——觀世音菩薩摩訶薩——所出生的，那麼這第八識如來藏怎麼可能是外道神我？」我這麼一講，他們各個啞口無言，口似扁擔，所以這個毒藥我也把它化解掉了。

現在他們這些毒藥已經變成展覽品，成為佛學教材了：「大家看！這個是什麼毒藥？」於是說明他們這個說法有哪些過失等等，可以介紹給大家，讓大家知道原來這是毒藥。然後解藥都是現成的，正覺早就全部預備著，就全部化解掉了。那他們六識論者還有什麼毒藥呢？就是一切法空說；老是說一切法都是緣起性空，五陰可以無因唯緣而生起，都不必有如來藏為因。所以一切眾生都是憑著父精母血就可以出生了，不需要有如來藏；那我就製造一個解藥出來：他們的主張是無因唯緣論。

這一下他們就不敢回嘴了！對吧？因為他們所講的是說：五陰的出生，純粹是藉各種助緣而不必有根本因，就能出生有情了。那我要問他們的是：「不必有如來藏為因，單憑父母為藉緣就能出生，請問：父母給你的是什麼東西？」就只有物質呀！我再問：「喔？只有物質就能具足出生五陰，那麼是不是色能生心？是不是物能生心？」喔？這一問，他們各個鴉雀無聲，都不敢開口了！因為他們此時也知道自己錯了。所以這一個無因唯緣的緣起論，我據理就把它破除了，因為那不是真正的緣起法，所以這一些毒藥會害大家把法身慧命死掉。

但是只要你時時刻刻憶念著「觀世音菩薩摩訶薩」的威神力，想一想自己從哪裡來？自己日常生活中的一切六塵境界，是由誰供給的？全都是從「觀世音菩薩摩訶薩」而來的呀！這麼憶念起來的時候，所有外道的邪見，什麼「如來藏是方便施設，沒有如來藏可證」等等，什麼「一切法空」，什麼「大乘非佛說」，什麼「如來藏是外道神我」，這些毒藥就全部還給他們自己受用。這些毒藥應該繼續讓他們服用，我們用不著，當然要全部「還著於本人」。因爲我們給他們解藥，他們死也不肯吃；而他們那個毒藥我們又不收，所以當然要還給他們，由他們繼續吃，因爲他們認爲那是美味的飲食。但爲什麼我們把解藥給他們而依舊度不了他們？因爲他們不是可度之人。當我們弄清楚的時候，知道他們原來是不可度之人，那他們的毒藥想要送給我，我當然不要，他們當然只能帶回家去了，對吧？他們如果丟在我門口，我就把它踢回去；不管他們帶不帶回去，實際上還是在他們家，因爲他們家裡都在生產這些毒藥，所以「還著於本人」。我不是沒有把解藥給他們，我給了，他們不吃，那就是他們自己的事了；而他們的毒藥，我時時「念彼觀音力」，他們那一些毒藥或咒詛，自然就「還著於本人」了。今天講到這裡。

《妙法蓮華經》，上週講到一百九十四頁第三行，今天要從第四行開始：「或遇惡羅刹、毒龍諸鬼等，念彼觀音力，時悉不敢害。」上週講的「咒詛諸毒藥，所欲害身者，念彼觀音力，還著於本人。」這是對外法而說的，因爲那些詛咒或者種種邪法惡毒，全都是由外而來，可是今天這四句講的，全都是諸位自己內心的事。

那麼這一些「惡羅剎」、「毒龍諸鬼」到底又是怎麼回事，竟然說是我們自己內心的事？如同大家所知，羅剎瞋心很重，而且喜歡殺害眾生，再吃了眾生的肉；但他們這一種瞋，是跟貪結合在一起的，所以一方面貪愛眾生而與眾生淫亂，貪完了就把眾生吃掉，這就是「惡羅剎」。這一種「惡羅剎」，在這段經文中的密意，講的是眾生內心因貪而起的瞋；譬如貪欲不得遂，因此生起了瞋心而加害於對方，這當然只是在世間相上說的。對一個已經現前看見了「觀世音菩薩摩訶薩」的菩薩而言，這種惡羅剎就是因為學法的時候心中有法貪，但因看見別人機會多，實證上也都很順利，因此自己心中生起了瞋心而瞋怒於對方，也就障礙了自己的道業，這就是學佛者心中的「惡羅剎」。

至於「毒龍」完全就是瞋心，不對眾生起貪淫心，牠不管眾生對牠有所虧負或者無所虧負，就是愛起瞋而傷害眾生，這就是「毒龍」；為什麼牠會是「毒龍」？是因為心性壞的緣故。「毒龍」之暴烈，危害於人間最嚴重；佛經記載過的往事之中也有這種事例，我們也就不談它，只談一千兩百五十位大阿羅漢中的一位，而他們座下的那一些阿羅漢們也就不談。請諸位回想一下前面〈受記品〉，世尊授記大阿羅漢們迴心成爲菩薩，他們之中是誰最慢成佛？（有人答話，聽不清楚。）欸！就是須菩提。因爲他不太與眾生結緣，大多住在空性境界中。所以須菩提的成佛時間，可就遙遙無期了；他瞋心重是因爲往世就是當「惡龍」時被佛所度而轉生過來的，他那種瞋心是與生俱來的。後來是因爲 世尊加持攝受，所以他生到人間來而成爲阿羅漢，否則他是要繼續輪轉三惡道一段時間的。

正因爲前世他就是一條「毒龍」，諸多天龍沒有誰敢去招惹他，因爲他的脾氣最壞。由於這個習氣種子一直存在，所以他被 世尊接引而受生到人間來，成爲 世尊的弟子、也成爲阿羅漢時，就沒有多少大阿羅漢願意親近他。難陀想要去親近那五百比丘尼而去爲五百比丘尼說法時，都得先想一想：「今天是須菩提爲她們說法的日子，我還是不要去招惹，也許他會因此而責備我。」又等過了一天，知道說：「今天是舍利弗爲她們說法的日子，那沒關係，我提早去爲她們說法。若是招惹了須菩提，那可不得了。舍利弗雖然很有威嚴，可是他不打人、不罵人，也不會追究我。」於是難陀就選在該舍利弗爲比丘尼們說法的日子，提早去說法，舍利弗依預定時間前往時，看見難陀已經在說法了，就默然離去，果然沒有追究難陀；但那一天若是該須菩提說法時，情況一定有所不同。

爲什麼難陀怕須菩提怕到這個樣子？因爲須菩提不苟言笑。他對空性的瞭解雖然很深入、很廣大，但他往世熏習已久的空性境界習氣依舊不可轉，總是很嚴肅，所以大家都怕他三分。正因爲他心中有這個濃厚的習氣種子，大家都畏懼他，所以他收的弟子少，因爲弟子們都不太敢親近他。當他這一種名聲流傳在外時，想要拜他爲師的人就少很多。像他這樣子，要一世一世慢慢去斷除習氣種子，得要斷很久，那他攝受的佛土就少了；因爲他攝受的弟子少，所以十大弟子之中，他最晚成佛。

這就是因爲過去世當「毒龍」很久了，有那個習氣種子存在，我們要拿他作爲借鑑——當作一面鏡子；假使你證悟佛菩提了，可是仍然像以前一樣執著聲聞涅槃，對眾生就沒有強烈的攝受心，大家都不喜歡親近；只要誰見了，一、兩句話說完就走人，不想再跟他多講話，他還能廣大攝受佛土嗎？這可以隱喻爲佛菩提道上的「毒龍」，會危害自己與弟子們的佛菩提道。

「諸鬼」，鬼就很多了，譬如人家說的心中生暗鬼；有暗鬼的時候很麻煩，常常都會敗了自己想要成就的事情，閩南語有一句話是老人家常常要罵孩子的：「人牽不肯行，鬼牽砊砊行。」有沒有？就是說，好人牽著他的手時，他偏不肯走，老是疑神疑鬼，不想接受人家的好意勸告；可是鬼牽著他的手時，他就砊砊走。砊砊就是很精進、很努力配合的意思。「鬼牽砊砊行」意思就是說：別有居心的鬼來親近時大多數是有所企圖的。好鬼當然也有啦！只是難遇；如果遇到一個好鬼，當朋友也不錯。可是鬼道有情，大多數是福德不夠才會去當鬼，所以他們來親近人類時大多數是有所企圖的。

那麼如果你有大福德，過去世幫了很多的有情，也許遇到了一個有福鬼、有德鬼或者有財鬼，也都不錯，對你在世間賺錢受持財富是有很大幫助的；但一般的鬼，往往有一個成語形容，那四個字叫作「鬼鬼祟祟」，有沒有？鬼鬼祟祟意思是說，他對你不忠實、不誠懇，他對你是有所企圖而不明講的。這就是說鬼有很多的小心眼，想從你身上去獲得一些不正當的小利益，這樣就是鬼；當然，鬼不是只有一種，而是有非常多種類。那我們在人間，其實自己身上也有許多鬼，所以人家罵某一個人叫作醉鬼，有時罵：那個色鬼、那個守財鬼，還有賭鬼、什麼鬼等，有一大堆的鬼。而這些鬼其實都是人在幹的，因爲這一些鬼都住在他們深心中，所以才說「心生暗鬼」；意謂著學佛人心中也有很多種的鬼。

那麼當你證悟了「觀世音菩薩摩訶薩」以後，你在人間行菩薩道時常常會遇到邪見；那些邪見有時是外來的，但有時是從自己心中生起來的。外來的邪見可能會影響你幾天或者幾個月，但你只要去憶念「觀世音菩薩摩訶薩」那個眞如法性的威神力，自然就可以對治這一些眾鬼，使他們都不敢害你。而這一些「鬼、惡羅刹、毒龍」，其實有很多是因邪見而引生，有時不單單是貪與瞋所引生的，有時則是純粹由愚癡所引生。若是愚癡所引生的時候，就會有很多外來的邪見共同來影響他；如果他自己心中沒有愚癡，外來的邪見縱使有千千萬萬，也都影響不了他。若是所有邪見全都從自己心中出生的，可就危險了，這一類人大多是救不回來的，只好退轉於佛菩提而又自以爲增上了。

那麼有時是自己心中生起的邪見，當這個邪見生起的時候，他自己沒有智慧去加以判別，往往知見已經偏差很多，而且都已經離開證悟時的見地了，他還以為自己是增上很多。這種事情是很平常的，所以十年前會裡有人遇到別人質疑說：「你在正覺修學，你證悟的所謂證眞如其實都不對，應該如何、如何、如何才對。」他又讀了印順的六識論邪書，又被他書中的「惡羅剎」所影響。那問題來了：為什麼他們那些人被邪見影響就退轉了？因為他們那時候還沒有聽到我解說〈觀世音菩薩普門品〉，都不懂得要憶念「觀世音菩薩摩訶薩」眞如法性的威神力，導致他們外於第八識的眞如法性，而想要另外再去找到一個只有想像中才會存在的眞如心。他們就是不懂得「念彼觀音力」，所以法身慧命就被壞掉了，也就被害死啦！

當然，當時我也曾公開為他們授記；我的嘴很毒，我公開講出來的一定準。我說他們將來會走這一條路，他們剛開始一定會說：「正覺的法沒有問題，是人有問題啦！」因為我們立即辨正法義以後，他們沒辦法回應，只好說正覺的法沒有問題，就推說是人有問題。但是正覺裡的一切人有什麼問題？他們一定講不出來，因為沒有哪一件事情是有問題的，只是他們私心不遂而被許多人檢舉，導致私心不能成就罷了。我接著同時授記說：「接下來，他們走到最後將會偷偷再回歸到阿賴耶識的眞如法性中，但是不公開承認。」

後來才不過一年時光，也都證實：果然如此。

你們看我的預言準不準？欸！好準喔！這就是說，他們心中有許多的鬼，可是他們自己並沒有瞭解；沒有瞭解的原因，是因爲他們的智慧還不夠，沒能力分辨邪見與佛法的異同處。所以當那一些鬼提出了很多的邪見時，他們還自以爲那些邪見才是正法，他們那時就是沒有把「觀世音菩薩摩訶薩」的威神力拿出來運用，因此只好六神無主、到處去摸索。摸索的結果，最後終究要回到第八阿賴耶識的眞如法性來；那時才終於瞭解說：「唉呀！原來還是『觀世音菩薩摩訶薩』阿賴耶識最偉大，沒有另一個眞如心能出生祂。」只好偷偷回歸到阿賴耶識這個眞如法性來。

所以說，有很多的邪見，或者從外面聽來的，或者從自己心中生起的，不管是什麼樣的邪見都叫作鬼。因爲這一些鬼對自己沒有好處，親近了鬼只有壞處，沒有好處。也許有人心裡抗議說：「哼！那你剛剛說的有財鬼、有福鬼、大力鬼，那又算什麼？」我說那個是例外，遇見的機會不多。譬如印順法師書中的邪見算不算大力鬼？是呀！他的邪見很有力量，才能夠在臺灣影響佛教界大約五十年，沒有人能夠推翻他，直到他被我評論爲止。可是印順邪見這個大力鬼，來到我這裡卻能夠被我所用，也就是說，我藉他的一堆邪知邪見等等鬼話來轉作佛事，作為教育佛教界提升大眾佛法知見水平的負面教材，這樣就有正面作用了，所以我交手過的大力鬼也有作用。這個大力鬼在很久以前的往世，也曾經存在過我的心中，只是我早就把它對治了。所以就看是什麼人有用，如果是以前退轉的那些人，他們才一遇到那個大力鬼就被轉退了；但我遇到這個大力鬼時可以拿它來廣作佛事，所以說，我交上釋印順這個「朋友」也不賴。以後如果再有什麼鬼要跟我交朋友也行，當然我所謂的交朋友，方式就是法戰交鋒，這樣來交朋友也算是結個好緣，因為他們未來世遇到我就會生起煩惱，就會想要讀我的書來評破我；然後一世又一世都破壞我的說法時，我就一世又一世回應他們；他們心中的知見就會一世又一世不知不覺地慢慢轉變，最後就只能轉到我的法座下來修學，這也是很好的結交方法，因為可以藉他們作助緣來辨正法義的眞訛，使更多人瞭解相似像法與正法的差異所在，因此不管什麼樣的方式都好。

但這一些因為邪見而起的貪、瞋、癡，或者是因為自己心中不如理作意而產生的各種邪思邪見，只要能夠憶念「**觀世音菩薩摩訶薩**」，這時所有的

「惡羅剎、毒龍、諸鬼」等等都不敢再來加害你的法身慧命。也許這時就會有人想著：「那麼以前他們那些人，為什麼會被害？」那我就只好再懺悔一次說，都是因為以前我不好，當他們的眼睛還沒有長完全，我就讓他們看見「觀世音菩薩摩訶薩」，所以他們都沒有看清楚，就像南泉說的「時人見此一株花，如夢相似」，朦朦朧朧地好像作夢一般；因此後來他們縱使想要再憶念「觀世音菩薩摩訶薩」時，就憶念不起來了。更何況，他們是直接否定「觀世音菩薩摩訶薩」，想要另外再找到一個自己新創的「觀世音菩薩摩訶薩」，當然會走偏了。

二〇一三年還有一位親教師退轉時，他竟然連如來藏阿賴耶識是什麼，他都已經不知道了，你說奇怪不奇怪？這其實並不奇怪，都是以前我不好，濫慈悲，二〇〇三年他的眼力還不夠時我就硬要送給他；他本來就弄不清楚了，解三下山以後又逞強而立即去找退轉者的首領辯論，辯論整整十個小時以後連自己的所悟都被對方弄亂了；導致後來退轉時發現他連如來藏何在都還不知道，又不肯接受善知識的勸誡指導，只好退轉了。

我們假使要帶誰去好地方欣賞風景以前，得要等他眼睛好了才行；如果他的眼睛受傷了，目前只能看到一尺、半尺；或者在一尺、半尺之內，看起來也還是模模糊糊地，那你拿任何好東西給他欣賞，他看不清楚，後來能夠憶念起來嗎？當時他看不清楚那是什麼，沒有勝解，就無法憶念起來，所以這還是我不好，硬送而導致這樣的結果。因此，我們一改前愆，一定要等到大家的條件都具足了，才能幫大家實證般若。那麼如何使大家清楚地看見「觀世音菩薩摩訶薩」，這才是最重要的；如果依舊見得矇矇矓矓、迷迷糊糊，那就慢慢鍛鍊他，等他的眼力鍛鍊好了，看得清清楚楚了，那時再印證他；那他對眞如就會有勝解，將來有問題發生時，不管是「諸鬼」、「毒龍」或是「惡羅刹」出現時，他隨即「念彼觀音力」，於是他的法身慧命就安全了。

接著說：「若惡獸圍遶，利牙爪可怖，念彼觀音力，疾走無邊方。」「惡獸圍遶」眞是最危險的時候，因為那些「惡獸」都有尖銳猛利的長牙或利爪，這時法身慧命眞的危險啊！至於「惡獸」牠們身上有尖牙利爪而「圍遶」在你身邊，哪來這麼多的「惡獸」？就是有呀！在三賢位中遇到這些「惡獸」時眞的很危險，因為自己的控制力不夠——法身慧命還不夠強壯。這些「惡獸」其實就是心中對於世間法還有所愛樂，譬如假使證悟以後，心裡面想著說：「我現在是開悟的聖者，一切眾生都應該供養於我。」於是他就開始廣收供養；當他廣收供養時，他的心就與「觀世音菩薩摩訶薩」不相應了，因此他就被這一頭利養大惡獸的尖牙咬住，或是被牠四肢長長的利爪抓住了，「惡獸」的「利牙爪」就開始撕裂他的法身慧命。

有的人剛開始弘法時很清淨，可是弘法久了以後有大名氣，徒眾也多了，然後開始小收供養；收習慣了，最後就越收越大，小供養可就不看在眼裡了。這都很正常啊！後來如果在家徒弟供養少了一些，他就給人家白眼；因爲他收大供養已經收慣了，那小財的供養他可看不上眼，那他的法身慧命就是被這頭「惡獸」給殺了。但我們遇到這種「惡獸」出現時，不要等牠近身，在牠還沒有近身時就趕快「念彼觀音力」，於是牠馬上就逃走了，叫作「疾走無邊方」。牠根本就無法與「觀世音菩薩摩訶薩」對抗，牠是污穢到極點，而「觀世音菩薩摩訶薩」是清淨到極點；猶如極黑暗的幽谷，才一遇見大太陽的光明所照，原來的幽暗就立即逃竄而消失了；這時牠不曉得要往哪個方向逃，只要能夠逃就行，所以「疾走無邊方」。

我們面對這頭「惡獸」時，一定要好好保持距離，等到牠靠近時才要處理，那時可就危險了。譬如有的人喜歡搞大名聲，所以弘法時常常辦法會，法會廣告上一定要貼上自己的照片，好大一張照片，人家老遠就看見了，一看就知道那是誰。要不然就是所寫的那幾本書，每一本書都用自己的照片作封面，這是搞名聞。但為什麼要搞名聞呢？因為有名聞就會有恭敬，雖然他不貪財，但他就是希望人家恭敬他；只要一離開寺院，不管他去到哪裡，大家才一見，可都異口同聲說：「師父！您好！」然後大聲呼喚說：「大師來了！大家趕快來拜見。」他就喜歡這樣被恭敬著，這也是一頭「惡獸」。

利養是財，名聞是名，這還只是兩種。世俗人說的五欲是財、色、名、食、睡，那你看密宗那一些法王們，他們希望一個又一個女弟子每晚來奉侍，最好是每一天晚上都有不同的女徒弟，而且各個都要年輕漂亮，這是求色啊！可是如果往世學佛以來不是很久，可能才只有一億劫、兩億劫不等，剛邁入三賢位不久，所以被善知識幫忙而提早悟入以後，根基還是不很穩固；這時也許見了這一個美女，心中動了念；交往一段時間，看見了另一個美女時又動了念，就換了第二個；這第二個美女交往過了一段時間，他又想到另外一個美女。他這樣，是不是因為往世多劫的雙方情緣而這樣子？不是啦！

往世多劫以來哪有那麼多個非要邪淫不可的對象？他那個只能叫作貪淫好色。所以如果有人一個又一個不斷地換對象，你就知道這個人或這一件事情，跟往世的因緣無關。大家要看清楚這一點，這很容易判斷。因爲他已經不是對第一個女人邪淫，而是經歷第二個、第三個了，這其實只是貪淫好色，就說他已經被這一頭「惡獸」的「利牙爪」所傷害，法身慧命大概死得差不多了，縱使沒死也只剩下半條命。

那麼有的人對金錢沒興趣，對女色沒興趣，對名聲也沒興趣，可是他對一樣很有興趣——財產。所以土地越大片越好，他每天去走一圈都走不完，但他都不嫌累；腳越瘦越好，一天走不完就兩天去走完；所以寺院那片產業弄下來要兩百公頃，眞是不得了。可是他卻沒有想到說，弄下這麼一大片的道場，佛殿蓋起來就好像皇帝住的金鑾寶殿一樣，等他蓋到好的時候也就走人了。他把眾生的福報拿來自己身上就這樣耗掉，留下那一大片產業，等他死後，出家徒弟們到法院去告來告去爭財產，那麼他到底是在修善還是造惡呢？外人還眞的看不懂。這就是喜歡搞很多的財產，法身慧命被「惡獸」的「利牙爪」給害死了。

但有的人是希望在佛教界獲得最大的權位，他希望在佛教界中一言九鼎，只要他說了就算數，所有佛教徒都得要聽他的，他希望有這樣的權位。其實這一些想法都是落在世間法裡面，想想看「觀世音菩薩摩訶薩」心地本來清淨，自無始劫以來不貪不瞋；如果他那時懂得迴心一念，來憶念「觀世音菩薩摩訶薩」的眞如法性，這時「菩薩」的威神力就能加被於他；於是這一些求種種世間法利益的「惡獸」也就「疾走無邊方」，他就可以遠離名聞利養的惡獸，法身慧命就不會被殺害。

諸位不要以爲悟了以後都不會有這一些事情：「哪有可能？」有一些在第一大阿僧祇劫的學道過程中，都已經走完一半了，所以他這一世重新再悟入以後就沒有問題。可是有的人第一大阿僧祇劫，可能還走不到十分之一，如果時節因緣湊巧，遇到一個濫慈悲的善知識幫他證悟了；他本身開悟的條件又剛好不夠，於是他沒有辦法時時刻刻「念彼觀音力」，因此他就退轉了。如果他肯聽善知識攝受，倒也相安無事，怕的是不肯接受善知識攝受；或者他自己悟了，根本就沒有善知識攝受，於是就會出問題。

無量劫前那個淨目天子、法才王子以及舍利弗，他們三個人悟了以後沒有善知識攝受，於是退轉以後十劫之中無惡不造，所以這是很平常的事。只有悟錯了落到意識、落到識陰裡面的人，才不會退轉，因爲這是眾生的本性。但是眞如法性很難信受，也很難使人接受，所以智慧不夠、法緣尙淺的眾生，強行幫他們悟入以後很容易退轉。因此，當他的人緣太好，以致善知識濫慈悲而幫他證悟以後，他遇到了世間的五欲等法，心中不能安忍，於是開始在財、色、名、食、睡上面用心；這時假使他有智慧「念彼觀音力」，那麼這一些「惡獸」也就「疾走無邊方」；可是他如果沒有智慧而不懂得「念彼觀音力」，這些「惡獸」不但不走，而且張牙舞爪，一下子就把他法身慧命全部撕裂，全部都給吞了。所以「念彼觀音力」非常重要。

接下來說：「**蚖蛇及蝮蠍，氣毒煙火燃，念彼觀音力，尋聲自迴去。**」蚖蛇、蝮蠍都是毒物；蛇彎彎曲曲地移動，那蚖算是什麼呢？也許是蝮蛇那一類的吧？總之也是毒物。蝮與蠍，蝮也是蛇類的一種，這是很毒的蛇；蠍雖然小小的，可是牠那個尾針很厲害，如果被兩三隻蠍螫了，可能還會喪命。這些都屬於毒類有情，表示牠們心性惡毒，都是見不得人好，所以牠們往世都是由於心中嫉妒而生起了毒害之心，現在就成爲毒物了。這一種有毒之物，往世為人時都是心中惡毒，很會算計別人；用的都是陰狠的手段，往往害人於無形之中，別人被他們害到「悽慘落魄」時，都還不知道是被誰所害的。那他們往世造了這種惡業，捨報後就去當毒蛇、毒蠍一類而來到這一世。

這一類毒物，其實是在我們心中就有，就是因為心中嫉妒，所以作了對別人不好的事。即使在正法之中，有時也會有人這樣作；譬如因為嫉妒某某人修行比自己有成就，他就在背後作了一件或幾件對別人不利的事，讓大家都去誤會那個人，這也是毒啊！在三賢位裡面，什麼事都可能會發生，所以還是要很小心應付。又譬如說，有的人因為善知識濫慈悲，悟得太容易，而他心中的見取見其實還沒有斷除掉；也就是說他對眞如法性的轉依還沒有成功，所以聽到人家講某些法時好像講得很好，他就想把對方給鬥倒。鬥倒對方有什麼好處？顯示自己很行、很厲害啊！想要大眾都佩服他，這就是心如蛇蠍了。

可是見取見有時不純粹是由於比高下的慢心而引生，有時其實是因為自己的知見不正，為了某一個緣故，他必須要把對方鬥倒，這就會產生許多毒辣的手段出現了。當他有很多毒辣的手段出現時，你看看他的頭上是不是火冒三丈了？眞的可以看得出來是火冒三丈，因爲他都已經氣呼呼的了。所以他一天到晚就是要辱罵你，而你跟他講理全都沒用。當這一些事情造作出來的時候，在你看來根本就是不可理喻，用道理跟他講是講不通的，簡直是秀才遇見兵，有理也說不清。所以你看見對方所有的就只是瞋恨發狠，然後口不擇言，都是用辱罵的文字來對付你，但是都不在道理上跟你論說；顯然他心中是很生氣的，正好符合了經中這一句話「**氣毒煙火燃**」。

當他一呼一吸時，吐出來的氣都有毒，你最好離他遠一點；而且他的瞋火極盛，一不小心，你就可能被他燒著了衣角，所以要盡量遠離。然而要怎麼來遠離呢？就是「**念彼觀音力**」。千萬別等他靠近，遠遠看見他了就得小心；也就是說，他因見取見，或因瞋、因嫉妒而生起的有害之心，才剛剛生起時就要馬上「**念彼觀音力**」，千萬別在那邊猶豫。你應該這樣想，煩惱一生起時就得對治它了；否則等它已經成長到勢力很大的時候，你才想要「**念彼觀音力**」，那你家的「觀世音菩薩摩訶薩」可就辛苦了。也許你想說：「嗯！那麼辛苦也只是祂辛苦，我有什麼關係？」可我告訴你，祂辛苦時其實就是你在辛苦，實際上可苦不著祂，所以結果還是要你自己來苦。所以，只要一看見了這些毒物出現在心中，馬上就得「念彼觀音力」。當你這時心中大唸一聲「南無觀世音菩薩摩訶薩」的時候，這一些蚖蛇、蝮蠍等都會順著你唸出來的聲音，就自己迴轉而消失了，所以要記得「念彼觀音力」。

接著說：「雲雷鼓掣電，降雹澍大雨，念彼觀音力，應時得消散。」烏雲滿天、雷電不歇，好像有人一直鼓動它而不斷地放出猛烈的電光，那聲音還眞的很嚇人；然而倒也還好，因爲不傷人，除非有人不信邪，偏往那裡站。可是假使同時降下很多的冰雹，好像大雨那樣落下來，這時法身慧命可就保不住了。冰雹有時大得像雞蛋、鴨蛋、鵝蛋那麼大時，連汽車玻璃都被打碎了，車頂都會被打凹了；如果小一點的，例如像花生或是像蠶豆那樣，猶如大雨一樣落下來，還是會把你的農作物都給毀壞了，那你還能有得吃的嗎？可就沒得吃了，象徵你的法身慧命將會漸漸餓死。

這就是說，在末法時代漫天的邪說鋪天蓋地而來，不斷攻擊了義正法，這眞的像是「雲雷鼓掣電，降雹澍大雨」。你看那些外國人藉著什麼學術研究、佛學研究的幌子，講了也寫了一大堆，最後竟然敢說：「釋迦牟尼佛在歷史上不曾出現過，那是人家編造出來的人物。」竟然也可以這麼講啊！日本也有信基督教的學術界人士，一直在否定中國佛教的大乘法，而臺灣也有釋印順一直在否定大乘法。我們不幸而生在臺灣，臺灣又是日本佛教影響很深的地方，還眞是不幸。但這個不幸，我們正覺把它轉給釋印順他們去享受，我們完全不領受這個不幸；是因爲我們「念彼觀音力」，所以我們就沒有這個不幸存在了啊！

三、四年前，大陸中央的某部下面一個出版社還眞的迷糊，還眞的印出了一本收集洋人和日本人寫的否定中國佛教的書，叫作《修剪菩提樹》。那些洋人、日本人要來修剪我們中國佛教的菩提樹呀！我們中國的菩提樹越來越茁壯，他們不斷來修剪，想要讓它的個子越來越小。但我老實講，他們修不到也剪不到。我們看到的是這五、六十年來，日本人以及臺灣的釋印順這一派人，不斷把中國弘傳的大乘法否定；否定了還不打緊，又把他們所承認的解脫道內容，轉易爲意識細心常住的境界，又落回常見外道裡去，不但佛菩提道無法實證，連聲聞解脫道都無法實證了。這樣否定中國佛教大乘菩提的現象，是存在很久的事了，而他們常常在學術界發言或者出書，於是臺灣佛教界就被他們牽著鼻子走，他們卻是肆無忌憚大力詆譭中國佛教；這正是

「雲雷鼓掣電，降雹澍大雨」，導致臺灣眾生的法身慧命都被壞掉了。不但如此，密宗也加進來臺灣一起瞎混，搞什麼應成派中觀的六識論假佛法，導致眾生的法身慧命都被壞掉了。而大陸則是早就被密宗的假中觀與假佛法滲透殆盡，大約百分之九十都是信受密宗邪法的寺院了。在這個情況下，有一個正覺同修會站出來救護眾生；那些從日本傳進來的六識論學術思想，以及密宗的喇嘛們就盡力攻擊我們；但我們只要遇到這一些人的攻擊，馬上就「念彼觀音力」，於是依「觀世音菩薩摩訶薩」所住的境界，一本書又一本書寫了出來回應他們；於是日本學術界和釋印順，配合著密宗那一些邪見，猶如漫天而降的「雲雷鼓掣電，降雹澍大雨」，儘管鋪天蓋地而來，只要我們「念彼觀音力」，它們就立刻消失無蹤。

所以諸位可以看看，我的《狂密與眞密》四輯五十六萬字寫出來了，密宗那一些法王們，包括達賴在內，以及密宗應成派中觀的釋印順等人，有哪個人敢出一本書來正式回應我？根本就沒有。而我們寫出來評論釋印順和密宗應成派中觀的那一些書，印順派他們有哪個人敢寫一篇文章、寫一本書來回應呢？也都沒有。因爲他們一回應，馬上就會遇到正覺請出來的「觀世音菩薩摩訶薩」，一定會使他們連一點邪見小命都不能存在，他們很清楚這一點。他們心中永遠沒有「觀世音菩薩」第八識，他們始終都不承認觀世音菩薩在佛教史上的存在事實；可是我們心中時時憶念著「觀世音菩薩摩訶薩」，常得菩薩的保祐，我們心中也是時時都有理上的「觀世音菩薩摩訶薩」護持著，所以我們只要把「菩薩」請出來，那一些邪見縱使「雲雷鼓掣電，降雹澍大雨」，也不免「應時得消散」，馬上就消散無蹤了！所以雖然他們很努力在攻擊——邪說大風猛吹，但我們正覺依舊以穩穩的腳步，一步一步不斷往前走，仍然沒有障礙可說；而他們施設的所謂障礙，我們正覺一跨就過去了，這全都仰仗於「觀世音菩薩摩訶薩」，所以大家要記得常常「念彼觀音力」。

「眾生被困厄，無量苦逼身，觀音妙智力，能救世間苦。」眾生被困而有災厄，是因為眾生都被困在三界中，永遠不離三界二十五有，就會有很多的災厄。眾生之所以名眾生，正因為永遠都有生死不斷的過程，無量苦惱不斷出生就名為眾生，所以眾生有無量苦逼身；不管怎麼樣，至少都是有八苦隨身。如意人家是八寶隨身，眾生則是八苦隨身。如果嫌八苦太多，不然就說是三苦隨身；因爲即使受生到無色界天中，依舊是行苦不斷，未來壽終也還是不離輪迴生死苦，所以眾生都被困在三界中。

在三界中輪轉時就會有無量無邊的苦，在各自所住的三界境界中出現，所以都是「**無量苦逼身**」啊！但如果能夠懂得「**觀世音菩薩摩訶薩**」，他就有微妙智慧可以產生威神力，來拯救世間苦；救哪個世間的苦？救五陰世間的苦。可是五陰世間的本質是什麼？還是如來藏、還是「**觀世音菩薩摩訶薩**」呀！那麼話說回來，以前外面常有人說：「**在阿含解脫道裡面沒有講到第七識、第八識。**」關於這個邪見，我們也已經作過辨正了：阿含解脫道仍然是八識論的法義。我們在《阿含正義》以及其他的書中，都已經證明這個事實了。那我們爲什麼能夠這樣作？正因爲我們有「**觀音妙智力**」。

這個「**觀音妙智力**」，我們除了自己受用以外，還拿出來推己及人，轉過來救護那一些六識論的所謂學佛人，可以離開一種苦——他們都說「渺渺茫茫」。爲什麼說「**渺渺茫茫**」呢？因爲學佛二十年、三十年以後，對佛法的眞正義理依舊茫然無知，不知道要如何下手實證，所以他們常常感嘆說：「**三藏十二分教，浩如煙海！**」浩如煙海就是覺得佛法像大海那麼廣大，而且海面全都是煙，根本就看不清楚邊際。確實呀！對他們而言正是如此。但是經由我們多年的努力，把「觀音妙智力」拿來運用，於是我們寫了很多的書出來，書中再附上那張表——佛菩提二主要道次第概要表。

我把概要表列出來印在書中，好多人讀了以後恍然大悟說：「啊！原來佛法是這樣子的。」所以好多人學佛三十年，經典讀了很多，但終究不知道佛法究竟是怎麼回事；後來讀到我們的書，終於瞭解：「啊！學佛應該是這樣子次第修學，解脫道只是佛法中的一小部分。」所以我們已經救了他們離苦，於是他們從那時開始就有了一個目標：「我要先好好作功夫，先從無相念佛下手；然後我要鍛鍊看話頭的功夫，等我學會看話頭的功夫了，我的定力就夠啦！我就可以求開悟了。求開悟是應該要怎麼樣，有什麼方向，有什麼知見，我就從正覺的書中好好去研讀修學呀！」欸！於是他們那種渺渺茫茫之苦就被我們消滅了，從此懂得如何下手和進修了，這是運用「觀音妙智力」的很具體例子。

接下來說：「具足神通力，廣修智方便，十方諸國土，無剎不現身。」第一句「具足神通力」，我們就從理上來說。一般人都想：「開悟好棒喔！聽說開悟後就有六通欸！」因爲古德曾經這麼講過，而古德大多不會騙人。好啦！他就努力開始學佛說：「我一定要求開悟。」可是祖師悟了是怎麼說的：「日用事無別，唯吾自偶諧。」然後講到「神通並妙用，運水與搬柴」。有沒有？是龐蘊講的，對吧？原來他的神通與妙用只是運水與搬柴。眞的奇怪了，那些禪宗祖師們明明說：「悟了就會有六通。」爲什麼他的神通妙用就只是運水與搬柴？原來大家都錯會了。

悟後一定會有六通，如果悟了而沒有六通，那當然不叫開悟。譬如說，悟了以後，他所悟的那個眞實心，只能在腦袋上運作，那就是還沒有六通，他一定是悟錯了。可是如果悟了以後，他所悟的那個眞實心，在眼根、耳根、鼻根、舌根、身根、意根統統有，通於這六根之中持續在運作著，那不就是有六通了嗎？這就是禪宗祖師講的六通，但不是講六神通。這就是說，證悟的時候，你可以從自己的六根之中去檢查，自己的「觀世音菩薩摩訶薩」如來藏，也就是這部經中說的「妙法蓮華經」第八識，是否都在六根之中互通？如果是，那就對了。

可是「觀世音菩薩摩訶薩」的神通力只有這樣嗎？不止。因爲假使他造了惡業使他來世該下墮地獄，就應該爲他出生一個地獄身，就如實變現給他，沒有任何遮障也沒有任何困難；但他自己有沒有辦法變？他變不了，而祂能變，祂眞的具足神通力呀！如果他來世應該轉變爲一個四禪天的天身，「觀世音菩薩摩訶薩」也變給他；如果他造了惡業該變爲一個很小很小、連肉眼也看不見的細菌，也同樣會變給他，都不需要用到顯微鏡就可以變了，全都沒有障礙呀！所以「觀世音菩薩摩訶薩」眞要叫作「具足神通力」。

可是祂這個神通力，我們理上講過以後，不能以此爲滿足，還得要在事上繼續努力修行，將來到第四地時，依無生法忍的增益而開始有事相上的各種神通變化時，可以遠勝於三明六通的不迴心大阿羅漢們；所以悟後還有很多佛法要學、要修，這修學過程便叫作「廣修智方便」。然而當你「廣修智方便」時，卻一時一刻都離不開祂，完全要仰仗於「觀世音菩薩摩訶薩」，那你說祂是不是具足神通力？

不管你悟後如何修行，已經修到多麼高深的地步；甚至於修到成佛以後，依舊要依靠「觀世音菩薩摩訶薩」；而且祂有一個威德力很大，叫作「十方諸國土，無刹不現身」。往世你可能生在東方世界　琉璃光如來座下，這一世你來到娑婆而生在 釋迦如來座下，下一世你可能去極樂世界而生在 阿彌陀如來座下；十方諸佛世界來來去去，依著你學佛的因緣而不斷地去諸方世界受生行道時，只要是你該去的地方，不論多麼遠，「觀世音菩薩」都在那裡現身而幫助你，眞是「無刹不現身」啊！那麼如果從一切有情的所在來說，凡是有情所在之處，祂就示現出祂的微妙身量，所以「十方諸國土，無刹不現身」，這樣才能叫作普門示現。

接著說：「種種諸惡趣，地獄鬼畜生，生老病死苦，以漸悉令滅。」惡趣的由來當然是因爲往世造作了惡業，可是我們度眾生的時候，最主要是度自己五陰中的無量無邊眾生；那麼自己五陰裡面的無量無邊眾生到底是指什麼？就是異生性。在二乘法中，異生性只要證得聲聞法的見道就斷盡了；當他見道不退，也就是對於解脫道所應得的見地，已經證得而能夠運轉的時候，就說他對解脫道的見地已經證轉了。這時他永遠不會來否定大乘法的，所以他永遠都不會下墮三惡道；他也不會否定二乘法，所以他永遠不會下墮三惡道，因爲他已經知道若不是依八識論中說的第八識心，三乘菩提都不可能實證的；因此他可以保得住自己的見地，然後該作的作，不該作的不作，就能永離三惡道。

可是他所斷的只是二乘見道相應的異生性，然而大乘見道的完成是很困難的，爲什麼困難呢？因爲大乘見道所應斷除的異生性非常深廣，所以想要全部斷盡是很困難的。因此《菩薩瓔珞本業經》中，世尊說見道就是般若「正觀現在前」之時，才只是進入第七住位；修到第十住位眼見佛性，繼續進修十行位而開始救護一切眾生等等，努力去作，一直修到十迴向滿心時，也都還算是見道位；離開第七住位而開始精修般若別相智時，這些都叫作「相見道」位。當你證得如來藏而不退轉時只是眞見道位，眞見道之後繼續努力修行，從第七住位經過十住、十行、十迴向，然後到達十迴向位的滿心位時，都還是相見道位，那你想，這時間有多麼長？確實難以想像。可是最後你終於把見道位中應該有的智慧通達了，該修集的廣大福德也修集好了，才能進入初地的入地心位，這時才能斷盡大乘見道所應斷的全部異生性。所以大乘見道所斷的異生性有多麼深廣，一般人眞難以想像。

所以證得如來藏以後，在第七住位中，有時遇到一個大惡緣時，於是他又開始毀謗如來藏；退轉於見地而改認假的眞如，就把假的當作眞的，反而把眞的當作假的，還要出來跟人家狡辯，這就是大乘見道所應斷的異生性還沒有斷盡的愚癡人。像這樣子，就表示他心中還有惡趣種子，惡趣是指三惡道，表示他心中的地獄、餓鬼、畜生三類種子都還具足存在，死後就免不了再度往生三惡趣中。

否定了第八識而說另外有眞如可證，這是毀謗根本大法。雖然他已經在善知識幫助下證得「觀世音菩薩摩訶薩」，但是遇到了大惡緣時，他仍然會使心中的三惡道異生性繼續現前，就離不開惡趣的生老病死苦了。他如果能夠依於「觀世音菩薩摩訶薩」，常常「念彼觀音力」，就可以把這一些異生性逐漸斷除。這些異生性，譬如貪、瞋、癡、慢、疑等心，以及見取見和七種慢，漸漸都可以全部斷除，這一斷除，生老病死苦就滅了。但這要有一個過程，不是頓斷的；因爲理上固然是可以頓悟，然而悟後的事修上面，還是得要一步一步去修行，是要次第斷除、次第實證的，所以說「以漸悉令滅」，悟後要用漸修的過程，直到最後全部滅除。

當這「種種諸惡趣，地獄、鬼、畜生」這三類境界的生老病死苦習氣種子都斷除了，那就表示你已經入地了，大乘見道所應斷的異生性全部都斷盡了。但是不要期待一證眞如就可以立刻斷盡，沒這回事。《法華經》在這裡也告訴我們說：「以漸悉令滅。」告訴你說這大乘見道所斷的異生性、這三惡道的異生性中，當然一定有生老病死苦；但是要用漸修的方式漸漸來滅除，不是一悟之時就會全部滅除的。

接著說：「眞觀清淨觀，廣大智慧觀，悲觀及慈觀，常願常瞻仰。」眞觀並不容易得啊！也就是說，一般人想要獲得假觀都還不容易，心裡面假想有一個如來藏妙眞如性跟隨著自己，這都不容易呀！因爲像這樣子作了以後，他漸漸地就會走入加行位來；然而要進入到大乘的加行位中眞的很難，因爲末法時代那些邪見鋪天蓋地而來，所以想要接受這樣的一個假觀都很難。對於「觀世音菩薩摩訶薩」作一個假觀，其實就是唯識學上面說的「現前立少物，謂是唯識性；以有所得故，非實住唯識。」

但這究竟是什麼意思？是說這是一個假觀，畢竟還是落在意識上面而作想像；雖然自己心裡面建立好像有一個東西，叫作「眞實的唯識性」，就是萬法皆屬於第八識的眞如法性，可是尚未親證，畢竟還是住在意識想像或思惟的境界中，所以說還是落在有所得法裡面，就不是眞正的唯識性。然而像這樣的假觀都不容易有，爲什麼呢？因爲末法時代邪見鋪天蓋地，都告訴你說：「所謂的唯識就是虛妄唯識。」釋印順一直主張「虛妄唯識說」，從來不講「眞實唯識」，但 世尊教導的唯識增上慧學卻有二門，也就是眞實唯識門與虛妄唯識門。但釋印順那些六識論者，全都告訴你說：「人類只有六個識，而這六個識都是虛妄的，所以第三轉法輪的唯識增上慧學，便叫作虛妄唯識。」你看他們連這種在心中建立「好像有一個東西叫作眞如佛性」的這個唯識性，都不容易啊！

然而這還只是一個假觀，都還沒有實證，當然還不是「眞觀」。如果哪一天你突然間實證了，那時就有「眞觀」了；這時你就是眞觀菩薩，可以名爲王眞觀、李眞觀、蔡眞觀、蕭眞觀、林眞觀。好！因爲你現前看見「觀世音菩薩摩訶薩」第八識，有如是的威德力：「十方諸國土，無剎不現身；」而且是「具足神通力」，這時確實有「眞觀」了。可是這時的「眞觀」不一定清淨，所以有的人悟了以後，往往還會有很多的疑惑不得解決，還得要繼續再參究；我們就在小參室裡面，一點一滴幫他處理掉；然後禪三回來在增上班裡面，我們繼續再講授許多深妙法，他的見地才能夠漸漸清淨，開始具備「清淨觀」。可是見地的眞正清淨，是要到入地之時，這時才能夠說是眞的「清淨觀」。這就是說，眞見道之後再經過相見道位的種種別相智修學，這是說理上的修行以及事修上的修行都要同步進行。

入地以後繼續開始修行，就是過了見道的通達位了。進入修道位以後，這時開始有「廣大智慧觀」一分分生起來；這個「廣大智慧觀」隨著你次第修進，一地一地各有不同，也就是諸地的「無生法忍」智慧。在這樣的修行過程中，你到了三地即將滿心之前，得要修四無量心；這是依無生法忍而修的四無量心，不同於世間凡夫依於第四禪的定力來修四無量心。那麼你依所證的「觀世音菩薩摩訶薩」的威神力，繼續進修來到三地即將滿心前，修成慈無量心與悲無量心時，就有了「悲觀及慈觀」；這時你回頭來看這一切的修行，確認全都是依於「觀世音菩薩摩訶薩」而有。

這樣想一想，是不是常常都希望「觀世音菩薩摩訶薩」跟我們同在一起呢？是不是希望「觀世音菩薩摩訶薩」時時刻刻都可以讓我們瞻仰到？應該如此！因爲這時你很清楚知道，如果你的「觀世音菩薩摩訶薩」離開了，你會怎麼樣？沒命了！那麼假設說，如果有時你無法看見自己的「觀世音菩薩摩訶薩」，就像悟錯的人說悟境不見了，那你要是眞的看不見祂了，那你想，這時到底是什麼樣的境界？跟剛才一樣呀！也是沒命了；因爲如果你已經找到祂而有了「眞觀」，那你永遠都是時時刻刻想要見就可以見得到祂，怎麼可能會見不到？

那你如果見不到，其實不該說是只有見不到祂，而是一切法都見不到了，因爲你是已經沒命了。當你弄清楚了這一點，你當然會這樣想：「常願常瞻仰，」都不希望祂有一剎那離開你，所以希望永遠都把祂抓得緊緊地。但其實都不必抓啦！因爲你不抓祂，也一樣不會離開你，祂一直都很慈悲地照顧著你，怎麼可能就離開你？但你一定是「常願常瞻仰」。

接下來說：「無垢清淨光，慧日破諸闇，能伏災風火，普明照世間。」「觀世音菩薩摩訶薩」有著沒有污垢的清淨光，以這一種清淨光來顯示出恆時清淨、永遠清淨、三世清淨、無始清淨、盡未來際清淨，祂永遠有清淨光顯示出來。這時有人聽了也許想：「那我自己的『觀世音菩薩摩訶薩』不是跟我在一起嗎？可是我看來看去怎麼都沒有光？」但告訴你：此光非彼光。有時我們說，當你在自己身上找不到時，從別人身上找也行。那麼也有人想：「喔！

別人的『觀世音菩薩摩訶薩』也有清淨光放出來啊？那我瞪大眼睛瞧一瞧吧！」瞧來瞧去也是沒有光，因為此光非彼光。

可是當你找到時，你就像智慧的太陽一樣，只要從東邊升起來，立刻就把整個漫漫長夜的黑闇破除掉了，真的叫作「**慧日破諸闇**」。古德語錄中不是也說嗎：「**千年闇室，一燈能破。**」說一個房間黑暗了整整一千年，雖然已經是那麼久的黑暗，但你這時只要把一盞燈點亮了，房間馬上就照明了；黑暗雖然已有千年，剎那間就消滅了。這個慧日確實可以破諸闇，所以才剛悟了以後，《心經》在講什麼？就知道：「**原來如此。**」「《**般若經**》**在講什麼？原來如此。**」以後讀般若諸經的時候就是如此這般、如此這般、如此這般（大眾笑…），因為你都可以讀懂了呀！

除了這「**慧日破諸闇**」，還「**能伏災風火**」。三災之中，災變最嚴重的是風災和火災，水災來時也許你會游泳，還可以暫時漂浮水面而游一游；可是火災來時遍地是火，你跳也不行、躺也不行，飛又飛不走，無可奈何；若是風災來時，你更沒奈何，因為連三禪天都被吹壞了，何況是人間。那麼在這裡，從理上來說時，火災、風災到底是什麼？「**災風火**」這個風災，其實是說有情心中躁動不息；因為躁動不息，所以世間才會有風災。從兩個方面來說：因為有情必須要有呼吸才能生存，那麼就必定要有風大，沒有風大就無法呼吸，也就不能生存了；可是既有風大也就會有風災，譬如修定，當他住在四禪等至之中息脈俱斷時，是因為他心中完全沒有躁動；如果他心中一個很輕微、很輕微的躁動出現時，也就是一個沒有語言文字的念出現了，雖然一閃就過去了，還不到十分之一秒，但他馬上就開始覺得氣動了，立即就有心跳也就有呼吸。所以呼吸本身就是躁動，從理上來說也就是風災。

對於一個未到四禪天的天人來講，呼吸也就是風災；等而下之，只要你必須有呼吸才能生存，就會遇到風災；可是這個風災的由來，都是因為心中躁動；正因為煩躁不安、動心不已，就一定會有呼吸。動得越厲害，呼吸便越嚴重；動得越輕微，呼吸便越微少；心中全都不動了，捨清淨、念清淨了，就不需要呼吸了，也就沒有風災。你如果依止於「觀世音菩薩摩訶薩」，努力進修到最後，心中這個躁動消失了，進入四禪境界中，「災風」就不存在了。

那「災火」已經是等而下之的了。災火就是欲界法中的貪愛，欲界法中的貪愛會產生了災火。欲界爲什麼會有火災？因爲眾生欲火燒燃啊！男女色的欲、財物的欲、名聲的欲等等，有很多種的欲，這一些欲生起時，心中就是一種火燃的現象，使人心中不得清涼，所以就有災火出現。假使大家心中都沒有欲了，災火就越來越少；全都沒有欲了，世界便清涼了。大家最近都在說：「熱死了！熱死了！都不清涼！」無法改變，是因爲大家對五欲很強烈在追求著。我們正覺這樣的人，畢竟只是少數。當大家都努力在追逐五欲的時候，全球人類心中都有欲火在燒燃著，世界是不是要燒燃起來？所以現在地球就像烤爐一樣啊！

如果人類都能夠看得見這個「無垢清淨光」，自然會有「慧日」生起，就能「破諸闇」。當全球人類全都如此時，自然是「能伏災風火」。不然的話，就要有另一個辦法，在這娑婆世界裡面到處都長出和極樂世界一樣的好多蓮花，把所有人類都關在一朵一朵的蓮花裡面享受，就不會互相爭執，那就沒有災火了，就像極樂世界那樣，一定沒有災火了。但這畢竟不可能，因爲這裡是五濁的堪忍世界。

我們如果能夠把「觀世音菩薩摩訶薩」找出來，每天面見祂、禮拜供養祂，你就會看見祂的「無垢清淨光」，自然就能夠「慧日破諸闇」，「災風火」也就漸漸地滅除了，於是你的智慧光明不斷地顯發出來。可是即使你本身智慧光明沒有顯發出來時，你的「觀世音菩薩摩訶薩」祂卻依舊是「普明照世間」啊！世間指的是五陰。因爲你在娑婆世界看見每一個人時，你會發覺他們的「觀世音菩薩摩訶薩」都有光明在照耀著他們，只是他們看不見；你去東方琉璃光如來的世界看時是如此，去到西方極樂世界那裡看時也是如此，眞的叫作「普明照世間」。

接下來說：「**悲體戒雷震，慈意妙大雲，澍甘露法雨，滅除煩惱焰。**」「悲體」就是這個眞如理體，也就是各人自己的「觀世音菩薩摩訶薩」。祂本來就是一個慈悲之體。可是這個慈悲之體，當你實證不退之後就有了道共戒，這個道共戒的音聲一直都很響亮；因爲當你心中想到某一些對眾生不好的事情，有一點心動而想要去作的時候，這個道共戒的雷聲就會響起來，你就會想起來說：「**唉呀！這事情不能作欸！這一作，惡業種子就記在我自己的如來藏中，眞的逃不掉也丟不掉的啊！**」於是這個戒體就把自己錯誤的念頭震壞了，壞想法便消失了，這叫作「悲體戒雷震」。你只要眞的證悟不退了，一定會有這個道共戒存在；就好像證得初禪或者二禪、三禪等，就一定會有定共戒存在，道理是一樣的。

可是這個「悲體戒雷震」，這一震下來，接著就是「慈意妙大雲」，因爲取而代之的下一步，就是應該反過來去利樂眾生；當你利樂眾生的時候，這個慈心發起來就會堅持下去；因爲你如果不堅持下去，自己知道成佛之道永遠都不能完成。所以眾生再怎麼糟蹋你、侮辱你，你都還是想要度他們；最後你一定是如此，所以叫作「慈意妙大雲」。這一種慈意眞的很微妙，猶如大法智雲一樣，但凡夫眾生是不肯也無法相信的；正因爲眾生不能相信你的這種慈意，你才會被叫作不可思議菩薩。如果你所想的，你要作的，眾生都是想一想就知道了，那你就不是菩薩摩訶薩了；所以你要想一想自己的「觀世音菩薩摩訶薩」，祂的所思所爲都是眾生無法想像的，因此才被 世尊稱爲「摩訶薩」。

而「觀世音菩薩摩訶薩」一直都在降下無量無邊的「甘露法雨」給眾生，不斷地用這種「甘露法雨」要來滅除眾生心中的煩惱火焰，可是眾生愚癡，竟然不能夠接受。我們也很努力在寫書，把這一些道理寫出來，就是要救護那一些愚癡的眾生；他們落入應成派中觀的六識論邪見中，我們很努力也很辛苦，總是存著悲心繼續救他們；可是他們很愚癡，頭上的煩惱焰可不止三丈高，眞的很難救。

我講個事情給諸位聽，七月二十三號下午三點左右，有個女人打電話去出版社，問義工說：「你們出版社都出一些奇奇怪怪的書喔？」我們出版社義工一聽到，自然就知道：這一定是印順派的比丘尼打來的。就回應她說：「我們沒有出版過奇奇怪怪的書，我們印出來的都是講佛法的書。」然後那個比丘尼就說：「你們那一本《霧峰無霧》，有很大的問題啦！出那種書，有業啊！」我們義工菩薩說：「有喔！有善業、淨業。我們在救人，講的都是佛法。」（大眾笑…）那她說：「你們要趕快收起來啦！那種書不能再印了，那個有因果。」我們義工菩薩說：「唉呀！因爲妳讀不懂，所以妳才會說有因果啦！」然後她還想要說，義工菩薩忙著，就跟她說：「謝謝啦！謝謝啦！」就把電話掛了。

你看那比丘尼夠不夠愚癡？那本《霧峰無霧》就是用簡潔扼要的方式來

講，這樣一本書中才可以舉出很多地方的錯誤。我們會裡同修寫的文章來到《正覺電子報》時，要經過很多層次的潤飾，所以會增刪很多文字；但我吩咐說，《霧峰無霧》的文章盡量少增刪，把錯別字改一改就好了，特性才能顯示出來，救護愚癡眾生的效果才會很好。也就沒什麼增刪而刊出來，所以救護印順派六識論邪見徒眾的功能開始顯現出來了，現在她們終於急了。她爲什麼要打電話來？說穿了，只是因爲她們頭上那三丈高的邪見煩惱焰被滅了，她覺得好冷啊！（大眾笑…）受不了啊！所以才要打電話來恐嚇什麼業報等。

可是她只看到書中的清涼「甘露法雨」，都沒看到那些法雨裡有很多慈悲與溫暖呀！你看她們那種人就是這麼笨，錯把好心當作驢肝肺，以致於在這一種情況下，她的煩惱焰滅了又生起來，滅了又生起來，終始不斷。其原因在哪裡呢？是因爲她沒有看見「觀世音菩薩摩訶薩」。她們那一大票人全都不相信有事相上的 觀世音菩薩摩訶薩存在，也不信自己五蘊山中有自己的「觀世音菩薩摩訶薩」如來藏存在。不論是事上或理上，她們全都不承認，所以會有這個問題啊！

然而對我們而言，眞的是「悲體戒雷震」，也確實是「慈意妙大雲」，而且時時刻刻都在「澍甘露法雨」，永遠不間斷地在爲我們滅除人間五陰的煩惱焰。可是她們被人家——也就是被無明惡人——推墮於煩惱坑的大火之中，卻是完全不知警覺。我們還特地爲她們點了出來，用甘露法雨去幫她們滅除那一些邪見惡火；結果她們都不想息滅，還打電話來抗議。這種愚癡行爲背後的原因在哪裡？在於她們不相信事相上的 觀世音菩薩摩訶薩眞的存在，也不信理上同樣有「觀世音菩薩摩訶薩」如來藏的存在，於是往六識論的死胡同一直鑽進去，死胡同鑽到沒地方鑽的時候只剩下牛角尖，那時沒辦法轉身了，就只好死在牛角尖裡面。好，今天講到這裡。

《妙法蓮華經》〈觀世音菩薩普門品〉，上一週講到一百九十四頁倒數第三行。今天要從倒數第二行開始：

「諍訟經官處，怖畏軍陣中，念彼觀音力，眾怨悉退散。」會有事情產生訴訟而必須經過官府來處理，一定是先有諍，所以才叫作「諍訟」。關於諍訟，在末法時代，特別是所謂法治的國家或社會，大家在沒辦法的時候就訴諸於法院的訴訟；但這一些都屬於世間法的層面，本來在佛門中的修行人是不應該為了佛法而有訴訟的；可是因為末法時代的佛門中已經存有許多世俗人，她們只是表相上像個修學佛法的人，就會有諍訟，就得經過官府去裁決。古時的官府無非就是縣衙或是州、府等衙門，現在則是指法院。

如果不是世俗人，就用不著訴諸於官府；假設有一些人捏造不實的事相來毀謗《妙法蓮華經》的弘揚者，怎麼勸止都沒用，這時就得訴諸於官府。因為他們是世俗人，你舉了證據跟他們談也沒有用；另有一些人則是當你就法論法時，不離佛法；但他們是表面學佛的世俗人，在法上沒奈何你，可就借題發揮，於是從世俗法上來對你諍訟，這都很正常。因為我們現在已經不是佛世的正法時代，現在進入末法時代已經一千年了，所以這都是正常的。

且不說末法時代，在像法時代就已經有這類事情了；因此才會有阿羅漢被誣罔，就被不知情的國王判入獄中去坐牢的記載。他被關在牢裡過了十二年之久，這位阿羅漢的弟子也是阿羅漢，眾所知識；因為師父惡業的業緣欲盡，所以弟子就在獄中找到他的師父；阿羅漢師父被人家無根毀謗，又被不知就裡的國王下在牢中。然後他就去找國王，國王當然很恭敬阿羅漢，可是問來問去，牢中就是沒有關一位阿羅漢啊！因為坐牢都已經十二年了，頭髮很長、鬍鬚也很長，僧服早就破掉而換了囚服，哪還能看得見阿羅漢的身相？世俗人所謂的阿羅漢一定是某一個模樣，卻不知道他這個人本質是個阿羅漢，而不是因爲剃髮著染衣的緣故而成爲阿羅漢。所以這一位阿羅漢就請國王派人進入牢獄中，終於把他找了出來；當然國王非常難過而懺悔，因爲既然是阿羅漢，怎麼可能還會造作惡事呢，顯然被人無根毀謗而作陷害的。

這就好像世間俗人或不懂佛法的佛門修行人，他們都不知道菩薩的證量，人家菩薩都已經超過欲界境界了，他們竟然還要毀謗菩薩，說你是在斂財等等。所以這些都是佛門中的世俗人所作所爲，因爲他們的所知就只有世俗人的層次，根本不知道證得色界定者的心境，更不知道菩薩證悟般若以後的心境。那你如果開始要弘法時，這一世若沒遇到這種佛門中的世俗人，未來世你也將會遇到。這是遲早都會遇到的，永遠都不能避免的事情。

那麼在五濁惡世住持正法時，不免有時遇到恐怖、令人畏懼的戰爭場面，如果不幸遇上這種戰爭的場面，可能你就沒命了；因爲大概會把你當作是細作—現代話叫作間諜—然後把你抓了，便結束你的這一世了。但不管是哪一種情況，你如果已經如實轉依於自己的「**觀世音菩薩摩訶薩**」了，那你就覺得無所畏懼。那時只要「念彼觀音力」，種種的怨心就全部都退失散掉了。一般人解釋這一段經文時總是說：「人家如果告你，去到官府處理的時候，官府也不敢辦你。那個告你的人，只要你唸了『觀世音菩薩摩訶薩』聖號，他就會自動撤告，再也不告了。」但是實際上經文中的眞實義並非如此。

一般人也會解釋說：「如果你遇到兩軍對仗時，你想要避免而不被殺害，就趕快『念彼觀音力』，然後兩邊的軍隊就會退讓開來，讓你平安無事通過。」實際上並不是這回事，而是說：當你轉依於「觀世音菩薩摩訶薩」的時候，你的所見已不在五陰上面，而在自己的「觀世音菩薩摩訶薩」的眞如法性上面；這時你看得很開，沒什麼牽掛，煩惱消失了；既然因緣如此，該作的事縱使還沒作完，此時該走了也就走了，還沒作完的就留待下一世再來作也行。那就是說，心中的一切怨已經全部退失了，全都消散了，這便叫作「眾怨悉退散」。

所以假使遇到被人家揑造證據無根毀謗、控訴到官府去，而官府承辦人剛好是個學密的人，或是認同達賴集團的人，那就算我倒楣。或者那些官府剛好是我曾經評論過的某個大山頭的信徒，那也只好算我倒楣，我就準備進去牢裡打坐。但在進去裡面坐牢之前，得先把該作的事情作好了、處理好了，然後就心安理得去裡面打坐修禪定，這也不賴啊！否則哪有機會、哪有時間可以打坐修禪定呢？所以這就看你怎麼想的了。那麼這時對於所謂的訴訟官司，對於性命，其實已經不在意了！當你不在意的時候，你轉依於自己的「觀世音菩薩摩訶薩」了，你想的是：「雖然這個五陰死了，可是眞正的我並沒有死，而他們都不知道，只有我知道。」所以心中歡喜對著挾怨誣告的人說：「欸！下一輩子再見了。」

下一輩子還要見他們，雖然他們是冤家，但未來世遇見了，他們見了你就會覺得很慚愧，自己也不曉得是什麼緣故，就只是慚愧，老是覺得對不住你，很想要補償你，然後你就能攝受他了，這也是成佛之道的過程中攝受國土的一部分啊！所以從容就義或者忍辱苟活，其實也都是在度眾生；當你被人家冤枉時，就跟他結下這一個緣，而這個緣是解不開的，所以叫作不解之緣；那麼未來世他們見了你，沒來由就是覺得羞愧，所以你說什麼他們就聽什麼。如果你活到六、七十歲時被他們誣罔死了，你說：「我也剩下沒幾年，這幾年就算是送給你們了。然後未來世你們就是我的弟子，你們未來世可得要乖乖聽我的話，好好修學佛法了。」這也是攝受國土呀！

菩薩就是這樣遊戲人間的，不是一天到晚搞神通變化來遊戲人間，那是四地以後的事，沒有入四地以前，你就是這樣遊戲人間啦！因爲你看清楚眞相了：死而未死，活著本來也不算活，因爲同樣都是在如來藏裡面變易，有什麼生與死可說呢？所以當你依於自己的如來藏，也就是依止「觀世音菩薩摩訶薩」時，當你依止祂的威神力時，你心中的怨也就全部都退散了。

接著說：「妙音觀世音，梵音海潮音，勝彼世間音，是故須常念。」妙音就是上一品〈妙音菩薩來往品〉所說的道理，這裡就不再重複解說；但要知道的是，先要有妙音菩薩的證境，後面才會有事相上的 觀世音菩薩的證境。「妙音」之後所舉的「觀世音」，講的則是這一品〈觀世音菩薩普門品〉的法義。那麼回到經文中來說，這一句「妙音」二字，講的到底什麼音？就是「清淨音、眞實音」。「海潮音」，就顯示祂恆而不斷的法音。就像人家舉出來解說：「某一個海邊的海潮來來去去、退退進進、上上下下，有一天突然完全停了，平靜無波，叫作聞所聞空。」不但世間沒這回事，佛法中也沒這回事，都是亂講的。凡是有海潮的地方，就永遠都會有海潮；差別只是大與小、高與低的幅度差別而已，只要是有海潮的地方，就永遠都會有海潮存在。

我說「妙音」也就是「梵音」，「觀世音」也就是「海潮音」；表示說，這一種妙法所發出來的弦外之音，是清淨音，也是恆常不斷的常住之音。海潮音，聽說有人對念佛時的唱誦很有研究，也有人說是對梵唄很有研究，然後就主張說：某一種腔調就叫作海潮音。然而那是不是眞正的海潮音？不是！因爲不恆；海潮音是恆長久遠而不會停止的。但睡著了以後，他還誦不誦那個梵唄？不誦啦！也就中斷了，所以那並不是「海潮音」。當然也不能叫作「妙音」，因爲他那個唱誦並不是清淨梵行，也不是依永遠清淨的梵行所發出的聲音，就不能叫作「妙音」。所以你的如來藏每天有弦外之音，是說你的「觀世音菩薩」恆常不斷在演說「妙音」，發出猶如海潮一樣永不中斷的法音，這才叫作「梵音海潮音」。

那麼這兩位大菩薩，「妙音」與「觀世音」，到底是一位還是兩位啊？大聲一點好嗎？（有人答，聽不清楚）對了！就只是同一位的不同名稱；這是從不同的層面，來說「妙音菩薩」以及「觀世音菩薩」。那麼「妙音菩薩」

或「觀世音菩薩」摩訶薩，所演說的都是「梵音海潮音」，世尊開示說：「這兩種音聲遠勝過世間一切最勝妙的音聲，由於這個緣故，應該要常常憶念著妙音菩薩、觀世音菩薩，應該要常常稱名歸命。」因爲當你實證而且知道「妙音菩薩」的眞義，也知道「觀世音菩薩」的眞義時，當你悟後有時唸一下「南無妙音菩薩摩訶薩」，你的心就馬上依止於理上的「妙音菩薩」了。有時心血來潮唸一句「南無觀世音菩薩摩訶薩」，當你歸依於事相上的 觀世音菩薩時，同時就自然歸依於自性觀音如來藏。就這樣子不斷地憶念著，你的轉依就越來越具足，然後悟道所得的智慧與功德，自然就會越來越發增長廣大。

所以 世尊又開示說：「念念勿生疑，觀世音淨聖，於苦惱死厄，能爲作依怙；具一切功德，慈眼視眾生，福聚海無量，是故應頂禮。」世尊特地吩咐我們說：「過去那一念，現在這一念，以及即將來到的後一念，不管是哪一念，在念念相續之中，都不要對觀世音菩薩產生任何的疑心，」這個「疑」會有時時發生的現象，也會有遇緣而發生的現象；時時發生的疑，問題出在哪裡？在於他此世的法緣太好，遇到一個善知識的時候，然後又變成因緣不太好，所以心中生疑。法緣太好是因爲他遇到那個大善知識，法緣不好是遇到的那個善知識濫慈悲，所以法緣的好與不好是在同一件事情中發生的。法緣太好了，才一學佛就遇到了大善知識；可是那個善知識濫慈悲，沒有好好去檢查他的六度應該修行的有沒有修足，慧力夠不夠？定力夠不夠？福德夠不夠？有沒有慢心？全都沒有去觀察，濫慈悲就幫他證悟了，智慧不易生起，體驗不夠也容易生疑，所以說他的法緣其實不好。可是他能夠遇到這個善知識，因緣又確實太好了。那麼，這樣說來，還眞不知道究竟因緣是好或是不好？所以世間事眞的難預料啊！佛門之中亦復如是。

心中時時生疑，是爲什麼如此？當他遇到個逆緣時就生疑，這又是爲什麼？是因爲他沒有基本的定力。佛法中有五停心觀，所謂不淨觀、慈悲觀、因緣觀、界差別觀（或念佛觀），還有一個數息觀，這五個修行方法便叫作五停心觀。爲什麼叫作「停」？因爲好好修習這五種觀行，可以讓覺知心停止下來而不再攀緣。意思就是說，眾生之心各有不同狀況的掉散，所以會攀緣世間諸法；或者由於愚癡，因此教他修學界差別觀。但大部分眾生不是愚癡，因爲凡是會走入佛門從事修行的人，大部分都是聰明伶俐的人；善知識教導他說：「**你要好好作無相念佛功夫。**」不但教他要作，而且還設定了十個層次要他一一去完成；可是他都跟你說：「有啊！我都作完了，我現在念佛功夫不錯。」可是等到退轉那一天，你才知道他根本都還不會無相念佛；連無相念佛的淨念是什麼都還不知道，那你說，像他這樣的人會有定力嗎？根本就沒有。所以這時問題不在善知識，而在他自己。是因爲他自己沒有依照善知識的教導如法修行，欺騙善知識說他把這一些應修的功夫都作好了；然後又因爲善知識濫慈悲，太相信他，所以一下子幫他悟了，不久以後他也就退轉了。

那麼爲何學佛剛開始時都要修學五停心觀？我先問大家：無相念佛是哪一觀？是哪一觀？是念佛觀。而且是念佛法門中最高層次的念佛，念到無相。念到無相而且功夫很好了，才容易與無相的實相相應。但爲何要作這一些功夫？主要的原因是想要讓心休止下來。心能夠於各種境界中歇止了，表示這個人藉著五停心觀的修行，把喜愛攀緣、喜愛五塵境界心，或者喜愛權力、喜愛名聲等不好的心降伏了；眞的降伏下來以後，斷了我見就會有初果人的功德受用；否則他斷了我見時一樣沒有功德受用，其實就不是眞的斷我見，只是在知識層面說是斷了我見，不具有初果人斷我見的功德。

同樣的道理，當善知識直接爲他明講，告訴他眞如密意，所以他證知眞如了；但是這樣的「證」使他沒有辦法運轉，我們就說他知道了眞如的密意，但是沒有證轉，就不是眞見道，那個密意對他而言就只是知識而已。這就好像世尊爲憍陳如等五人第一次演述四聖諦時；世尊初次爲五比丘轉四聖諦法輪時，不是講三轉十二行法輪嗎？也就是四聖諦要前後連著講三遍；第一遍初轉四聖諦時，只是讓他們瞭解四聖諦的道理與內涵，第二遍再講解時是一面講，一面勸他們要實修。第二次運轉四聖諦法輪目的是要作什麼？是要勸他們實修，要實修四聖諦才能出離三界生死苦。那麼第三轉四聖諦法輪時，就是要他們還沒有實證的人立即實證，已經實證的人就在這個時候自我檢查，看自己所證的功德是不是已經開始運轉了，這叫作「證轉」。所以聲聞四聖諦也有三轉法輪，第一轉時先爲他們開示說明內涵，第二轉時就勸他們要實修、要親證，第三轉時是要他們實證以後，要能夠運轉所證阿羅漢果的智慧與功德，這就是證轉。所以單單證了並沒有用，還要能運轉才有用。

根性猛利的憍陳如在三轉四聖諦十二法輪時，他就已經成爲阿羅漢了，因爲他聞法之前四禪八定已經先具足證得了，三界惑已經全都降伏了；所以世尊三轉四諦法輪時，也就是初轉四聖諦十二法輪後，他就成爲俱解脫阿羅漢了。其他四位阿羅漢們，則是 世尊再度爲他們廣說四聖諦之後才成爲阿羅漢。言歸正傳，心中生疑的最大問題在哪裡？在於他沒有眞的降伏見惑，也沒有降伏思惑的各種修行；所以說，若沒有好的未到地定，你把眞如密意告訴他以後，他縱使極力保證願意依止眞如，但在最後仍將是無法依止，因爲他不能運轉見道位的眞如智慧與功德，就說他沒有證轉的功德。

同樣的道理，如果有人沒有初禪的功夫，那你把阿羅漢所斷的煩惱具足告訴他，要求他去斷，他也如實努力去斷；然後他認爲自己已經確實斷除了，可是他所顯示出來的是：所證的阿羅漢功德並沒有顯現。也就是沒有證轉。既沒有證轉，就表示他沒有實證；因爲有證轉的阿羅漢，一定伴隨著深厚不退的初禪，甚至有二禪、三禪的伏惑定力，那麼他的阿羅漢功德一定可以證轉。所以說會生疑的人，起疑的原因在哪裡？是他沒有降伏欲界惑所致。譬如他想要證初果，那你把斷三縛結的所有內涵都告訴他了，他也完全信受而如實修除了；可是由於他沒有未到地定，那會不會有證轉的功德呢？結論是沒有。因爲他對於見道所應斷的惑，還沒有先作降伏的功夫。雖然這個道理我們很少對外說明，可是我們一直在要求著。其實是從我悟前就在要求跟著我學法的人，不是今天才這樣要求的。我這一世開悟之前就已經在說法了，你們可能都不知道。後來我覺得：「爲大眾演說許多的法，全都是說食數寶。」於是罷講，然後去天竺朝聖回來就把事業停了，一心參禪，不再講法了。一直到破參，也就是一九八九年破參了，我才又恢復講座。

在我破參之前，曾經買了兩本書，是同一本書買了兩冊，叫作《與現代人論現代禪》，我當時是在哪裡買的呢？是在復興北路的菩提園向季居士買的，那是很早的事了。我好心送給寺院裡面兩位要好的法師，結果被打了小報告，當然是其中一位去打小報告。後來去天竺朝禮聖地時，有一天晚上被大法師洗臉，就對大眾說：「有的人腳踏兩條船，」然後問大家說：「腳踏兩條船的人，到最後會怎麼樣呢？」大家就很高興回答說：「會掉下海裡去啊！」他就接著說：「對啊！掉下海裡喔！要小心喔！」

我當然知道那是在講我，後來我拜託別人把那一天晚上的錄音帶拷貝給我，應該還在，但可能已經沒辦法聽了，因爲有二十幾年沒去動它了。這意思在說明什麼道理？是說我當年認同現代禪的主張。那本書是誰寫的？是現代禪的李元松老師。他那一本書，在封面的最下方有小字印著，大意是這樣說的：一個眞正的修行人，想要實證的話就應該先於未到地定得自在。我認爲他說的對，假使沒有看話頭的功夫，要跟禪師求什麼開悟？禪師縱使爲他明講了也沒有作用，我就這樣認定。所以我自己先建立看話頭的功夫，後來我罷講，在家裡自己參禪之後參了出來，後來當然發覺李老師講的開悟境界是錯誤的，但是他這個要先具備定力的觀念卻是正確的；不論從三乘菩提中的哪一乘來講，永遠都是正確的，盡未來際也都是正確的。

但是我好心送了兩本書反而被打了小報告，因此一九八九年在印度被大法師洗臉；回來臺灣以後我就停止世間的工作，閉門參禪；參了出來以後，我又恢復講座繼續弘法，我始終都這樣要求：一定要有看話頭這個功夫。然後我們開了禪淨班，有老師開始幫著我帶班時，我們最早期的教材也是這樣規定的，從來都要求好好傳授無相念佛的功夫，並且要求學員們要把無相念佛的功夫修得很好，最後轉成禪宗看話頭的功夫。那時我們常常說的一句話是：縱使他這一世都悟不了，有了無相念佛的功夫，至少死時往生極樂世界，上品下生沒問題；如果有好好修學般若的正理，上品中生也沒問題；若是能夠證悟，就可以上品上生。如果學者是聲聞人，中品上生沒問題，一定會得到大受用。

所以這個功夫一定得繼續要求，因此我們早期很注重這個功夫。後來講經或者演講時，也不斷地強調要有定力才行；我們教材裡面也有很多地方強調說，要把定力先作好，原因就在這裡。因爲有這個過程，好好把無相念佛的功夫修得很好——《無相念佛》書中講的十個次第都修得很好，你的未到地定功夫就有了，已經超過欲界定了。那麼這樣子，未來求見性時的功夫也夠，想求明心的話，悟了也不會退轉；想要斷三縛結的話，也眞的可以如實斷除，因爲你已經先有降伏欲界惑的過程了；見道所斷惑已經在這個過程先降伏下來了，只要一見道，馬上與這個伏惑的定力相應，就保證不會退轉。

所以二十年來那些沒有未到地定的人，動不動就宣稱他們是阿羅漢、是三果人，那都只是笑話。以前南部不也有一個法師常常在電視上說法嗎？這幾年沒瞧見了，因爲當年他宣稱自己是三果人，又宣稱有個捷徑讓你快速證得三果；我看了都覺得有趣，不好說是好笑，就說是有趣。等《阿含正義》

印出來以後，我在書中公開說：有證得初禪的凡夫，沒有不證初禪的三果人或慧解脫阿羅漢。並且列出經典的依據加以解說，於是佛教界再也沒有人宣稱是阿羅漢了。

可是那位法師過一段時間，他一直在主張說他有證得初禪，爲什麼呢？因爲如果承認自己沒有初禪的話，他那個三果可就是騙人的了。然而問題來了，證得初禪的原理以及修證初禪的方法，包括證初禪後體驗過的那些過程，以及發起初禪後的功德，你既是實證者，可得要爲大眾講一講啊！然而佛教界有誰在我說出來之前講過？全都沒有，所以這幾年那些阿羅漢、阿那含等聖者們，也就消聲匿跡了。這告訴我們什麼道理？告訴我們說：老實人待在正覺中會有好處，聰明伶俐而不肯依師教導如實修行的人，對自己沒有好處。因爲騙了老師以後，最後卻只是騙到自己，結果不就退轉了嗎？

所以那一些退轉的老師們，我們後來求證，其中有好多人在家裡從來不拜佛的，那他們當年跟我說無相念佛的功夫全都作好了，原來都是騙人，最後是騙到自己。所以我說，證果或證悟般若之前，一定要先有五停心觀的修學及實證的過程。那我們正覺同修會裡面作的就是念佛觀，而且是最高級的念佛觀，教你們實修無相念佛。所以禪三審核表從最早的第一期禪三開始，就已經列出這部分來。這是定力部分，親教師們都要先審核，每一個報名的學員定力好不好？但我們爲何要這樣要求？是因爲未到地定有降伏欲界惑的能力。有這個過程與實修，至少降伏了欲界愛，這時只要斷了我見，他的初果功德就會相應而不會退轉；這時只要眞的明心了，他對於所證眞如的功德就不會再生疑。

否則的話，心中老是懷疑說：「正覺同修會教我證阿賴耶識，我也找到了，可是阿賴耶識這個眞如，是眞正的眞如嗎？好像不是吧？因爲稀鬆平常呀！太平凡、太實在，一點勝妙都沒有啊！得要很奇特、很殊勝、很勝妙的才對呀！也應該是很難開悟的才對，並且也要讓我悟了以後可以神通變化，那才能叫作證眞如啊！」於是他心中的疑念不斷，就會懷疑第八識顯現的眞如法性是否爲眞如，開始懷疑第八識的眞如法性，想要外於第八識再另外去找尋另一個眞如。這表示他沒有未到地定的功夫，實證以後心中不得決定，所以他不能由這個定力來跟他所證的眞如相應，時間久了就會退轉。

他們退轉的原因就是因爲每天生疑心，生了疑心以後會怎麼樣呢？心裡面想著：「蕭老師幫我印證的這個眞如，看來好像沒什麼，我應該另外再找一個很難實證的眞如，因爲這個眞如太容易證，看起來也太平常。」所以他要找一個更殊勝的眞如，就成爲心外求法了。當然這一類人到最後都沒有找到另一個眞如，永遠就只有阿賴耶識這個眞如。可是他們爲什麼心中念念生疑呢？因爲沒有定力相應。所以說，在正覺同修會裡面老實的好，聰明伶俐的不好，因爲他會偷雞摸狗。

世間人說的偷雞摸狗，是很不好的名聲。在同修會裡面什麼叫偷雞摸狗？譬如老師問：「你有沒有作功夫啊？」「有啊！我每天都無相拜佛，有好好作無相念佛功夫。」可是老師沒有問他：「每天作功夫，你每天作多久呢？」原來他每天作功夫，就是只像平常一樣禮佛三拜，不到一分鐘就作完功夫了。老師沒有詳細問他說：「你每天作功夫是作多久？」因爲覺得他不會欺騙老師：「他如果騙我，對他自己不利呀！」可是有的人就是會騙老師，他就只是要知道開悟到底是悟個什麼。於是最後就退轉了，那他去打過禪三，被我印證了，有沒有功德受用？完全沒有。我給他的金剛寶印，他接到手裡時已經變成冬瓜印了。我再怎麼樣重雕金剛寶印給他，全都沒有用，他接過手時自然就會變成冬瓜印。並不是我不給他金剛印，而是因爲他自己的條件不夠，所以說，見道前一定要作功夫，一定要把動中的未到地定修練起來。當你有這個降伏見惑的定力功夫時，那你見惑一斷就馬上會有見道功德相應。這時斷了我見，你立刻就會產生一個看法：「五陰的我，十八界的我，六入的我，十二處的我，全部虛妄。」馬上就會這樣子認定下來，於是轉依於自己的「觀世音菩薩摩訶薩」，一定會轉依成功。轉依成功了，才是眞正的開悟。所以念念生疑的人，縱使有善知識攝受，有一天他對善知識有所求時（不是求法，而是求世間法，例如在同修會中的最高領導職位），而善知識無法給他，因爲老師們都不同意給他，這時善知識也不便強行給他；因爲在親教師會議中，好多親教師當場就把他否決了，雖然我表明想要退休下來，但老師們一致表示不同意。那麼在這個世俗法的所求不能得遂的情況下，他就把這個疑顯發出來了，就開始宣揚說：「我們證得佛地眞如了，你們同修會只證得阿賴耶識，那個不是眞如，不是如來藏啦！」二〇〇三年的法難事件，就是這樣來的啊！推究最根本的原因，是他們並沒有好好的把無相念佛的動中功夫作得很紮實，所以念念必生疑。

那我們老老實實的人，就把見道前該有的條件先完成，好好去把該有的基礎先打好，將來悟了以後自然就是「念念不生疑」。所以 世尊特別告訴大家「念念勿生疑」，表示古時就已經有人對這第八識心生疑過了。但我們每一念之中都不要出生了懷疑的心思，爲什麼呢？因爲 世尊說了：「『觀世音菩薩』這位清淨聖者，在五陰苦惱以及生死或者遭遇災厄的時候，祂能夠成爲大家的依怙，」而且這個依怙是最究竟的依怙。

也就是說，各人的「觀世音菩薩摩訶薩」都是清淨的聖者，假使你找到了如來藏，你看看自己這個如來藏——「觀世音菩薩摩訶薩」，祂有沒有貪過什麼？祂有沒有起過瞋？祂會不會落入愚癡中？祂從來不墮入這裡面，因爲祂離一切境界，怎麼會有愚癡呢？祂從來不造作惡行，怎麼會有瞋呢？祂從來不曾貪過六塵中的哪一塵，就別說是貪哪個境界了，那你想這是不是聖者？慧解脫阿羅漢、三明六通大阿羅漢、地上菩薩們，在人間行走時往往還是有一些小過失，這都是難免的，你不能因此就說這些人不是聖者，可是他們都還會有一些小過失；而你自己的「觀世音菩薩摩訶薩」這位聖者，卻是無始劫來到現在，從來都沒有過失，是無始劫以來就這樣，不是修行以後才這樣的，所以祂確實是清淨聖者啊！因此 世尊就說是「觀世音淨聖」。那麼在你有痛苦、有煩惱時，或者面臨死亡的時候，或者有災厄的時候，祂成爲你最後的所依，作爲你最後的依靠，由祂保護著你；怎麼保護呢？並不是外面那一些人解說的：「人家要殺死我的時候，觀世音菩薩就護著我，不會被殺到。」世尊這開示的眞正意思，是說你自己的「觀世音淨聖」，當你有痛苦的時候，你去觀察看看，在祂的境界中有沒有痛苦？你觀察的結果一定是沒有，有痛苦的是自己這個五陰，因爲是無常、是假有的，是暫時而有，所以也不是眞的有痛苦。

生在現在的人間，最多給你活八百歲好不好？就像彭祖那樣，終究也得死；最終死了以後，還是得要請「觀世音淨聖」作爲他的依怙，於是幫他去投胎，入胎以後爲他製造下一世的五陰出來，同時把上一世所修行的清淨業種移到下一世去，讓他可以繼續再修行。所以「觀世音淨聖」能於痛苦或者生死之中爲作依怙。

那麼如果有世間法上的痛苦，最後眞的沒辦法解決它，只能接受之時；譬如世間法中有一句話：「一文錢逼死英雄漢。」他就差那麼一文錢，最後被逼死了。可是英雄不去搶人家，不去竊盜，不去強盜，寧可死也不作惡事，就這樣餓死了，這也是古來曾有的事。可是如果他還沒死之前覺得好痛苦：「我是個英雄，可是竟然無以自存。」這時好在有智慧，就請「觀世音淨聖」來作依怙：「我這一世的緣已經了了，該轉入下一世了。」於是旁邊都沒人時，他就望著虛空說：「再見了，走了！」就這樣離開，轉到下一世去了，這不就解決了嗎？

所以說，如果有外道的上帝說要殺死你，你對他說：「沒關係啊！你殺死我，我下一輩子將會繼續對付你，看你要對付我幾世？不論幾劫，我都可以跟你應付，都沒關係啊！」他一聽有這回事：「啊？那我就不要惹你。」這就是說，祂是你生死的舟航，從過去無量劫來到這一世，還要藉祂去到未來無量劫以後，前後三世的無量生死中，祂都是你所搭乘的舟航，你才能來往三世，也就是「觀世音淨聖」。依止於祂，一切輪迴之事都可以解決。解決的意思，不是叫你把世間法解決，而是說該死了就死吧！祂會爲你製造出一個中陰身，讓你作爲憑藉而可以往生去後世；若是該繼續活著時，也可以依靠祂而把該作的事情完成，所以祂「能爲作依怙」。

世尊說「觀世音淨聖」是「具一切功德，慈眼視衆生」。「具一切功德」，譬如你過去無量劫來生了又死，死了又生，已經沒有辦法計算死過多少回了；那麼過去無量劫來，每一世死掉以後都變成了白骨，把那些白骨堆積起來絕對不是比南山大，不是比陽明山大，也不是比珠穆朗瑪峰大，而是比須彌山還要大。其實這樣講也還是很客氣的說法，應該說是無量無邊不可計數的須彌山那麼大，因爲你的過去世無量。那麼請問：那麼多的臭皮囊，那麼多的骨頭是從哪裡來的？對呀！就是從各自的如來藏生出來的，是你自己的「觀世音淨聖」幫你製造出來的呀！那如果不小心被無明籠罩而往生去了三惡道，會不會斷滅？也不會，受苦受完了，剩下過去世的善業，該生到欲界天去享福了，「觀世音淨聖」就幫他變現個欲界天身，他就成爲天人，就去那邊享福了。

假使過去世曾經供養過辟支佛而發了願：將來要成爲轉輪聖王。於是「觀世音淨聖」又幫他變出個轉輪聖王身出來，時間到了還幫他把七寶具足了，讓他可以統領天下，那你說祂是不是「具一切功德」？甚至包括將來你如果修行證得阿羅漢果時，將來捨棄五陰而不受後有，成爲無餘涅槃以後，也還是祂，就這樣子無五陰而獨自存在。如果不是祂，你就沒有阿羅漢可證，也沒有無餘涅槃可入了。那你也許想：「我不想當阿羅漢，我是菩薩呢！」行啊！你既要當菩薩，那你證的本來自性清淨涅槃，也是因祂才可以實證的啊！不必等死亡以後就已經讓你證得了，未來無量世還讓你受用將近三大阿僧祇劫，一直都是受用這個大乘涅槃；乃至成佛以後，也是盡未來際受用著，但這個涅槃是誰給你的？也還是「觀世音淨聖」如來藏給你的；因爲祂本來就是這個涅槃，所謂的本來自性清淨涅槃都在祂身上；而祂在哪裡？就在你身上。所以都是祂給你的，包括將來你能夠成佛，也是祂給你的呀！所以說這位「觀世音淨聖」眞的「具一切功德」。

世尊又開示說祂「慈眼視眾生」。假使你找到了如來藏，你看自己自小到現在，也許垂垂老矣，也許男眾有人已經是鬍鬚一大把了；那麼你觀察看看，從你出生到現在七、八十歲了，祂有沒有給過你一次白眼？從來沒有。永遠都是你希望怎麼樣時，祂就幫你，還眞是有求必應，每天都如此啊！可不是只有一天、兩天而已。那些民間信仰的人去拜土地公，那廟上寫著「有求必應」，卻很多人老是有求而不應，有些則是有時應一次、兩次；可是你自己的「觀世音淨聖」，卻是每天從早到晚一直到你睡著了，始終是對你有求必應。甚至你想作夢時，祂就給你夢境，全部境界都有，所以祂眞的是「慈眼視眾生」，因爲沒有一個有情曾經被他自己的「觀世音菩薩摩訶薩」給過白眼。

而且世尊說祂「福聚海無量」。每一個人過去世都當過轉輪聖王，不論是鐵輪王、銅輪王、銀輪王、金輪王，全都當過，這不稀奇；每一個人往昔無量劫來也都曾經證過四禪，也都曾經有過五神通；可是這一些福德功德都是誰幫你保存的呢？欸！正是如來藏，也就是你自家的「觀世音淨聖」。不管你有多少的福德聚，如海一般廣大的福德聚，祂都能爲你收藏；譬如你往世曾經當過大梵天王，大梵天王管理著多少世界？管著一個小千世界。當你管轄一個小千世界時，那個福德是不是比海更大？地球上的大海能算什麼？地球上的一個海，還只是地球上幾個海中的一個而已；但是你當大梵天王時，你管著一千個小世界，也就是管著一千個太陽系，地球上的大海又算什麼？

那你如果當上了四禪天王，成爲三千大千世界主，你可別說：「唉呀！

我哪有可能！」你過去世其實全都當過了，但因為都還在輪迴，於是這一世又來當人類，什麼都忘了。那麼當四禪天王時管著一個三千大千世界，你想，這個福德聚難道用地球上的大海可以形容嗎？眞的不足以形容，相差太多了；所以說如來藏能保管的福聚海可以是無量的，不是只有一個福聚海，但也全都由「觀世音淨聖」幫你保存著這些福德種子。那你想想看：「於苦惱死厄」中，祂「能為作依怙；具一切功德，慈眼視眾生，福聚海無量，」既然有這四個理由，當然咱們「念念勿生疑」，當然要常常「念彼觀音力」！當然更應該要頂禮祂啊！所以 世尊作個結論說：「是故應頂禮。」

前面有這麼多的道理告訴大家了，由於這個緣故，所以說你應該要頂禮祂。那麼這時也許有人說：「我又沒有找到我的『觀世音淨聖』，那我要怎麼向祂頂禮？」說的也是！其實你根本不用擔心，你雖然還沒有找到祂，但你就先頂禮祂；等你將來有一天找到了，你就知道原來你悟前也還眞的有頂禮到祂，眞的如此。這就是說，第一義諦中沒有不通的法，你只要找到了「觀世音菩薩摩訶薩」，你在佛法中就可以漸漸七通八達；如果你沒有找到「觀世音菩薩摩訶薩」，硬要為人宣講第一義諦，萬一遇到個證悟的禪師在場，那就得腦袋七花八裂。你們看「觀世音淨聖」厲害不厲害？眞是太厲害了！「是故應頂禮」啊！好！接下來：

經文：【爾時持地菩薩即從座起，前白佛言：「世尊！若有眾生聞是〈觀世音菩薩品〉自在之業，普門示現神通力者，當知是人功德不少。」佛說是〈普門品〉時，眾中八萬四千眾生，皆發無等等阿耨多羅三藐三菩提心。】

語譯：【世尊把重頌說完了，這時持地菩薩就從座位上站起身來，走向前稟白佛陀說：「世尊！如果有眾生聽聞這〈觀世音菩薩普門品〉所說，『觀世音淨聖』的種種自在所作業行，而且普遍於一切有情之中示現出神通力，像這樣聽過的人，應當知道他的功德眞是不少啊。」佛陀說完這〈普門品〉的時候，大眾之中有八萬四千個眾生，都發起了不能夠用世間法來相提並論的無上正等正覺之心。】

講義：這意思是說，世尊把重頌說完時，持地菩薩應該上來講話了。爲什麼應該是他？因爲 世尊已經說過了，一切都由能夠作一切有情依怙、收藏一切功德海的「觀世音淨聖」來變現、來護持眾生。這表示說，「觀世音菩薩摩訶薩」這個第八識如來藏心，其實猶如大地收存人間的一切。大地有什麼作用？出生一切眾生所需要的生活資源，同時也令眾生可以存在而生活。那麼持地菩薩當然知道這個道理，否則就不叫持地菩薩了。地是眾生生活的世間，地也出生一切資源；如果沒有大地，人間這一些有情就不可能出生和存在。由於共業有情的「觀世音淨聖」就是執持一切大地者，所以能出生一切眾生應該有的五陰和種種諸法。

那麼你如果證得「觀世音菩薩摩訶薩」了，就依止於這個第八識，然後你可以現前觀照到自己的一切、眾生的一切，全部都由第八識「觀世音淨聖」所出生、所維護、所執持；那麼「觀世音菩薩」就猶如大地出生各種物資一樣出生一切眾生，所以〈觀世音菩薩普門品〉到這裡已經說完了，持地菩薩就該上來說話。因此他從座位上站起來，向前走到 佛陀面前稟白說：「世尊！如果有眾生聽聞這〈觀世音菩薩普門品〉所說的『觀世音淨聖』種種自在造作之業，而且世尊說明了『觀世音菩薩』是普門示現的，是普遍於一切眾生五根門頭示現著，時時都在利樂有情作為有情的依怙，祂有這個神通力。」

諸位可以想想看，一神教或者印度的婆羅門教，他們講的造物主其實都是同一個思想，或者叫作創世者。其實一神教的創世思想，是發源於婆羅門教中，祈禱則是源於佛教中的念佛法門。婆羅門教說的是：大梵天王出生一切世間，出生一切有情。但他們都不知道大梵天王早被 佛陀訓斥過了，早就承認自己沒有變現世間，也沒有出生一切有情；但現代的婆羅門還不知道，因爲他們沒有讀過佛經。一神教的創教者，當時是在印度遊學，學了念佛法門；但佛法並沒有學進心裡去，他就沒有辦法解釋天地萬物之所由來，所以只好說：「是上帝創造了我們，我們是上帝之子，上帝創造了一切。」那他們的修行方法是什麼？就是持唸上帝的名，其實就是淨土宗的持名唸佛法門。於是每天禱告，禱告完了一定要總結在「阿門達」中，也就是阿彌陀那個最後的尾音不見了，後來就唸作「阿門」。

但他們不曉得山河世界與有情出生的道理，所以就有了創世主，或者叫作造物主的說法，其實這是從婆羅門教學了這個思想，然後把佛教的念佛法門學了去，湊在一起就創立了一神教。後來兩兄弟分家了，都不承認對方供奉的神，說神已經跟著到我這邊來了，不在你那邊，所以我這裡供奉的是唯一的眞神，你家裡供奉的是假神。哥哥這麼說，弟弟也這麼說，相爭不下。

後來兄弟兩個家族繁衍以後，人越來越多，也不斷地繼續吵、繼續爭鬥，而兩邊都向外去努力弘法擴大勢力。

但後來許多無知的信徒，本來就不需要參與他們兄弟兩家的恩怨情仇，那本來是他們兄弟倆的家務事，但因爲不斷傳教的結果，就變成兩個宗教不斷地戰爭，你死我活相殺以後也就使怨仇越結越大，恨也繼續流布而越來越廣。所以《國家地理雜誌》說回教和基督教間的宗教戰爭，叫作「兄弟鬩牆一千年」。本來只是兩兄弟的事，弄到後來變成全球戰爭，現在都還在打，不是嗎？所以沒有智慧的人就導致被愚弄的結果，如今已是貽害千年了。

可是請問：他們所謂的造物主、創世主，有沒有普門示現的神通力？全都沒有啊！哲學界也是一天到晚在質問一神教：「上帝在哪裡？」可以把那一首歌改編一下，有一首歌「月亮在哪裡？」就把它改編一下「上帝在哪裡？」唱給他們聽。哲學界已經質疑一千年了：「上帝在哪裡？」因爲無法證實。可是咱們說的「妙音菩薩摩訶薩」、「觀世音菩薩摩訶薩」，以及「釋迦牟尼」也就是能仁寂靜，都是可以實證的；每個人身中都有，就在六根門頭，因此才能夠叫作「普門示現神通力」。

持地菩薩接著說：「假使有眾生聽聞到〈普門品〉所說的這一些勝妙法義，應當知道這個人的功德眞是不少。」請問諸位：功德多不多？多啦！一定是有很多功德在身的人，才能聽聞到這樣勝妙的法義。自古以來你有沒有聽聞到哪個善知識解說〈普門品〉時是這麼如實演說的？沒有。這得要如實理解經中的勝妙義，然後才能夠把它作正確的演繹與註解。所以我們講的《妙法蓮華經》，將來整理成書的時候，書名要叫作《法華經講義》而不是講記，因爲是宣講《法華經》的眞實義。那麼諸位有幸臨場聽聞，當知諸位功德不少！這都是由於往世廣植福本，所以在此世或在未來世，不必很多世，一定可以親證「此經」——「觀世音菩薩摩訶薩」；當然在座的諸位中，已經有許多人已經親證「此經」了，功德當然更廣大。

接著說，佛陀演說完〈普門品〉時，在大眾之中，有八萬四千位眾生，全部都發起了無法用世間法來比喻的無上正等正覺之心；也就是他們發願將來一定要成佛，永遠不怕生死輪迴，要生生世世、一劫又復一劫廣行菩薩道，乃至於成佛之後亦不入無餘涅槃，依於無住處涅槃攝受眾生永無止盡，這就是發起「無等等阿耨多羅三藐三菩提心」。

講到這裡，我們來回想上一品〈妙音菩薩來往品〉，然後再來回想更早之前講到常不輕菩薩，以及得大勢菩薩，也就是大勢至菩薩，然後再早一點之前的 藥王菩薩；當然也有講到 文殊菩薩，最後才講到這〈觀世音菩薩普門品〉。我們來把它瞭解一下：常不輕菩薩是在無量劫以前，就是 釋迦如來還在因地時的很古早以前的事，然後 大勢至菩薩是在 佛陀的法華會上現身，是特地跟著 世尊來這裡受生成爲一個有人身的菩薩，是佛世現在的菩薩。藥王菩薩也是在娑婆此土受生，出現在 佛陀的時代；而妙音菩薩則是從遠方、非常遙遠的佛土來到這裡；那麼 文殊菩薩、觀世音菩薩卻是受生在此土，來輔助 世尊弘法創教的。

這樣函蓋了很早以前到現在，函蓋很遠的地方到這裡；那你想想，這《法華經》所說的內涵，豈止是那些目光如豆的人所能理解？他們眞的沒辦法理解。所以臺灣佛教的印順法師不是這麼講嗎：「**釋迦如來只是某種因緣而偶然出現在人間**。」大意就是如此，可能是想要否定賢劫千佛吧！然而 釋迦牟尼佛並不是釋印順所講的，只是人類生活中一個或然率而偶然出現的佛，沒有前因與現果。所以他根本就不懂佛法，因爲成佛要歷經三大阿僧祇劫，這是多麼久遠的修行，怎麼可能是依於或然率而偶然出現了一尊佛，叫作釋迦牟尼？不可能如此。

而一個人成佛的過程是那麼久遠，在那個無法想像長遠的時光之中，又是度了多少的人證得菩薩法？那一些人同樣是要歷經三大阿僧祇劫修行以後成佛，怎麼可能是或然率或者偶然出現的？所以他眞的不該披著袈裟，因爲他的知見遠不如一個世俗人或初學者。那麼這樣子，《法華經》告訴我們的是這麼廣闊、這麼久遠的事，授記的時候又是未來多少劫、經歷多少萬億佛以後才能成佛。所以當大家把《法華經》如實理解、回想到前面所說的那一些內涵時，心量自然就變得廣大了。

接著說，將來你成佛的時候，你也得要宣演《法華經》；可是你宣演《法華經》時，如果沒有講解〈妙音菩薩來往品〉，如果也沒有講〈觀世音菩薩普門品〉，那你的《法華經》就不圓滿；那麼將來你這尊佛是不圓滿的，就不應該示現入涅槃。也許你想：「那我將來成佛的時候，還有妙音菩薩可以請他來幫我講《法華經》嗎？」因爲他現在已經是那麼高的層次、無法想像的層次，你現在才剛剛要見道，或者剛剛見道而已，那你想：將來成佛的時候他不是早已成佛了嗎？這樣想是菩薩之常情，但你別擔心，他自然會化現成妙音菩薩來成就你，那時會不會也有　觀世音菩薩幫你表演這個〈普門品〉呢？一定會啊！你根本不必擔心。

因爲諸佛都沒有計較說：「我成佛了，怎麼還去幫那一尊比我晚成就的佛，表演菩薩的戲分，那我不是吃虧了嗎？」沒這回事。阿羅漢就已經不會這樣想了，何況是諸佛。所以該如何成就眾生時就如何成就眾生，因此　正法明如來可以倒駕慈航來扮演　觀世音菩薩這個角色；而　釋迦牟尼佛於無量無邊百千萬億那由他劫之前成佛了，無妨又來配合往昔的兄弟們，再度於娑婆世界示現成佛，而　觀世音菩薩同樣也在這部經中說爲「菩薩摩訶薩」。因此你將來成佛的時候，一定也會知道在某個遙遠的世界有人在當妙音菩薩，你就請他過來，他自然知道該怎麼配合。

老實講，他聽《法華經》不曉得多少遍了，輪到他要當妙音菩薩的時候，當然知道該怎麼當，你都不必擔心。所以將來諸位也會有機會出來當妙音菩薩，也會有機會當「觀世音菩薩摩訶薩」，因爲你現在已經聽過如實演繹出來的〈來往品〉、〈普門品〉了；那麼將來該你當持地菩薩的時候，你也知道這是該你說話的時候。所以成佛時座下該有的菩薩，該有的聲聞弟子、緣覺弟子，全部都該具足；哪有人成佛了以後，他自己有沒有斷我見、有沒有證眞如就不談，竟然連一個弟子當阿羅漢、當初果的全都沒有，然後就敢自稱成佛了；我們只能夠說他們那樣子，永遠只能錦衣夜行，無法示人；或者只能關起門來當皇帝，他那件龍袍在白天是穿不出來的，皇冠在白天也是戴不出門的。

所以只要演說《法華經》了，就必然要說〈來往品〉跟〈普門品〉，才能成就《法華經》。可是接著問題來了，那麼〈來往品〉到底是講什麼？它的妙義在哪裡？中心主旨又在哪裡？諸位想想看喔！妙音菩薩摩訶薩從那麼遙遠的佛國來到娑婆世界，除了應該要示現把八萬四千煩惱轉成菩薩以外，他在告訴我們什麼道理？諸位何妨回想一下：他來到娑婆世界見了釋迦牟尼佛，到底是見誰？問諸位到底是見誰？你們家裡各個都有「釋迦牟尼佛」啊！因爲你們各自的五陰家中都有一尊能行於種種仁愛，而且永遠寂滅的第八識，那就是你的「釋迦牟尼」；他從那麼遙遠的國度，來到娑婆世界就是要見「釋迦牟尼」，這個就稱爲第一義的法智。

見過以後還要見什麼呢？要見寶塔啊！寶塔中有 多寶如來，也得要見的。那麼寶塔是什麼？就是一座一又座的五陰，每一座五陰身心都是八識心王具足，都是寶塔與「釋迦牟尼」，寶塔中的 多寶如來等於是「釋迦牟尼」；那你去到十方很遠的世界利樂眾生，又回到本心來的時候，都是先見過本心，然後要見你這個色身；然後從你這個色身見到你色身中也有一個當佛的人，誰來當佛？由七轉識來當佛；但背後是誰？是 多寶如來，這便叫作類智。也就是說，你從自己來看別人，從 釋迦牟尼佛來看五陰時都一樣；從你自己五陰全部來看時，具足「釋迦牟尼」，也具足寶塔、具足 多寶如來；當你看別人的時候莫不如是，這就是類智。這就是第一義中的法智與類智，但能不能生忍？關鍵在於你有沒有伏惑的未到地定功夫；能夠有這個功夫，當你這樣觀行以後就能得忍，才能說有這個智慧。

那麼這樣子來見過以後才發覺到，原來「釋迦牟尼」的旁邊「多寶如來」以及多寶佛塔有種種的莊嚴；沒有莊嚴嗎？有啊！你看那〈百法明門〉中有一百個莊嚴，如果換到《成唯識論》來講解，《成唯識論》中就是細講〈百法明門〉，細說一百個莊嚴。如果用根本論《瑜伽師地論》來講解時，那就六百六十個莊嚴了。可是你如果入地以後，未來又生到色究竟天去，盧舍那佛為你宣講的，那可是千法明門、萬法明門、十萬法明門、無量無邊法的莊嚴啊！那麼這就是〈來往品〉告訴我們的道理。

然後回歸到從遙遠國度來的「妙音菩薩摩訶薩」，也回歸到此土來講「觀世音菩薩摩訶薩」，其實都是同一類如來藏，豈止是「釋迦牟尼佛」、「多寶如來」而已？這樣子《法華經》才能通啦！要不然，讀了或者聽了以後，那一品是那一品，這一品是這一品，互不關聯；就會像釋印順讀佛經時一樣，最後他把佛法搞得支離破碎，都不能連貫！

那麼這樣講完了，觀世音菩薩摩訶薩，在佛世是不是眞實存在的人物？因為《法華經》的經文中是這樣證實了，可是那一些六識論者、所謂的人間佛教論者，他們配合外國一神教的佛學研究者口吻，不斷地推翻說：「大乘經典是後人編造的，不是佛陀親口演說的。」然後就恣意否定說：文殊菩薩事實上不曾存在過，維摩詰菩薩也不曾存在過，觀世音菩薩也不曾存在過，他們都不是佛教史上存在過的人物。而他們的否定也幾乎要成功了，直到正覺弘法以後才一一把他們推翻。

那麼接下來我們還要從現實上的證據來告訴大家，觀世音菩薩確實是曾經存在於 佛陀那個年代的菩薩。也許你們有人觀察力比較敏銳，看見我們佛龕裡增加了兩個舍利塔。本來我們只買一個舍利塔供在 觀世音菩薩聖像前，但是我後來想，應該再買一個。所以又買了一個同樣的供在佛前，等候佛舍利的到來。然而爲什麼會買 觀世音菩薩聖像前的那個舍利塔呢？因爲我們有一個因緣，有人從大陸送來一顆血舍利；並不是骨舍利，而是血舍利，是紅色的。送來時說：「這是釋迦如來的血舍利。」

可是我們不能人家送來我們就供，到底是眞的假的？誰知道呢？佛一定知道啊！所以我們向 佛請示，始終都說這不是 佛的血舍利，再怎麼問都說不是。後來問到說：「那是不是我們講堂已經有供奉的某一尊菩薩的血舍利？」一問就是了，這時心裡大約知道了，接著就請示：「是不是觀世音菩薩的血舍利？」「是。」好在沒有供錯，不然幾乎要把它供到佛前去了。因此我就說，那應該去買個舍利塔，那個舍利塔還不能比玄奘菩薩的舍利塔低，所以就買了現在這個。那麼玄奘菩薩的頂骨舍利是哪裡來的？也是從大陸來的；他這個頂骨舍利是以前紅衛兵的年代，破四舊時有人把一些佛寺的舍利塔給拆了，或者破壞而挖進去；多年以後輾轉來到正覺，所以我們現在能供養這一些舍利，都要拜毛主席之賜；因緣眞的很難講，這麼久以後輾轉來到我們這裡。

玄奘菩薩那個頂骨舍利本來是一大片，紅衛兵造反的時候有人知道這是寶貝就拿走了，他們總共九個人，後來就一個人掰一片，這一片是原來所供的九分之一；也請示過 世尊，鑑定說是眞的。那麼 觀世音菩薩這顆血舍利當然要供高一點；可是舍利塔買來以後，放好了到現在，我們一直還沒有正式作供養；我想，我們應該要找個日子來正式供養，可是那個日子得要在〈普門品〉宣講圓滿時再來供，所以我就等到今天才宣布。稍後將會向大家宣布是在哪一天的什麼時候，要辦法會來作供養等。屆時供養的時候，只要你今天有聽到，都可以來參加。沒聽到的人當天不會來，但也會留時間給他們瞻仰，我們會先安排好。

到時候還會放個放大鏡，因爲舍利塔裡面是圓筒狀的空間，你從塔旁觀看的時候，因爲光線折射，會變成好像是直立的橢圓形；而我們現在已經沒有辦法打開給大家看，因爲那樣就不恭敬了。不過我們要裝上去的時候，就是那一天下課後，還在這裡幫忙的人，全都聞風而來，都已先來瞻仰過了，那我就說：「我們先供上去再等待時節因緣，將來佛舍利一定也會來。」本來我是想，大概一、兩年內會到，結果沒想到幾個月就到了！有三顆佛舍利，是骨舍利，那我們就在那一天很小心把祂裝好，但是那顆佛舍利已經沒有辦法讓大家再瞻仰了，因爲已經裝在銀製的小寶塔中，再放進水晶玻璃的舍利塔裡面去了；但 觀世音菩薩這顆血舍利，我們到時候會裝設一個放大鏡讓大家可以看清楚一點。

這是很難得有的 觀世音菩薩的舍利，由 世尊鑑定是 觀世音菩薩的血舍利；那麼由這個事實，同樣也證實 觀世音菩薩不但是經中所說在佛世現實存在的菩薩，這顆血舍利也證明他是在佛世眞實存在的大菩薩。那麼那一天供在聖像前以後，過個幾天我又起了妄想：文殊菩薩、維摩詰菩薩也是佛世現實存在的菩薩，他們的舍利什麼時候會來呢？我就開始期待著了。在天竺，當年我去朝禮聖地時，還有一個仍然存在著紀念 維摩詰菩薩的寶塔，雖然有一點破敗了，考證結果確定是 維摩詰菩薩的。

所以說，大乘菩薩配合 釋迦如來在人間示現，是必然的；身爲 佛陀，不可能就只有祂一個人有所證，大家全都沒有。假使座下連一個初果人都沒有，而自稱成佛了，這是不可能的事情。所以由這個事相上，由八相成道上面，也可以證明末法時代那些自稱成佛的人，或是主張六識論而否定大乘的法師們，都只能說他們眞是群魔亂舞、妖孽現世。我們寧可老實一點，謙卑地依照經中世尊的告誡，安分守己好好去修行，少作那一些白日夢，少打不該打的妄想。老老實實、本本分分如實地修行，才是最快的成佛捷徑。

這樣子說完以後，大家對《法華經》的如實義，應該有一些感觸；這要從兩方面來說，第一個方面略帶幾句話就好，就是「善知識難遇」。在《華嚴經》裡面如此告訴大家，這是善財大士說的；說善知識出興於世間是很難有的，又說善知識很難值遇；而你縱使能夠值遇善知識了，想要認知他也不容易，想要與他親近也難；即使善知識出現而你也親近到了，但是你能不能常常跟他共住一起修學？也是很難；就算你能跟他共住，或是每週、每年甚至每天住在一起，但善財大士告訴我們說：「得其意難。」你想要得到他所告訴你的全部眞實義，事實上也眞的不容易。可是更大的問題是大家都不懂什麼叫作「善知識」，因此遇到善知識而能認知的機會幾乎不存在。

接著第二個部分是說：佛法確實就像那一些凡夫大師所說的「浩如煙海」，因爲佛法中要入手是最困難的，即使悟了，悟後所要修的、要學的、要證的、要能夠運作的，並不是只有表相而已，其實法無量無邊，這些法都得要親自去實證、親自去運轉；並且一世又一世，一劫又一劫繼續修學，得要經歷三大阿僧祇劫，才能夠全部完成。而這個極長遠的過程之中，你必須要改變自己，要具有聖性，就是必須先把自己的世間性修除掉，必須要證得無量的無生法，最後具足成就了，才能夠成佛；在這期間，需要修得無量無邊的大福德，才足以支持智慧上的證量。

所以佛法眞的不容易修持，不要小看佛法，更別像那一些凡夫說的：「佛法我都知道了，不過就是四聖諦、八正道、十二因緣啦！你講什麼如來藏？那是自性見外道法。」這就表示他對佛法完全不懂，雖然身在佛門中，其實是個門外漢，連聲聞小法小果的內涵都還不懂。得要三乘菩提都有實證，才能說是懂得一點點佛法，也都還在三賢位中呢，哪裡是那些未斷我見而落入識陰中的錯悟者所能曉得的？那麼，講到這裡，「觀世音菩薩摩訶薩」這部〈普門品〉，算是講解完了，至於何時要安奉 觀世音菩薩的舍利子，來作佛前大供和菩薩前的大供，就請諸位稍待等候宣布。那今天我們先講到這裡。《法華經》開講前，想到九月八號我們就要供養 佛陀的骨舍利，以及 觀世音菩薩的血舍利，日子越來越近了，也就越來越歡喜！好！這是題外話，回到《妙法蓮華經》來，今天要從〈陀羅尼品〉第二十六開始：

#《妙法蓮華經》

##〈陀羅尼品〉第二十六

經文：【爾時藥王菩薩即從座起，偏袒右肩，合掌向佛而白佛言：「世尊！若善男子、善女人，有能受持《法華經》者，若讀誦通利，若書寫經卷，得幾所福？」佛告藥王：「若有善男子、善女人，供養八百萬億那由他恒河沙等諸佛，於汝意云何？其所得福，寧爲多不？」「甚多，世尊！」佛言：「若善男子、善女人，能於是經，乃至受持一四句偈，讀誦解義，如說修行，功德甚多。」

爾時藥王菩薩白佛言：「世尊！我今當與說法者陀羅尼咒，以守護之。」即說咒曰：「安爾(一)曼爾(二)摩禰(三)摩摩禰(四)旨隸(五)遮梨第(六)賒咩(七)賒履多瑋(八)羶帝(九)目帝(十)目多履(十一)娑履(十二)阿瑋娑履(十三)桑履(十四）婆履（十五）叉裔（十六）阿叉裔（十七）阿耆膩（十八）羶帝（十九）賒履（二十）陀羅尼（二十一）阿盧伽婆娑簸蔗毘叉膩（二十二）禰毘剃（二十三）阿便哆邏禰履剃（二十四）阿亶哆波隸輸地（二十五）漚究隸（二十六）牟究隸（二十七）阿羅隸（二十八）波羅隸（二十九）首迦差（三十）阿三磨三履（三十一）佛馱毘吉利袠帝（三十二）達磨波利差帝（三十三）僧伽涅瞿沙禰（三十四）婆舍婆舍輸地（三十五）曼哆邏（三十六）曼哆邏叉夜多（三十七）郵樓哆（三十八）郵樓哆憍舍略（三十九）惡叉邏（四十）惡叉冶多冶（四十一）阿婆盧（四十二）阿摩若那多夜（四十三）。」

「世尊！是陀羅尼神咒，六十二億恒河沙等諸佛所說，若有侵毀此法師者，則為侵毀是諸佛已。」時，釋迦牟尼佛讚藥王菩薩言：「善哉！善哉！藥王！汝愍念擁護此法師故，說是陀羅尼，於諸眾生，多所饒益。」

語譯：這是〈陀羅尼品〉第二十六，這一品中要唸好多的陀羅尼。張老師有下過功夫，唸得好！

【這時藥王菩薩就從座位上站起身來，偏袒了右肩，合掌向佛陀稟白說：「世尊！如果善男子、善女人，有人能夠受持這部《法華經》，或者讀誦通利，或者書寫《法華經》的經卷，他能夠得到多少的福德呢？」佛陀告訴藥王菩薩說：「如果有善男子、善女人，供養了八百萬億那由他數的恆河沙等數目諸佛，在你的意下怎麼樣呢？他所得到的福德，難道不是很多嗎？」藥王菩薩回答說：「非常多啊！世尊！」佛陀說：「如果善男子、善女人，能在這《妙法蓮華經》，乃至於他只是受持其中的一首四句偈，對這一首四句偈能好好地讀，好好地誦，而且能夠理解這首四句偈之中的眞實義，然後就依這一首四句偈的眞實義理，如實去修行，他的功德非常多啊！」這時藥王菩薩就向佛陀稟白說：「世尊！我如今應當要爲說法者護持，應該給他們一個陀羅尼咒，用來守護他們。」

然後就說出他要送給演說《法華經》者的那一首咒：「安爾．曼爾．摩禰．摩摩禰．旨隸．遮梨第．賒咩．賒履多瑋．羶帝．目帝．目多履．娑履．阿瑋娑履．桑履．娑履．叉裔．阿叉裔．阿耆膩．羶帝．賒履．陀羅尼．阿盧伽婆娑簸蔗毘叉膩．禰毘剃．阿便哆邏禰履剃．阿亶哆波隸輸地．漚究隸．牟究隸．阿羅隸．波羅隸．首迦差．阿三磨三履．佛馱毘吉利袠帝．達磨波利差帝．僧伽涅瞿沙禰．婆舍婆舍輸地．曼哆邏．曼哆邏叉夜多．郵樓哆．郵樓哆憍舍略．惡叉邏．惡叉冶多冶．阿婆盧．阿摩若那多夜。」

講完了以後，就稟告世尊：「世尊！這個陀羅尼神咒，是過往六十二億恆河沙等諸佛之所說，如果有人侵毀這位法師的話，他就是已經侵毀了這麼多的諸佛了。」這時釋迦牟尼佛讚歎藥王菩薩說：「好啊，非常好，藥王啊！你愍念和擁護這樣的法師的緣故，所以說出了這個陀羅尼咒，對於諸眾生，有非常多的饒順和利益。」】

講義：藥王菩薩的本事，也就是他的來歷，在前面已經說過了，可是後面還會再談到。那麼因為〈觀世音菩薩普門品〉已經講完了，接下來就是大家應該要怎麼樣護持「此經」的事了；因為〈來往品〉說的這個心眞如——「妙音菩薩」，是怎麼樣來來往往都無所遮障，而且可以變現種種色身等等，也可以通達現一切色身三昧；這樣子來來往往之後，還是要回到本師「釋迦牟尼佛」這裡來，也就是要回到第八識能仁和寂靜的境界中來。那麼「妙音菩薩」來到這裡，到底是應該要作什麼？也就是說，還是要宣揚這部《妙法蓮華經》，我們簡稱為「此經」如來藏啊！而「此經」就是以你自家的「觀世音菩薩摩訶薩」作為中心，而演述出來的妙法；這妙法猶如蓮花一般出淤泥而不染，卻是能生萬法。

因此，妙音菩薩從十方世界遠方而來，後來又回去原本所來的地方，卻又回到「觀世音菩薩」來，我們稱爲祂是自性觀世音也行，念佛法門說是自性彌陀也可以，其實也就是能仁寂靜的如來藏——自性釋迦牟尼佛。既然這樣，大致上《法華經》已經快要圓滿了，當然就是大家要好好來受持、來宣演，以及好好來教導大家如實解義，那麼當然就要有法師在像法、末法時代來廣爲宣說。

可是因爲「此經」很深奧、很廣大、很難令眾生信解，如果在末法時代演說這部《妙法蓮華經》時，是以眞實義如實演繹出來給大家瞭解，而使大眾能夠受持的話，那麼這位法師其實將會承受到很大的壓力；這個壓力有來自於人間凡夫眾生中的增上慢者，也來自聲聞法中的凡夫僧等人的壓力。不但如此，還會遭受到外道所施加無量無邊的壓力；然後外道們更會用見不得人的手段，作出許多不想公開的法術，想要戕害演說「此經」的說法之師，就會危害到「此經」妙法的廣大弘傳；爲了消弭這樣的顧慮，所以 藥王菩薩先站出來說：「我要護持後世演說《妙法蓮華經》的法師。」

當然，「法師」這兩個字並沒有指出特定的對象，也就是說：凡是正確的說法之師就是法師。例如我們在十方法界衛星的電視弘法節目片頭，都會引述《阿含經》的話：「如果有人說色陰是無常，是敗壞磨滅之法，非眞實我，這樣說法的人就是法師。如果有人說受、想、行、識也是這樣的，像這樣如實說法的人就叫作法師。」現在問題來了，假使有人披著九條大紅衣，而且還鑲金，可是他卻說：「我們這個色身是眞實法，就在我這個肉身上可以成佛。」那他就不是眞的法師，因爲他違背 佛陀的說法。也有人說：「我只要作到一念不生，永遠都不起妄念，能保持三個鐘頭都不起妄念，我就是眞實的證悟了。」或者說：「我這樣就是成佛了。」例如密宗講的明光大手印，就只是這個境界而已，比你們無相念佛的功夫還要差上很多倍；但他們說那樣便叫作成佛，而且他們還誣賴說這就是顯教佛的境界；像這樣子，喇嘛們的意思，其實是說受、想、行、識等境界是常住的，是眞實不壞法，公然與 佛陀的聖教唱反調。

如果這位法師穿著九條大紅鑲金的法衣，坐在法座上，有幾萬人在聽他說法時，他就這麼說，那他是不是佛教中的法師？請你們大聲一點好不好？（大眾回答：不是！）對啦！他確實不是法師，因爲他是常見外道。也因爲他

跟 佛陀打對臺，佛陀說應該這樣，他偏說應該那樣，所以他不是佛門的法師。《阿含經》中說的這個道理，我們在佛教電視臺的片頭打出來的經文，也就是這個意思，所以諸位先要注意誰才是真正的法師。

如果有人說色陰是虛妄的，無我、苦、空、無常；受、想、行、識是虛妄的，無我、苦、空、無常；在當代佛教界，有誰這麼講？只有正覺是這麼講的，對吧？那麼正覺這些老師們是不是法師？（大眾齊聲回答：是！）是嘛！所以大家都別依文解義才好。《阿含經》說的法師是這樣的定義，才不管是阿羅漢說、佛說、菩薩說；只要所說符合《阿含經》這個定義，他就叫作法師；如果不符合這個定義，他就算是出家剃髮著染衣，也燙了九個戒疤，即使他燙了二十一個戒疤好了，依舊不是佛門中的法師，依舊只是一個世俗人。

那麼 藥王菩薩所指的「法師」，就是指這一類符合佛說的弘法者；也就是說，他這一首陀羅尼、這一首咒，所要護持的法師有特定的對象，就是你專門演述《妙法蓮華經》；如果你演述的法全都是「此經」，那麼你就是他所要護持的法師，不管你是什麼模樣；假使妳是一位二十來歲的女人，或是一位只有十九歲的少女，燙了頭髮，點了胭脂，穿起花花綠綠的衣服，猶如天衣一樣很華麗，可是她爲人宣講的是《妙法蓮華經》，也就是如實宣演「此經」；此經又名什麼？又名如來藏，又名「金剛經」，又名「妙法蓮華經」，也就是「心經」；只要有人演說的是「此經」，那　藥王菩薩就給他這一首咒。他只要每天誦個七遍就夠了，不必誦很多遍；時間不夠的話，只誦三遍也行，乃至一遍也行，只要你每天有誦一次就夠了。那麼每天誦一次或者誦七遍，或者誦七七四十九遍、一百零八遍都行，只要每天至少誦一遍，那你就是藥王菩薩的部族。

誦咒的意思就是呼喚這一個部族的菩薩們，而這一首咒語，有許多發了同一個大願的護法菩薩們每天受持，也觀照著人間有沒有誰也在受持而成爲他們的部族，他們會暗中相助。同一類的部族都會持誦同一個咒，大家就專誦這一個咒，是因爲願力相同的緣故；那你每天誦持一遍時，就會有一大群天、人或者菩薩們，暗中來擁護你，因爲你已經成爲他們的部族了，他們認定你是自己人，就會擁護你。當你有困難、有問題，也就是鬼神來干擾時，他們就來幫你排除，誦咒就是這個意思。

所以千萬別說：「**我每天都只有誦一種咒，好像太少。**」就每天選三十種咒來誦：這一種咒誦完就誦另一種，每天都誦很多種，結果是很多部族來了一看就說：「你們都在了，就不需要我們了，我們就走了。」（大眾笑⋯⋯）誦咒就是這個意思。所以你誦咒時就選一種，一直誦持下去都不要換；可別每天誦三十種，三十種部族的護法神眾來了，看一看都說：「這麼多人來了？他邀請這麼多人來幹什麼？一個部族就行了。」然後也許看一看說：「這個人不是像我們專修這法門的。」然後就指定一個位階比較低的護法神說：「你專門護持他。」所以不要誦很多種咒。

當你誦陀羅尼的時候，只要誦一種就好；當你誦這個咒的時候，你就被他們所護持。每一種咒都有一群的部族，這是同一個族類，專門來護持某一個目的。也就是說，每一個咒都有一個固定的目的，如果你是爲了那個目的而去持那個咒，這一些部族就會完全擁護你。所以誦咒之前，你先要瞭解這一首咒的目的是要作什麼？然後才誦這一首咒，給你這個咒的菩薩或者天、人、天主，他們施設這個咒要來幫忙你，當你誦了以後他們就暗中照顧你。

當你每天誦一遍時，就是提醒他們說：「我還是你們的部族，你們不要把我捨棄了。」意思就是這樣，所以專一持誦時，他們就會有感應。那麼意思就是說，如果是要演說《法華經》的人，並且願意終生受持《法華經》，藥王菩薩他們整個部族就願意護持他。所以如果覺得自己演述《法華經》的功德力，或者演說時覺得自己背後所顯示的威德力還不夠，那他該怎麼辦呢？他就每天要誦持這一個咒，最好是每天七遍爲一個單位，每天誦持一個七、兩個七、三個七都行，自己決定。藥王菩薩講出這個咒的目的，也就在這裡。

那麼這裡面就有這樣的，等於是用譬喻的方法要讓大家瞭解：受持這部《法華經》的人，爲何會被大菩薩們、被諸佛那麼看重？所以 藥王菩薩從座位上站起來說：「世尊！若善男子、善女人，有能受持《法華經》者，若讀誦通利，若書寫經卷，得幾所福？」他當然知道，他只是想要問給大家聽的。也就是說，《法華經》眞的不容易受持，確實很難受持，所以就把受持的範圍擴大一些來說；有人用閱讀的、有人用課誦的，而且讀與誦之間也分爲通利和不通利的差別。至於讀與誦的道理，我們前面都有講過了，當然不是依文解義的那種讀誦；至於通利，就是其中的密意能夠如實理解，這樣才叫作「通利」。

那麼「書寫」當然也有不同的層次，眞正會「書寫」的人，他寫這部經時用不著紙張，也用不著筆墨，這才是眞會書寫的人。也就是說，眞會寫「此經」的人是不用筆墨的，用筆墨寫出來的並不是眞正的「此經」，只是表義上的「此經」而已，全都落入表相上。我們公案拈提的CD中不是有一首詞嗎？說眞悟的人揮筆不沾墨，對吧？直接就揮筆寫了。眞正的「佛經」是不需要用筆墨紙張來寫的，《西遊記》那一群四個人加上龍馬，其實就只是一個唐三藏，去到西天取經千辛萬苦老命幾乎都沒了；然而取回來的「佛經」（你們有沒有讀過《西遊記》？）取回來的「佛經」卻是無字天書。因爲他取回來的「佛經」就只是《妙法蓮華經》，也就是《金剛經》、《心經》，言語道斷，哪還有字呢？

我眞的很懷疑作者應該是證悟的菩薩，他沒辦法弘揚就寫來排遣時間等候因緣；但唐三藏前往西天時，其實已經自己證得慧解脫果以及證悟明心，而且是眼見佛性了，只因爲大乘的道次第等經文還沒有傳來中國，他又因胎昧而忘記了，得要去西天弄懂成佛的全部道次第，才能繼續往前修道，以免老是停留在眞見道位中，才需要去西天取經。也眞的是取經，是取大乘道次第的經典，主要就是根本論——《瑜伽師地論》，悟後應該進修的整個道次第就全部明朗了然，所以這件取經的事情還眞的極重要。

但《西遊記》的作者，應該是個證悟的人，眼見時局無法弘法，就寫這種言情小說來排遣時光，慢慢等待因緣吧？因爲，你們看那一條龍馬，你們不是每週二都騎著龍馬來的嗎？對不？騎龍馬來講堂時，這豬八戒前五識老是到處瞄、到處看，想著有什麼好吃的先吃一吃，有什麼好東西先買一買，對吧？還眞的是豬八戒，怪不得需要用八戒來對治他。又是由誰自始至終在制止豬八戒？正是意識孫悟空啊！他一天到晚甩豬八戒巴掌，對不對？這前五識亂貪時，意識就制止說：「不行！你再這樣作，就是壞蛋，要處罰。」旁邊緊盯著的沙悟淨有沒有爲這事情講過話？很少，對吧？他在幹什麼？他是把所有行李抱得緊緊的，寧死也不丟的，是不是？那沙悟淨究竟是誰呢？他就好像沒有語言文字的靜默者，很少看到他講話，就只是把行李和龍馬抓得緊緊的，他究竟是誰？不正是意根在顯示遍計執性嗎？那麼最後剩下誰？唐三藏，他看起來笨笨的，妖怪來了他也不懂得分別，好吃的也不懂得要貪，金銀財寶也不會想要取，美女來了他也不懂得要，他究竟是誰？（大眾回答：

如來藏！）對了！對了！你們看，所以我眞的懷疑他（編案：疑作者是證悟者）。

因爲有一些時候，假使當朝皇帝一直壓制正法時，你得要設法寫些東西排遣時光，也藉著書本來接引少數的有緣人；時局不好，又不可以冒犯皇帝，那時你該怎麼辦？就寫一些表淺而有寓意的文字，正好世諦流布去，看看有沒有知音會來找你，應該如此！那麼唐三藏去西天取回來的「佛經」說是無字天書，那個作者難道不知道玄奘菩薩從西天帶回來的好多經典都有文字嗎？那些經典一翻開，每一頁都是數不完的黑豆、一顆又一顆好分明呀！怎麼會叫作無字天書？可是他在小說中偏偏說取回來的是無字天書，是因爲「此經」從來沒有文字呀！一向是言語道斷，哪來的語言文字？所以我懷疑他是個證悟者，排遣時光變通接引有緣人而寫出這樣的書本來，藉著大家對故事有興趣來流通出去。

如果是眞正受持「此經」，眞正讀「此經」誦「此經」，而且又通利了，也願意出來爲人說法，在當朝皇帝極力打壓如來藏正法時，他眞的有性命之憂。就看在什麼年代弘法，好在我們臺灣這個年代還算是不錯的，可以百花齊放、百家爭鳴，全都沒事，最多只是招來凡夫僧、外道喇嘛們的無根毀謗。

可是咱們如果在明末以及清朝一直到最後一位皇帝時，就不可以在中原弘揚「此經」，否則命在不久。

因此說，受持這部《法華經》的功德非常大，而受持的方法可以是讀、可以是誦，乃至讀與誦已經通利了。可是 藥王菩薩出來說「這樣的功德很大」，畢竟分量還是不夠，得要 世尊金口來說出，才是眞有分量。同樣一句話，不同的人說出來時分量不一樣，假使有一個路人說：「我一個月花一千萬元不算啥。」人家會罵他是瘋子；可是如果千億富翁站出來說：「我一個月花一千萬元不算啥。」大家會相信，也許他哪一天想：「我不要再那麼勤儉了，餘日無多、來年無多，我那麼勤儉幹嘛？」也許他開始花錢了，這也行啊！沒有人敢怪他，因爲他有那個身價。但如果是我們一般人，開口就說：「我一個月花一千萬元不算啥。」人家會說他腦袋有問題，是個精神病患。

這就是說，不同的人所說，公信力是不同的；藉由 佛陀來說，大家就都會信受。所以 藥王菩薩故意向 佛陀請問。他這樣子請問有好處，因爲他們本來就打算要講出這個陀羅尼來幫助說法者，如果他主動說了而沒有先經過 佛陀允許，人家想說：「你是幹嘛呀？這麼熱心啊！」因爲五濁惡世的人就是這樣，你對他熱心，他就想：「你對我有什麼圖謀？」這都是很平常的事呀！不信的話你路上看見有誰，就走上去說：「我幫幫你好了，每個月無條件補助你兩萬塊錢生活費，你可以生活無憂。」你這麼一說，他會怎麼樣反應？一定瞪著眼睛看你，心裡面開始在想：「你到底在圖謀我的什麼？」否則就是認定你的精神狀況有問題；所以必須先由佛陀認可。

當然 藥王菩薩一開口 佛陀就知道目的了，所以 佛陀就來認可他，目的就是說：「你真的可以護持。」於是等他開口說出神咒來護持演說《妙法蓮華經》的法師，其他的各部族自然就會跟著出面；因爲他的位階很高，他沒有出面的話人家也不敢出面，所以他必須要登高一呼；因此他就故意問說：「如果有人受持《妙法蓮華經》而且讀誦通利，或者他只是懂得書寫經卷，他可以得到多少的福德？」佛陀當然一聽就知道他問這話的目的是什麼，便告訴他說：「如果有善男子！善女人！供養八百萬億那由他恆河沙數目的諸佛，你的意下如何？他所得的福德多不多？」這到底是供養多少佛？你得要經歷多久才能夠供養這麼多佛？這個福德難道不是很多嗎？當然多啊！眞的無法想像。

大家想想看，如果有因緣遇到一條狗，眼見牠快餓死了，那你買個什麼食物給牠吃，未來世得百倍之福；如果是施給一般的人，可得多少福？千倍之福；如果是施給外道離欲之人，也就是施給外道中證得初禪的人，得多少福？得百萬福；如果是施給佛門中受戒之後又破了戒的人，可得多少福？我記得好像是千倍之福，連破戒的人，都還有千倍之福；如果是施給初果人以上的人，未來世得無量福。那你想一想，得無量福的布施對象還只是初果人；你施他一缽午餐，未來世得無量福；那你若是布施給一尊佛，眞是不得了的福德。而且 佛陀有開示過：「佛陀應身入滅之後，你建立了佛陀的形像而作供養，等同於佛的應身在世受供一樣的福德。」

那麼現在 世尊說的並不是供養 佛陀的形像，而是供養現前的應身佛，供養多少佛呢？不是只有八百萬億佛，而是八百萬億個那由他數、而且每一個單位是恆河沙數的諸佛，眞的沒辦法計算啊！你用算盤再怎麼打也打不出來的，現在一般的電子計算機能夠算這個嗎？也沒辦法啊！供養了這麼多佛的福德確實多到不可思議，藥王菩薩當然知道，所以他就說：「福德非常多啊！世尊！」

佛陀接著就用這個譬喻，來跟受持《法華經》只有一首偈的人作比較，來相提並論。《法華經》中有不少的偈，你如果只受持其中的一首偈，眞懂這一首四句偈，只要四句的一首偈就好（關於四句偈，在《金剛經》中也有不少，是一樣的道理）；世尊說：「如果有善男子！善女人！能在這一部經中受持，」那麼請問這是不是眞的善男子、善女人？如果能夠眞的受持「這一部經」的人，一定是先已瞭解「此經」講的是自己的「觀世音菩薩摩訶薩」，也就是指自己的「釋迦牟尼佛」，就是你家自己的「妙音菩薩摩訶薩」，這當然是已經明心以後才能辦到，當然是「善男子，善女人」；能夠這樣受持的人，如果還沒有能力整部受持，單單受持其中的一首四句偈，好好把它讀懂，好好把它誦出來，還要把它註解出來利益眾生。

利益眾生之後，還要自己「如說修行」；並不是應該要怎麼修行教給大眾，而自己不去眞正實修，佛說：「這個人功德甚多！」就是說，一個人去供養八百萬億那由他恆河沙數諸佛的功德福德，與你只受持「此經」中的一首偈之後，能夠眞的「讀、誦、解義，如說修行」來比較，你所得的功德與前面供養無數諸佛的人一樣多。因爲你這個福德用之不盡，而他供養那麼多佛的所得都只是福德，卻始終都弄不清楚《法華經》，擁有全部福德的那一世過去了以後，可能他就花掉全部福德了；除非他有發願說：「願我以此供佛功德，生生世世都有金色身，很有錢財，每一世當國王。」若是沒有這樣發願，一世就用完了。在那一世很有錢也很有權勢，然後很快就用完福德，因爲他沒有發那個願。沒有發願爲什麼會這樣？有沒有想到？因爲若沒有發願，他下一世將會很有錢、很有權勢，一世就實現全部福德，他就會幹惡業。如果他發了好願，一世又一世都很有錢，卻是不會幹惡業。所以要記得，凡有修集了大福德，都應該記得發願。

那麼這樣的「善男子、善女人」，比起前面供養八百萬億那由他恆河沙數諸佛的善男子、善女人，哪個勝？哪個劣？當然是受持《法華經》中一首四句偈的善男子、善女人殊勝。因爲他這個受持是已經「讀、誦、通利」，而且已經「解義」而能夠爲人解說，並且「如說修行」，所以這個福德太大了！因爲這個福德是伴隨著他的智慧功德而一世一世繼續存在的，所以世尊這樣來作比喻。比喻完了，藥王菩薩這時就可以說出來了，他就向佛陀稟白說：「世尊！我如今應當給與一切演說此法的法師一個陀羅尼咒，用來守護他。」所以才說出這一首咒。

然後他就說咒，這一首咒我就不再重複誦唸了。他把咒說完了，就向世尊稟白說：「世尊！這一首陀羅尼咒，是過往六十二億恆河沙數等諸佛之所說。」這意思就是說：「這一首咒並不是我自創的，過往已經有這麼多諸佛說過了。」所以這是往昔諸佛所說出來的咒。關於咒文中的意思，我們就不必一一詳細解釋。至於他為何說這是諸佛所說的咒？因為這咒中包括佛、法、僧三寶在內，在這首咒（一百九十六頁第五行說的）「佛馱毘吉利衮帝」，「佛馱」是什麼？是佛。接著「達磨波利差帝」，「達磨」是什麼？是法。再接下來的「僧伽涅瞿沙禰」，「僧伽」是指什麼？（大眾回答：僧。）這是具足持誦佛、法、僧三寶的一首咒。也就是說，你只要誦了這一首咒，諸佛將跟你感應，佛法也會跟你感應，因為法已經在你身中，「僧伽」就是諸大菩薩，也會跟你感應。

那麼意思就是說：過往已經有六十二億恆河沙數等諸佛演述過這一首咒，讓演說《法華經》的法師可以受持而得平安；只要有誰膽敢來侵害、毀損這位法師，他就是侵毀諸佛。意思就是說，所有的鬼神界，諸天天人、天主們，大家都得留意，不許對演述《妙法蓮華經》、演述《金剛經》如來藏妙義的這位法師有所留難。這是保障演述此法的說法之師，可以無所障礙。

藥王菩薩把這一首咒的由來講出來以後，釋迦牟尼佛就讚歎 藥王菩薩說：「**非常好啊！非常好啊！藥王！你是慈愍憶念擁護這樣的說法之師的緣故，才講出這一首陀羅尼，這樣對眾生是有非常多饒益的。**」就是讚歎他。讚歎是有兩個目的，意思是說：所有認同「此經」的菩薩們，不管他是在人間、在天上、在鬼神界，都應該要來擁護演說這部《妙法蓮華經》的「法師」。另一個用意是鼓勵末法時代已經實證「此經」的「法師」們，願意如實為大家講解，讓大家也可以如實受持。

這樣看來，我們除了週二講《法華經》以外，每年四個梯次在祖師堂禪三精進共修時，是不是也在講「法華經」？（大眾回答：是。）對嘛！因為「法華經」就是「金剛經」，「金剛經」就是「此經」，「此經」就是「妙法蓮華經」，同樣都是這個心眞如——第八識如來藏。所以 世尊及諸大菩薩們，一方面希望大家要把「此經」繼續弘傳下去，一方面希望各道的菩薩們都要擁護演說「此經」的說法之師，這就是 佛陀表達出來的意思。藥王菩薩當然知道 佛陀有這個意思，所以該他上來說話的時候，他就上來講了。他講完之後當然會有迴響，所以再來看下一段經文：

經文：【爾時勇施菩薩白佛言：「世尊！我亦為擁護讀誦受持《法華經》者，說陀羅尼。若此法師得是陀羅尼，若夜叉、若羅剎、若富單那、若吉遮、若鳩槃茶、若餓鬼等，伺求其短，無能得便。」即於佛前而說咒曰：「痤隸（一）摩訶痤隸（二）郁枳（三）目枳（四）阿隸（五）阿羅婆第（六）涅隸第（七）涅隸多婆第（八）伊緻柅（九）韋緻柅（十）旨緻柅（十一）涅隸墀柅（十二）涅犁墀婆底（十三）」「世尊！是陀羅尼神咒，恒河沙等諸佛所說，亦皆隨喜，若有侵毀此法師者，則為侵毀是諸佛已。」】

語譯：【這時勇施菩薩稟白世尊說：「世尊！我也為了擁護讀誦受持《法華經》的法師，而說陀羅尼咒。如果這位法師得到這首陀羅尼時，或者是夜叉，或者是羅剎，或者是富單那、吉遮、鳩槃茶、餓鬼等，在窺視而尋求他的短處，想要侵損他的話，絕對不可能得到任何的方便。」隨即在佛前說了這一首咒：「痤隸．摩訶痤隸．郁枳．目枳．阿隸．阿羅婆第．涅隸第．涅隸多婆第．伊緻柅．韋緻柅．旨緻柅．涅隸墀柅．涅犁墀婆底。」然後就稟白世尊說：「世尊！這一首陀羅尼神咒，是恆河沙數等諸佛之所說，諸佛也都隨喜這一首咒，如果有人侵毀這位演說《妙法蓮華經》的法師，他就是已經侵毀了這麼多的諸佛。」】

講義：藥王菩薩既然上來講了，也把六十二億恆河沙數諸佛所說過的咒語講出來護持了義正法，世尊也默許了。那麼勇施菩薩的位階當然不如 藥王菩薩，他修行佛道以來也沒有像 藥王菩薩那麼久，所以他說了這一首咒，這是恆河沙數諸佛之所說，他的意思是說：「我其實已經恭敬奉侍過恆河沙數諸佛了，」因此他說出的這一首咒，是一恆河沙數諸佛之所說。他說：「我其實已經恭敬奉侍過恆河沙數諸佛了，」可是 藥王菩薩奉侍過多少佛了？相差多少倍？六十二億倍。

勇施菩薩把這首咒講出來時，也說明這是恆河沙數諸佛之所說；意思是說：還有恆河沙數諸佛同樣是護持爲人演說《妙法蓮華經》的「法師」。或者說，某「法師」僅僅是自己受持《妙法蓮華經》中的一首四句偈，因爲他對《妙法蓮華經》雖然能讀能誦，但是還不夠通利；知道其中的義理，但沒辦法整部經都通達，所以他只受持其中的一首四句偈。即使如此，一恆河沙數的諸佛一樣要護持這樣的「法師」，或者護持受持「此經」而自己繼續修行的人。意思是說，鬼神界、夜叉、羅刹、阿修羅等，都不許來毀損受持《妙法蓮華經》的菩薩們；而這〈陀羅尼品〉演說的時候所護持的菩薩，有時講的是「演說『此經』的法師」，但有時講的只是單單「受持『此經』的佛弟子」，叫作「善男子、善女人」，不一定是為人解說的說法之師——「法師」。

所以如果有人覺得說：「我這一世證悟機會不很大，因為耳背，又是年紀大了、腦筋不好，所以因緣不夠，那我就選一首比較短的咒來誦持，這也行，因為這是恆河沙數諸佛之所說。前面藥王菩薩那一首咒那麼長，我老人家今年八十九歲，記不住，沒辦法持誦了，那我就選短的來誦。」這也行，因為這一首咒是恆河沙數諸佛之所說。他這樣想：「只要我誦持了這個咒，每天也精進閱讀《法華經》；萬一沒有經本可以讀，我就誦這個咒也行，就會有恆河沙數諸佛護念我。」

有諸佛護念有好處的呀！捨報之後，下一輩子不會生到不好的地方去，世世生在有佛法的中國，然後可以遇到善知識，再進修妙法，所以也有好處。

因爲有的人證悟的因緣眞是不夠，所以我們主持禪三時，有時候眞的很爲難；看他菩薩性很好，應該幫助，可是他耳背很厲害，進了小參室小參時，一問一答得要像在吵架一樣大聲，他才能聽得到我說話，那外面鬼神全都聽到了。好在我們現在的禪三道場圍牆外的鬼神，是不能進入圍牆裡的；然而，他等不到我們禪三道場蓋好，已經走人了；在禪三道場建好以前一直都沒辦法錄取他，建好了他卻捨壽了。以前眞的沒辦法幫他，因爲那時我們是到處去借道場，每個地方小參講話時都要很小聲，因爲都有窗戶會傳出去，那他耳背極嚴重，又能怎麼辦？眞的沒辦法呀！像他這樣，如果能多活幾年，以現在的禪三道場就可以幫他了。如若不然，他就每天誦這一首陀羅尼，結下未來世證悟的因緣也不錯。

那麼這是告訴我們說，如果有人誦這一首偈的時候，不論他是什麼樣的鬼神：什麼起屍鬼、紅毛鬼，不論是什麼鬼，都不必理會，反正他們無可奈何，誦咒的人就可以安下心來，按部就班好好修學「此經」。好！接著下來又會有誰上來護持呢？

經文：【爾時毘沙門天王護世者白佛言：「世尊！我亦為愍念眾生、擁護此法師故，說是陀羅尼。」即說咒曰：「阿梨（一）那梨（二）㝹那梨（三）阿那盧（四）那履（五）拘那履（六）。」「世尊！以是神咒擁護法師，我亦自當擁護持是經者，令百由旬內無諸衰患。」】

語譯：【這時毘沙門天王（多聞天王）也上來稟白佛陀說：「世尊！我也為了愍念眾生，同時也為了擁護演說《妙法蓮華經》的這些法師們的緣故，也要說一個陀羅尼。」就說咒：「阿梨．那梨．㝹那梨．阿那盧．那履．拘那履。」然後就稟告世尊說：「世尊！我以這一首神咒來擁護演說此經的法師們，我自己也親自將會來擁護受持此《妙法蓮華經》的人，使他受持《法華經》以後，在他的住所一百由旬之內，都沒有各種的鬼神衰患。」】

講義：所以多聞天王職務就是護持世間，菩薩們也都是擁護受持《法華經》的說法之師。多聞天王是最接近人間的四大天王之一，而且他既然是護世天王，當然在這件事情上就不能缺席，所以他也上來說了一首咒。假使有人誦了這一首咒，他就會感應到，就來護持。如果有人受持《法華經》，或者還沒有辦法「受持」而已經在修學了，但是卻有鬼神在干擾他，那該怎麼辦？他可以誦這一首咒，多聞天王就會來護持，因爲他距離人間最近，就在我們人間頭頂而已。所以他說：「我用這個神咒來擁護演說《法華經》的法師們，我自己也會親自來擁護受持這一部《妙法蓮華經》的人，讓他們不論在哪裡，一百由旬以內所有鬼神都不能危害他。」接著又有誰上來擁護「此經」呢：

經文：【爾時持國天王在此會中，與千萬億那由他乾闥婆衆，恭敬圍繞，前詣佛所，合掌白佛言：「世尊！我亦以陀羅尼神咒，擁護持《法華經》者。」即說咒曰：「阿伽禰（一）伽禰（二）瞿利（三）乾陀利（四）旃陀利（五）摩蹬耆（六）常求利（七）浮樓莎柅（八）頞底（九）。」「世尊！是陀羅尼神咒，四十二億諸佛所說，若有侵毀此法師者，則爲侵毀是諸佛已。」】

語譯：【這時持國天王也在法華會中，他率領著千萬億那由他數的音樂神，這一些音樂神圍繞著他，恭敬地來到佛陀面前，合掌向佛稟白說：「世尊！我也用陀羅尼神咒來擁護受持《妙法蓮華經》的人。」就說咒：「阿伽禰．伽禰．瞿利．乾陀利．旃陀利．摩蹬耆．常求利．浮樓莎柅．頞底。」

接著就稟告世尊說：「這個陀羅尼神咒不是我自創的，是由四十二億諸佛講出來的，如果有人要來侵毀這一位演說《妙法蓮華經》的法師，他其實就是侵毀這四十二億諸佛。」】

講義： 講到這裡諸位有沒有發覺一個不同處？如果是演述《妙法蓮華經》的法師，護持的神咒是由諸佛所說；如果只是受持而不是爲人演說的人，擁護受持者的神咒是由菩薩或者是由比較少的諸佛所說。這意思是什麼？是說諸位都要想辦法好好「受持、讀誦通利、解義」，還要能夠把它弘傳出去啊！因爲諸佛最重視的是這件事，這樣才能眞正的利益無量無邊眾生，而不是只有利益你一個人，這才符合菩薩性。

所以持國天王這時講出來的，就是他得自於四十二億諸佛之所說的神咒；意思是說夜叉、羅剎、鬼神們不要來侵損這位演說《妙法蓮華經》的「法師」，因爲諸佛發過這個願：「如果有人演說《妙法蓮華經》，我就給他這首神咒來護持他，誦了這個咒，就能跟我們四十二億諸佛相應。」因此就是告訴大家說：「你們惡鬼神若是去侵損這位演說《妙法蓮華經》的『法師』，後果是很嚴重的。」這樣表示完了，接下來又有人上來護持：

經文：【爾時有羅剎女等，一名藍婆，二名毘藍婆，三名曲齒，四名華齒，五名黑齒，六名多髮，七名無厭足，八名持瓔珞，九名睪帝，十名奪一切衆生精氣，是十羅剎女，與鬼子母，并其子及眷屬，俱詣佛所，同聲白佛言：「世尊！我等亦欲擁護讀誦受持《法華經》者，除其衰患，若有伺求法師短者，令不得便。」即於佛前，而說咒曰：「伊提履(一)伊提泯(二)伊提履(三)阿提履(四)伊提履(五)泥履(六)泥履(七)泥履(八)泥履(九)泥履(十)樓醯(十一)樓醯(十二)樓醯(十三)樓醯(十四)多醯(十五)多醯(十六)多醯(十七)兜醯(十八)耨醯(十九)。」

「寧上我頭上，莫惱於法師。若夜叉、若羅剎、若餓鬼、若富單那、若吉遮、若毘陀羅、若犍馱、若烏摩勒伽、若阿跋摩羅、若夜叉吉遮、若人吉遮；若熱病，若一日、若二日、若三日、若四日乃至七日、若常熱病；若男形、若女形、若童男形、若童女形；乃至夢中，亦復莫惱。」即於佛前而說偈言：

「若不順我咒，惱亂說法者，頭破作七分，如阿梨樹枝。

如殺父母罪，亦如壓油殃，斗秤欺誑人，調達破僧罪。犯此法師者，當獲如是殃。」】

語譯：【這時又有人上來，就是羅刹女等，第一位名字叫作藍婆，第二位羅刹女名字叫作毘藍婆，第三位羅刹女名字叫作曲齒，第四位羅刹女名爲華齒，第五位羅刹女名爲黑齒，第六位羅刹女名爲多髮，第七位羅刹女名爲無厭足，第八位羅刹女名爲持瓔珞，第九位羅刹女名爲睪帝，第十位羅刹女名爲奪一切眾生精氣；這十位羅刹女，以及鬼子母和她的孩子以及眷屬，都同時來到佛陀的所在，異口同聲向佛稟白說：

「世尊！我們也想要來擁護讀誦受持《法華經》的人，爲他除掉各種的衰患；如果有什麼鬼神在窺伺尋求說法之師的短處的話，會使他得不到方便。」然後就在佛前說了咒：「伊提履．伊提泯．伊提履．阿提履．伊提履．泥履．泥履．泥履．泥履．泥履．樓醯．樓醯．樓醯．樓醯．多醯．多醯．多醯．兜醯．耨醯。」

又向佛陀稟白說：「寧可那一些惡鬼站到我的頭上來，也不要讓這一些惡鬼們去惱亂演說《妙法蓮華經》的法師。譬如夜叉、羅刹、或者餓鬼、或者有熱病鬼、或者起屍鬼、或者赤色鬼、或者黃色鬼、或者黑色鬼、或者青色鬼、或者夜叉裡的起屍鬼、或者人類之中的起屍鬼；他們或者施加於法師身上熱病一天、或者兩天、三天、四天，乃至於到七天，或是讓法師永遠都罹患熱病；這一些擾亂的惡鬼或者現爲男形、或者現女形、或者現童男形、童女形；乃至於在夢中擾亂法師，法師都不會被他們怨惱。」然後就在佛前說偈：

「如果不隨順我這個咒，惱亂於說法之師，我就讓他頭破成爲七分，就像阿梨樹枝一樣。

因爲這種罪就猶如殺死父母的罪一樣，也好像是壓油而造作的災殃，又好像是用斗秤來欺誑別人，或者是像調達提婆達多破僧的重罪一樣。

凡是侵犯這位法師的人，應當將來一定會獲得這樣的災殃。」」

講義：羅剎女是人間最有威力的鬼神，一般的羅剎非常嗜血，他們的飲食非肉即血，而且血都不是煮過的，而是要喝鮮血。你們看密宗有一種明妃，拿著長長的棍子，上面掛著刀叉等物，手裡還拿著一個頭蓋骨，頭蓋骨裡面紅色的液體流下來，她就這樣喝，那是人血。這種明妃其實就是羅剎女，可是密宗拜得很恭敬、很虔誠，那不只是引狼入室，其實是把羅刹鬼請進家裡來呀！密宗的信徒就是這樣拜羅刹、拜鬼神，所以你們看到密宗的信徒，會覺得他們很俗氣；而且他們修久了以後眼神都怪怪的，這是很常見的現象，是因為他們喜歡拜佛母、明妃一類，都屬於羅刹與鬼神。他們還有拜度母，就不是只有綠度母，還有紅度母、黃度母等，總共有五種，廣說則有百餘種，全都屬於羅刹類。

羅刹男、羅刹女除了愛吃肉喝血以外，還想要什麼？還喜歡行淫，他們特別愛這件事。所以愚癡的男人被羅刹女勾引，房事完了以後，羅刹女就吸食他的精氣，讓他乾枯而死；然後就吃他的肉、喝他的血，這就是羅刹女。就好像鬼子母一樣，那鬼母以前不是都要吃人家的孩子嗎？佛陀照顧眾生，因此就把她的孩子攝受回來，讓她找不到；她到處都找不到孩子，最後沒辦法時來求 佛陀，佛就藉這個因緣為她說法，叫她以後不許再吃人家的孩子。可有一個難處，她本來就是要吃眾生血肉才能生存的，那她沒得吃，生命怎麼辦？她歸依成為三寶弟子了，總不能叫她餓死，所以 佛陀就說：「別擔心！以後我的弟子們會供養妳們，但是從此以後妳們不許吃肉了！」所以只要有寺院的地方，中午都要出食，也就是供養她們；於是她們不吃人家的孩子以後，現在每一處寺院中午出食，她們可能也吃不完了。因爲有那麼多的寺院出食，那她們吃不完，可以分送給其他的餓鬼。

鬼子母跟這十個羅刹女都是佛弟子，而且她們都不是凡夫；譬如鬼子母，她已經證初果了；雖然她的故事讓人家聽起來不很舒服，但這叫作放下屠刀、立地成佛；她還不只是理上的佛，因爲她確實是斷了三縛結，證初果而法眼清淨。那麼這一些羅刹女也是 世尊的弟子，也都是證果者。

還記得嗎？世尊講《楞伽經》時是在哪裡講的？是在四王天的楞伽山講《楞伽經》，楞伽就是紅寶石，所以《楞伽經》就是因爲在那個紅寶石山所講的經，就命名爲《紅寶石經》，音譯就叫作《楞伽經》。那麼在楞伽山講的經，請問楞伽山那邊住的都是什麼人？若不是夜叉就是羅刹。因爲四王天以下主要就是夜叉跟羅刹，羅刹主要是靠近須彌山腳而住，須彌山腰的四王天中，主要則是夜叉。

《法華經》中這一些羅刹女等在 佛陀座下都已經有所實證，而她們是最接近人類的鬼神眾，所以當別人都已經來護持了，她們住得最近，就住在距離人間最近的地方，爲什麼不來護持？所以她們也得上來護持，就稟告說：「如果有誰想要對讀誦《法華經》、受持《法華經》的人暗中搗蛋，我們就來除掉持經者的衰患。」衰，是指暗中發生的不好事情，閩南語讀作「綏」，就是這個「衰」。如果講解「此經」的法師有災患，也要幫他排除；假使他以前有災患，看在他現在受持《法華經》了，也就幫他排除。

「如果有人對演述《妙法蓮華經》的『法師』，一天到晚來找毛病，想要看有沒有機會把『法師』殺掉，或者想看有沒有機會可以破壞他、損害他，那我們十個羅刹女，加上鬼子母和子女等，我們一定會保護得好好的，不會讓『法師』遭受衰患。」因此就在佛前把這一首咒給講了出來，然後她們又宣誓：「我們是鬼神眾、夜叉眾、羅刹眾之中，大家都害怕的人；如果有人想要來侵損演說《法華經》的『法師』，他們是不夠聰明的人；寧可踏到我頭上來侮辱我，受到損害的回報還會小一點；如果有人去惱亂這位說法之師，我們施加於他們的刑罰將會非常地嚴重。因此寧可站到我頭上來攪亂，千萬不要去惱亂演說《法華經》的『法師』。」

「如果有夜叉、有羅刹、有餓鬼、有力的餓鬼、熱病鬼或者起屍鬼」等等，這一句經文中有講到「夜叉吉遮」、「人吉遮」，這兩個是不同的。夜叉法界就像我們人間一樣，人死了有時候落入鬼道，結果是依附在屍體上，他就叫作起屍鬼；夜叉眾中也有這個情形，叫作「夜叉吉遮」，也就是夜叉眾裡面的起屍鬼。這是因爲他沒有福德繼續受生爲夜叉，福報很差，就只好去當夜叉的起屍鬼。因爲夜叉的生活比我們好很多，畢竟他們住在四王天，可是「夜叉吉遮」——夜叉起屍鬼，可就不如夜叉了。你們如果有看到那起屍鬼，大約是像什麼？（有人答話，不清晰），不是香港電影拍攝的殭屍那樣子；在外國影片中那個叫作什麼？不是吸血鬼啦！就是他們電影中說的西洋殭屍那一類；人中的起屍鬼，就像那個樣子。

假使有人色身是人類，卻是人中的起屍鬼，有沒有人想要像他那樣？一定不想要。夜叉眾裡的起屍鬼也是一樣，沒有一個夜叉願意當；都是因爲被惡業所纏住了，才不得不去當起屍鬼。

那麼這一些羅剎、餓鬼、熱病鬼、青色鬼、起屍鬼等等，他們會暗中施加衰患於人們，有時會讓人得熱病（熱病，現在應該說是中暑，閩南話叫「著痧」；中暑嚴重的話就是死亡，洪仲丘是現成的例子）；可是這個熱病有時一天就好了，如果有人幫他刮刮痧，一天就好了；否則有時兩天、三天、四天乃至七天，甚至於有的人是死不掉，卻一直處在中暑的狀態中，就叫作常熱病。

有時他們會化現以後來擣亂，有時化現爲男人——對女眾就化現爲男人，若是對男眾就化現爲女人來擣亂。有時候示現爲少男、少女可就不一定，大多時候是在人們打坐時，因爲打坐時忽略了外境，住於自己覺知心內的境界中，鬼神如果跟他有緣也就來了；有時是暗中附身來擣蛋，有時只是在夢中來擣蛋，讓人睡得不安穩，時間久了精神便漸漸衰耗，這就是「乃至夢中」。

「若不順我咒，惱亂說法者，頭破作七分，如阿梨樹枝。」那麼這十位羅刹女跟鬼子母和她的子女們，此時就宣誓：「不管什麼樣的鬼神眾，都不許來惱亂這位說法之師。」然後就在　佛前用偈重新宣誓：「如果你們這一些鬼神眾們，不隨順我所說的咒語，硬要去惱亂說法的人，我們一定會來攻擊你，讓你頭腦破作七分，就像阿梨樹枝一樣。」阿梨樹枝是一種灌木，如果是喬木，它就是一根主幹一直往上長去，旁邊雖然有枝葉，但主幹是一根直上的。若是灌木，可就亂七八糟一直旁出生長了。阿梨樹就是一種灌木，沒有主幹。她們的意思就是說，要讓前來惱亂的鬼神們頭腦碎裂，根本不可能存活的意思。

「如殺父母罪，亦如壓油殃，斗秤欺誑人，調達破僧罪。犯此法師者，當獲如是殃。」她們接著又稟告 世尊說：「為什麼我們要這樣作呢？因為他們去惱亂這個演說《法華經》的『法師』，他的罪業很重，猶如殺害了父親跟母親的罪；」在人間最重的罪就是殺害父親、母親，其他的欲界有情法界之中也是如此，所以把這個歸納為五逆之罪，顯見這個罪是很重的。

又說：「他們如果來惱亂這個說法之師，就好像在天竺壓榨麻油一樣的災殃。」在臺灣壓榨麻油沒什麼問題，不管黑芝麻、白芝麻放進去烤爐裡面一直轉，烤到沒有水氣時倒出來，用個框把烤過的麻子匡起來，框框下面鋪稻草，再把那些芝麻放上去；接著稻草往中間折合起來，放到絞汁機器上面壓下來，然後再換下一塊壓成模型；再把一、二十塊麻子餅，放在壓榨機裡面，從上面用螺旋轉動的方式往下壓，油就會從側面流出來到下方的容器中。這會有什麼罪？根本就沒罪呀！

可是印度壓麻油時完全不同，因為他們的麻子不香，他們也覺得沒營養，所以他們就弄一些他們選的蟲放進去，讓牠在裡面產卵，然後孵化出來又吃那些芝麻，等芝麻吃到大約一半或三分之一，然後一起拿去烤；烤乾了就一起壓油。這個壓油之罪爲什麼很重？因爲殺害眾生的數目太多了。殺掉一隻大象時，雖然身體那麼大，只是一條命；可是印度芝麻裡面有那麼多的蟲，那是多少條命？很難計算啊！但他們只是爲了營養跟香氣，就這樣來壓油，所以那個壓油之罪很重。

同理，千萬別看到螞蟻窩時就拿了熱水、熱油去灌，別幹這種事，因爲害命太多了。若不是故意的，也就不在此限。譬如有人開著化學藥劑的藥灌車不小心翻覆了，那地方剛好有蟻穴，那牠們被毒死了，大約就是牠們應該受報的業果，因爲駕駛並不是故意的，只能叫作過失殺蟻。雖然也有罪（除非是過去世有那個因緣，但只是過失而殺害牠們），但他是過失並沒有根本罪，也沒有方便罪，只有成已罪。但因爲害命太多了，所以這罪也不算小。但如果是壓油這個災殃，卻是故意去造作的，因此這個罪的業果就很重。羅剎女等人說：「那我們對付這個人時，就要像是對付這種重罪的人一樣，要叫他頭破七分。」

「斗秤欺誑人，」這在近代比較少見了；我們小時候這是常見的現象，賣米糧的店家，當我們去買米時，都是買個一升、二升，當年都是臺升，後來就有公升。以前買米、買黃豆時就是用那個升來量的，把米放到量升裡，然後用一根圓圓的棍子刮平，就是一升。有些店家會故意把量升作小一點點，有的人是把上方的口子磨平一點，有的店家卻是在裡面底部加上一層薄薄的木片，外表看不出來；但不論是用什麼方式，賣出去的米其實是不具足分量的，這叫作「斗秤欺誑人」，不老實的店家就是這樣賺黑心錢。但老實的店家不會如此，他們一定老老實實賣米，都不欺誑，店門口就會寫四個字「童叟無欺」。不老實的店家是會欺騙人的，那他們每一升賺了零點一升，這是賺一升米的錢，還剋扣了你零點一升的米。那他積少成多，靠著賺這種橫財，他家很快就富有了，於是就有了「為富不仁」的成語出現。

用秤欺誑別人也是一樣的道理，秤子不都有個秤錘嗎？那秤錘上面可以作文章的，他故意弄得輕一點，買家也就吃虧了；於是買越多就越貴，店家就這樣積少成多。而那些剋扣下來的貨品等於是沒有成本的，那部分賣多少，他就是賺多少，所以這個罪很大。特別是在以前，以現代的臺灣生活水平來講，這罪已經不算大，因為大家負擔得起；可是在古時候，當人們只能夠衣食溫飽而沒有什麼多餘錢糧時，這樣剋扣欺誑的罪就很重了。而且他剋扣的對象是每一個人，不管誰來買一樣都剋扣；不會因爲是好朋友來了，就特地換一個升斗來量，因爲怕會露出馬腳，頂多就是多給一些；通常而言，他對一切人都會這樣，這個罪就重。那麼還有一個更重的「調達破僧罪」。提婆達多破壞僧團，他是於 佛陀在世時幹的惡事，把僧團一分爲二，這是地獄罪；而且這不是普通地獄罪，是無間地獄罪。這一些全都是重罪。

這十位羅剎女跟鬼子母和她們的子女們宣誓說：「**如果有誰知道某『法師』誦持這個咒，他也在宣演《妙法蓮華經》，還故意去惱亂他，那我們大家就會合起來殺害他，讓他頭破七分。**」於是總結說：「**犯此法師者，當獲如是殃。**」諸位有沒有想到一點？這時候法華會上的菩薩們有沒有誰來責怪她們說：「妳們爲何這麼凶狠？」有沒有？都沒有！世尊也沒有講她們狠喔！這在告訴我們大家一個道理：佛法中沒有鄉愿這回事。她們都是在法上有所實證的佛弟子，全都受了菩薩戒；可是如果有誰來惱亂演說《妙法蓮華經》的「法師」，她們就會殺害對方，使對方頭破七分。

可是我出世弘法以來，不但在會外，連會內都有人這麼告訴我：「**老師**

啊！您不要一天到晚講別人的法不對。這樣不好啦！我們修行人就是要和和氣氣，僧讚僧佛法興，爲什麼要講人家的法不對？」連會內都有人這麼告訴我，而且還不是尚未證悟的同修，甚至其中有人還當上老師了。那他應該也要來反對這些羅刹女，因爲我只是評論別人，我並沒有讓對方頭破七分欸！（大眾笑…）可是我評論別人時，他們就勸我不要作，我就說這個叫作鄉愿。

但自從佛世以來，佛法中只有大是大非，沒有鄉愿這回事。因爲你如果保持著鄉愿的心態，明知人家正在傷害別人，而且是害一大批人的法身慧命，你竟然無動於衷，還想要賣面子給某位大師，那我就要說他無慈無悲。這不正是對一個人示好，讓幾十萬個佛弟子、幾百萬個佛弟子的法身慧命被損害？這樣還是有慈悲的人嗎？我不認爲。

所以這一段經文爲我們宣示了一個道理：了義而究竟的正法之中，沒有鄉愿這回事；一定要以法爲尊，對就對，不對就不對，沒有中間的灰色地帶。假使有人說的佛法不究竟、不了義，他是依文解義，但是沒有曲解，我們就要包容他，這不是鄉愿，因爲不能強求沒有證量的對方如實演說。可是如果他根本就是曲解以後相反去說，明著跟　佛陀說的正法打對臺，套一句大陸話的方式來講：「打著佛陀的旗號反佛陀。」那你可就不能鄉愿了。

你看她們要把侵損演說《妙法蓮華經》法師的人，把他們頭破七分，也就是讓他喪身捨命；這是要奪人性命的，而 佛陀並沒有反對，所有大菩薩們也沒有一個人反對。那我指名道姓評論大師猖狂虛妄說法時，又沒有把人家頭破七分，爲什麼要反對我？所以我要請大家記住這一點，大家在《法華經》中要學到這一點，才不枉我這麼辛苦如實演繹出來。

所以他們對夜叉、鬼神等，不管是不是同類，都一樣要如此對付。那一些都是破壞正法的惡鬼神，把他們殺了要不要下地獄？不需要。有沒有犯菩薩戒？沒有犯。因爲這一些惡有情是傷害眾生法身慧命最嚴重的人。爲什麼我這樣說？因爲人家如實演說《妙法蓮華經》，而《妙法蓮華經》是最究竟了義之法；講的是「**此經**」如來藏，講的是大家的自性彌陀、自性觀音；講的是大家自己眼前都存在的自性「**釋迦牟尼佛**」啊！結果他來反對，就是害人法身慧命失壞。

這種反對的方式非常多，例如否定 文殊師利菩薩的存在，否定 維摩詰菩薩、否定 觀世音菩薩的存在，而他們已經成功了。所以當代佛教界有哪一個道場曾經承認過文殊、維摩詰跟觀世音菩薩是佛世眞實存在過的人物？有沒有？沒有！就只有我們承認，這表示那一些主張大乘非佛說的人，事實上在這個部分已經成功了，直到我們出來一一把他們推翻。所以如果我們不作，他們最後就是把佛教的根本全部砍掉；而我們今天如實恢復出來，好在現在開始枝葉繁茂了；我不能說是龍心大悅，只能說：「我心歡喜。」這就是從這一段經文中，我們要學到的背後眞實義。

這就是要我們護持演說第八識如來藏妙法的「法師」，絕對不要去侵損；如果有誰來侵損這個妙法，以及弘揚這個妙法的人，就得要讓他頭破七分。好在我們不必自己作，因爲這十位羅刹女以及鬼子母和她的子女們，她們都已經願意去作，我們就讓賢。我們專心來修證，就好好把它解釋清楚，演繹得勝妙一點，讓大家具足起信，促使聽聞閱讀這部講義的佛教徒，即使這一世不能實證，未來世也能實證，這就是我們要作的事。好！今天講到這裡。

《妙法蓮華經》今天要從一九八頁第二段開始：

經文：【諸羅刹女說此偈已，白佛言：「世尊！我等亦當身自擁護受持讀

誦修行是經者，令得安隱，離諸衰患，消眾毒藥。」佛告諸羅剎女：「善哉！善哉！汝等但能擁護受持法華名者，福不可量，何況擁護具足受持供養經卷：華、香、瓔珞，末香、塗香、燒香，幡蓋、伎樂；燃種種燈：酥燈、油燈、諸香油燈、蘇摩那華油燈、瞻蔔華油燈、婆師迦華油燈、優缽羅華油燈。如是等百千種供養者。睪帝！汝等及眷屬，應當擁護如是法師。」說是〈陀羅尼品〉時，六萬八千人、得無生法忍。

語譯：【這一些羅剎女說完了護持《法華經》的這一首偈以後，向佛陀稟白說：「世尊！我們不但這樣，而且還要親自來擁護所有受持『此經』、讀誦『此經』、修行『此經』的人，使這一些人都可以平安幽隱不受打擾，而且可以離開種種的衰微與災患，並且能夠消除掉種種的毒藥。」佛陀告訴諸羅剎們說：「非常的好！非常的好！你們大家只要能夠擁護受持《妙法蓮華經》的經名的人，福德已經是不可計量了，何況是能夠擁護具足受持供養經卷：譬如以花、香、瓔珞，或者以末香、塗香、燒香，或是以幡蓋、伎樂；或是點燃了種種的燈：譬如酥燈、油燈、種種香油燈、蘇摩那華油燈、瞻蔔華油燈、婆師迦華油燈、優缽羅華油燈。像上面所說這樣子百千種不同供養

《法華經》的人。罣帝啊！你們以及所有的眷屬們，應當要擁護像這樣的法師。」世尊說完這一品〈陀羅尼品〉時，有六萬八千人得到無生法忍。】

講義：這一些羅刹女講完了護持《妙法蓮華經》的法師的偈之後，特別又再重新加以申述，也就是表達她們護持《妙法蓮華經》以及演述或者受持《妙法蓮華經》的人，她們所擁護的人主要有三大類，一個是受持，一個是讀誦，一個是修行；那麼受持的人就是依於「**此經**」妙法蓮華如來藏心，而能夠不懷疑、不退轉，這就是受持的人。在經論中有時候說「**無間**」也就是不間斷；譬如說他受持「**此經**」不曾間斷，所以說他受持「**此經**」心心無間；那心心無間的意思常常有人誤會，誤會了以後心中就想：「**那我悟得此經以後，難道肚子餓不能想到要吃飯嗎？我想到吃飯就間斷了。**」其實不是這個意思，也不會因爲睡著就間斷了，這個有間或無間是說：「**當你證得此經，所證的功德也現起了，這個功德開始運轉了，那就說你眞的受持。**」那受持以後假使你還在上班，朝九晚五，與客戶打交道，沒有記掛著你所證的「**此經**」，那還是心心無間；晚上睡著、意識不在了，當然不算受持，但依舊心心無間。

爲何這麼說？這就得從有間來說起，你就懂得什麼叫心心無間。這意思是說打從你實證「此經」妙法蓮華妙心以後，你就不曾一刹那懷疑過，都沒有懷疑就表示你這個受持沒有被疑心插進來打斷過；雖然你沒有一直保持一個念說「我要繼續受持不能中斷」，但是你受持的作意一直存在——你沒有被懷疑所間斷過，不管那個懷疑是一刹那或者是一小時或者一天、一個月，那麼這樣子不曾懷疑就叫作心心無間。也就是說你對「此經」的受持是沒有懷疑過的，那就沒有被間斷過，這就是心心無間，這樣才是眞正的受持了。

那麼「讀誦」就是你受持以後，自己可以去觀察「此經」妙法蓮花這個如來藏妙心，不斷地觀察祂有很多以前所不知道的自性和功德，這才是讀經。讀了以後你有時在心中重新思惟，這就是「誦」。讀「此經」比你讀經本重要。因爲讀經本的時候，古人說那叫作揞黑豆；經本一個字一個字都是黑的，好像黑豆一樣，就一個一個這樣讀過去，叫作揞黑豆。所以有時候你當了大和尙，有一天你一位師兄弟大老遠來了，看見你在窗下讀經，他也許幽你一默說：「我還以爲是誰呢！原來是個揞黑豆的老和尙。」這意思是說你從經本上去讀，就只是讀到文字的表面；可是你找到自己的「妙法蓮花」

如來藏妙心，那你不斷地去觀察祂，你發覺：「欸！祂還有這個自性。」過一、兩天也許又發覺：「祂有這個功德。」然後你在心中思惟整理化爲文字了，那就是文字經典，那就是可以給別人讀啦！所以讀「此經」到底是讀紙本的經典重要、還是讀自己身上這一本經重要？對啊！因爲這最直接。因爲你親自讀到，不必別人來爲你解說，你讀清楚了，然後在心中思惟就叫作誦。

那 世尊示現給我們看的是在菩提樹下證得「此經」，然後把祂所證的「此經」爲大家講出來；所以「讀誦」，一定是你先實證然後受持了，才能夠「讀誦」，否則就只能讀紙本上的文字；可是紙本上的文字不是眞經，眞經在你身上，但特別難讀。所以每一個五蘊之家都各有一本難唸的經，世俗話還眞說得對：「家家有本難唸的經。」可是等到你實證了如來藏妙心，又讀了《妙法蓮華經》的經本，卻發覺說：「原來我每天看著自己的《妙法蓮華經》，去觀察祂、去體驗祂、去整理思惟祂，這才是眞正的讀誦。」那麼如果把三乘經教的典籍請出來閱讀時，是藉著諸佛菩薩的開示，能瞭解到更多我們沒有觀察到、忽略到的地方，所以紙本的經典還是應該讀。但是讀了以後依舊不是讀眞經，讀了以後就要反過來觀察自己的「此經」來比對經文，比對了以後你就有現量上的觀察。這都屬於後得無分別智。那麼這樣子讀表相的經、也讀眞經，智慧的增長就很快，這才是眞正會「讀誦」的人。

所以玄奘菩薩去西天取經，一部又一部的《般若經》、《方廣經》等，那麼多匹馬馱了回來，可是那些經典並不是最重要的經，因爲那些都有字，沒有字可讀的那一部經才是最重要的，有文字的大乘經典都是在說祂。玄奘在華夏時已經精通俱舍宗的一切法，因爲他從天竺往生來中土以前，本來就是佛世的大阿羅漢，本來就是佛世的菩薩；可是因爲以前領命去當了三次國王而失去五神通，就有胎昧；但是他的大乘道種智的種子畢竟還在，所以他投生到中土來出家後，他就已經是阿羅漢。可是當時他對於「此經」的所知只是一個總相與別相，而當時中國並沒有悟後應該如何修學成佛之道的具足內涵，所以悟了就只是悟——知道如來藏也眼見佛性了，但是悟後該怎麼進修而成佛，沒有任何經典可以依憑，所以他才發願去西天。

因此他帶著自己的無字天書去天竺取經，取回來的也還是無字天書，但不因爲這樣就可以否定那一些有文字的經典；因爲無字天書如果沒有透過佛菩提的經典文字來告訴你悟了應該如何安住、悟後要如何進修、怎麼進修才能入地、入地後要如何修行才能成佛，悟後就無法繼續往上進修了。而這些成佛之道的所有次第與內容，全都要靠文字典籍上面所記載的 佛陀開示作爲依憑。所以他把沒有文字的眞經帶著去到西天又帶回來，同時就把那一些經教典籍帶回來，於是中國地區才開始有了成佛之道的完整內容。

在他之前，中國沒有成佛之道的完整內容；這就好像咱們正覺同修會弘法之前的海峽兩岸的佛教界一樣，問說開悟的內涵是什麼？一個人一個說法，五個道場就有五種說法。然後問：悟了就成佛了嗎？又互相諍論。直到正覺同修會把佛菩提的兩個主要道次第列表印出來，大家終於知道：「原來這樣才是眞的成佛之道；阿羅漢不是佛；原來成佛之道的證果，不只是從初果到四果。」然後悟了接著要問：「那我要怎麼樣正式開始成佛之道的實修呢？」翻啊、翻啊！看到正覺同修會印出來的修學佛菩提道的三個次第，終於知道：原來如此！那這樣就可以入手了。

可是在我們把這一些訊息發布出來之前，整個佛教界沒有人知道佛法究竟應該怎麼入手；悟後應該要如何進修才能成佛，這些都沒有人知道。諸位回想看看，正覺同修會開始弘法之前就是這個樣子，這個樣子正好就是唐朝玄奘菩薩沒有去西天之前的樣子。所以具足的成佛之道，其中的內容與次第，在玄奘菩薩回國後的年代才如實顯揚起來，同時支持著南方的禪宗六祖可以不被人質疑，成爲中國佛教的第一次復興。然後到了這裡——今天的臺灣，我們又把它如實顯揚起來。

慈恩宗在實質上復興了中國佛教，這眞的很困難。因爲禪宗只管你明心，能管你眼見佛性和過牢關的祖師就已經很少了，更別說教你怎麼樣修行入地、怎麼樣成佛。所以當年玄奘菩薩就是因爲這個緣故，知道自己可以不受後有時，也知道如來藏和佛性是什麼了，可是成佛之道的內涵以及它的次第，都沒有人知道，所以他寧可冒著生命危險去西天；當時他去西天是得不到許可的，那時國家是禁止與西域來往的，他是偷偷跑出去，成爲一個偷渡者；但是爲了正法，犯這個法也願意。很多人大概會想到說：「**這樣是犯法的，我不要這樣作。**」可是他不理會這個事情，爲了正法的弘傳，犯不犯法都不考慮了，只要能達成這個使命就行。

那麼取經回來以後，佛道的次第就全部整理翻譯出來了，就寫在《成唯識論》裡面；可惜的是當年寫論時文字太洗鍊，解說太精簡，然後有許多的

「有義」如何如何；「有義」如何如何，其中只有一個「有義」是他自己的正確見解，其餘的大部分是那些六識論法師的見解，所以大家根本讀不懂。且不說一般人讀不懂，我當年明心見性兩關一起過了以後，過了差不多一年，有一天心血來潮，聽人談到有這部論，取出來讀，讀了好幾天才勉強讀了一頁半，老實講：不知所云。因爲擠破腦袋也不懂啊！怎麼辦？先把它擺著吧！然後開始讀其他的經典。直到把《楞伽經、解深密經、如來藏經、楞嚴經》讀完了，往世的證量大部分回來時重新再讀，懂了！

換句話說：你想要懂得《成唯識論》，至少有三部經必須要先通，就是《楞伽經、解深密經、楞嚴經》，至少要好好讀懂這三部經，還得要貫通。當我讀懂《成唯識論》的時候，是什麼時候知道自己懂的？並不是刻意去讀而知道的，而是因爲過了很多年以後，有人來跟我請求說：「**聽說《成唯識論》非常棒，請老師您一定爲我們講解。**」我隨口說：「**好啊！選個時間就講。**」那時是不假思索回答的，一時間忘了以前讀不懂的事。然後開講的日期一天一天靠近，那時我們還在講別的東西，剩下大約一星期時，我同修說：「**再七天就要開講了，你要不要準備一下啊？**」我說：「**喔！時間到了，好**

啦！我就先準備一下。」回家就取出來讀，欸！我懂啊，都懂啊！第一頁、第二頁、第三頁就一直讀下去，有一點欲罷不能了。

所以我要奉勸大家，那部論，悟前保證你讀不懂；每一個字都認識，可是你認識它，它不認識你，保證不懂；學術界的教授們卻往往自以爲懂，其實全都誤會了。眞的證悟後經過一個月、兩個月、三個月去讀，一樣保證你讀不懂。可是你如果暫且把它放著，先去讀《楞伽經》、《解深密經》以及《楞嚴經》，這三部經你都通達了，回來讀《成唯識論》時就懂了。很怪喔？其實不怪。你們現在可眞好，因爲《楞伽經》我已經註解了，《楞嚴經》我也註解了，現在只是《解深密經》還沒公開正式開講，所以沒註解出來。所以好好讀完這三部經典以後來讀《成唯識論》，才能稍微讀懂，但是保證你懂不到一半。

二〇〇三年退轉的楊先生，有一次跟一位師姊在車上，那師姊說：「老師講《成唯識論》太棒了！我吸收了百分之九十欸。」楊先生說：「喔！那妳很厲害，我只要能聽懂百分之十就很高興了。」那你想，我還把它詳細講解出來了，都還不容易聽懂。那時我是拿著論本直接講，一段論文就要講兩個小時，所以那部《成唯識論》才十卷，我講了四年出頭；這樣細說，他們還只能吸收百分之十；那你想，若是沒有聽過我講解就能夠具足理解，有沒有可能？有喔？天上下紅雨，太陽打西邊出來，就有可能了，所以那不是給一般人讀的。就好像《瑜伽師地論》，很多人自以爲讀懂；楊先生他們離開後，聽說我開始講《瑜伽師地論》了，他們也跟著開始講；和裕出版社印行的五巨冊，我第一冊都還講不到一半，他已經把五巨冊都講完了，我說：「好厲害喔！」當時我是每週上一次增上班的課，每次講二小時；後來改爲每逢單數週的週末一次連講三小時，一直開快車、一直催油門，就是開不快；有時一次只能講三頁、有時一次講五頁；最近這一些比較淺的一直踩油門，以爲今天眞的講很快了，下課時很高興，但算一算講了幾頁，結果是只有講了十頁，我還以爲講了十五頁、十六頁呢。上個週末還不錯，好像講了十二頁或十三頁。還得要再加油，油門還要把它踩重一點。

那你說沒有實證的人，二乘菩提未證，大乘菩提也未證，他能讀懂《成唯識論》？套一句俏皮話說：「才怪！」所以讀誦經典不容易，而《成唯識論》的重要性，是因爲它把整個成佛之道鉅細靡遺都放進來講完了，也把一千多年前的外道見舉例辨正過了，所以它很重要。就因爲這個緣故，當初我們認識到這部論是那麼重要——在佛教中是非常、非常重要的一部論，所以我們買了九樓這間講堂時，大家問：「那我們的佛龕要供奉哪位佛菩薩？」我說：「當然要供釋迦牟尼佛；接著要供奉觀世音菩薩。」爲什麼要供觀世音菩薩？因爲菩薩照顧我很多世了，這一世能夠擺脫凡夫大師，也是因爲菩薩說了話，所以我才離開的；大家又問：「那還有第三尊要供誰？」我說：「玄奘。」沒有第二句話。不是因爲他偉大，而是因爲他的證量以及他寫出來的《成唯識論》太重要了！

很多人不瞭解就說：「那《成唯識論》本來就是十家之說，玄奘只是把它集合起來整理而已。」我說：「不然。」那十家論師之說，大部分錯得一塌糊塗，只不過二、三位論師講的法義是正確的，而且也沒有人作出系統性的整理；玄奘從戒賢菩薩那裡學得《根本論》的教法，然後加上十大論師的論議寫了《成唯識論》，論師們的主張若是正確的，玄奘就說明他們爲什麼正確；若是講錯的，就指出對方爲什麼講錯了；全都加以整理、評論出來，融入成佛之道的法義內容中，使整個佛道次第完整了，所以《成論》其實是玄奘著作的，只是自謙而說是十大論師所作。但這部論著對佛教界的貢獻太大了，所以當然要供奉他，不然該供誰呢？我們既然是要弘揚他說的法，當然就得供奉他。他的證量雖高，比起 世尊及 觀音大士，卻更親近我們的層次，由他來起承轉合而聯結到佛菩薩去，以此理由也應該供奉他才對。

我們這個週日要供養 佛舍利，世尊的舍利是三顆白色的，是晶晶亮亮的骨舍利，裝在一個銀製小舍利塔中，再放入水晶玻璃的舍利塔裡面，所以外面只能看見銀製的舍利塔。觀世音菩薩的是血舍利，本來以爲是 佛的血舍利，結果說不是 佛的，佛陀說那是 觀世音菩薩的。那麼玄奘菩薩的舍利是他的頂骨舍利，爲什麼能夠到正覺講堂裡來？這要拜毛主席之賜；是因爲以前紅衛兵破四舊，所以年輕人把玄奘菩薩紀念塔裡供的頂骨舍利，趁亂搶了；後來九個人大家均分，一個人分得一小片；本來是較大的一片，九個人共分，來到這裡的就只剩下小小的一片。

話說回來，應該讀誦的經典並不是只有一部眞經，那無字的眞經跟有字的眞經都同樣重要啊！因爲依靠著文字記錄的經典，把 佛陀所說成佛之道的全部次第和內容詳實記載著，免得口耳傳述久了以後變質了。佛教界流傳一個典故，有一天阿難尊者年紀大了，聽見一個比丘在誦著：「若人生百歲，不見水老鶴，不如生一日，而得睹見之。」阿難說：「怎麼會這樣講？」就問他說：「你師父是誰？」「我師父是某某人。」阿難說：「你師父講錯了，不是這樣，應該說：若人壽百歲，不了於生滅，不如一日生，得了於生滅。」徒弟去跟他的師父報告，師父卻說：「不管他啦！阿難尊者老了，老糊塗了，我們還是依照我們所記得的誦下去。」你看，才幾年就已經錯到這麼離譜了。

因此菩薩把 佛的開示記錄下來，可是年代久遠以後，大家讀不懂了，怎麼辦？菩薩就得要寫論來弘揚 世尊的法。可是菩薩寫論有時就是有缺點，譬如遣詞用字太洗鍊，那麼過了一段年代大家都讀不懂了，那論就失去利益眾生的效益。就好像我《楞伽經詳解》才剛出版不久，隨後就後悔了，我說：「當初為什麼沒有用白話來寫？」對我來講，其實那就等於是白話文；當時我只圖一個快，因為以前都是用稿紙一格一格寫的，我希望趕快把它完成，所以文字能夠少用就盡量少用。結果出版完了，有許多人反映：「老師啊！我讀不懂，您那些都是文言文。」所以我好後悔，那時就不該圖快，我想應該把它重新用語體文再寫一遍，可是沒時間可寫了。這一世沒機會再去寫它了，也許留給下一世的我再來寫，那時就得叫作《釋楞伽經詳解》，要加一個「釋」字。

那麼《成唯識論》的遣詞用字就更洗鍊了，而且《大正藏》日本人斷句時有很多地方都錯了，那要大家怎麼讀懂？所以我就計畫要寫一部《成唯識論略解》或者《略註》。略解是要給誰讀的？要給證悟的人讀的。一般人還是讀不懂的，可是我為什麼要寫呢？因為有不少人證悟以後，讀來讀去總是把它誤會到一塌糊塗，所以我得要再寫略解。

這是三年前的計畫，但是還沒有時間動筆，因為《正覺電子報》上我的文章已經開天窗半年了，所以如今在趕一本書，叫作《涅槃》。這是末法時代沒有人敢寫的東西，我把它寫了。本來有些內容我把它拿掉，所以十六萬字剩下十二萬多字；但現在寫了一個多月又變成十七萬多字，我一個多月寫了五萬多字，因為沒辦法把所有時間都用來寫它，同時有很多事情要作，每週又固定要上課、講經（編案：後來增補成為二十七萬字，已在《正覺電子報》連載完畢，此書出版前已改版為上、下冊）。但是略解有個好處就是：只要誰悟了以後來讀過，他就不會再像二〇〇三年退轉的同修那樣誤會《成唯識論》，所以這很重要。

那麼這一些文字的記錄就是要來輔佐你身上揹著的那一部無字眞經，這樣配合著來讀，你就可以瞭解：原來般若還有這麼多別相智是我們所不知道的，原來悟後進修入地以後還得再學一切種智。那麼經由這樣的說明，你一面讀、一面對照自己這部無字眞經，讀了以後對照而成爲現觀，那個智慧就變成你自己的；那個智慧就成爲你的現量，不再是比量了；因爲你一面讀，可以一面比對自己這一本眞經。

所以文字的典籍是非常重要的，不能像禪宗祖師找到如來藏以後就說：**「一大藏教，是老僧坐具。」**那叫作狂禪，有膽他眞的坐坐看，管叫他爛屁股！（大眾笑…）所以我說那叫作狂禪。因爲禪師的證量最多就是過牢關，或者證得二果，或者證三果，或者證阿羅漢果，可是若要談到入地，門兒都沒有！但是禪師慣會講大話，爲什麼呢？因爲眾生不相信這個佛法開悟的厲害啊！所以他這樣講也有好處。可是那些禪師們哪個敢去拜訪玄奘菩薩？沒有人敢啦！當然這跟時空背景也有關係，因爲那時候禪宗才剛剛在南方發芽滋長，也還不興盛。

話說回來，也就是說，文字記錄的典籍非常重要；因爲菩薩們還沒有離開胎昧之前，下一世再來時，縱使你有無師智，你自己又通了、證悟了，可是成佛之道的次第與內涵畢竟也忘記了；可是只要這些佛教典籍猶在，重新讀過一遍，智慧可就重新又回來了。所以經論等文字典籍的流傳很重要。因此不能單靠「讀誦」眞經如來藏，還得要讀誦有文字的經典，那麼《妙法蓮華經》的經典更是如此。

「受持、讀誦、爲人解說」之後，接著要「如說修行」，佛法不是悟後就沒事了，反而是悟了事更多；以前禪宗裡徒弟只要悟了，禪師就印證說：「可喜、可賀啊！大事已畢！」徒弟問說：「師父！我悟了以後要怎麼修行？」禪師說：「悟了沒事，每天吃飯睡覺，沒別的事。」那他就得在這個階位打混一輩子。悟了以後的時間才是最重要的，非常、非常寶貴，怎麼可以停在那邊打混？所以要「如說修行」。可是悟後要怎麼修行呢？又不知道怎麼修，玄奘正是因爲這個緣故才去西天的；取了經本回來以後，把它翻譯出來，整個成佛之道的內容全部呈現出來時，大家都受益，一直到今天我們還在受益。

修行就是悟後用你的「根本無分別智」作基礎，有了這個基礎你才可以繼續往上去進修，就是要修習別相智，就是「後得無分別智」，一直修到初地才算見道已經通達了。可是要擁護這樣的人並不容易呀！你在人間想要找到一個已經能受持、讀誦、修行，又能夠通達的人來護持，機會很少很少！甚至於不必到通達，只要能受持、讀誦、修行就好，也都不容易遇見。你看全球佛教界對「此經」能夠受持、讀誦、而且還能修行的有多少人？有四百多人，全都在同修會中，全球那麼多佛教徒才這麼一點兒人。眞的叫一點兒——太少。

所以 佛陀告訴他們：「不一定是要找這樣的人護持，因爲你們這麼多的眷屬，還有一些人你們同樣是可以護持的，哪一種人呢？『受持法華名者』，福德便已經夠大了。」這就是 佛陀要告訴我們的道理啊！當然睪帝等羅剎女跟鬼子母等眷屬，她們擁護能夠受持、讀誦、修行《妙法蓮華經》的人，是要使被護持者得到安隱「離諸衰患」；假使有人故意去對這一些證悟的人下毒，他們會設法把那一些毒藥—不論哪一種毒藥—去把它滅除掉。當然這個毒藥也可以說是法毒，但滅除法毒主要是演說「此經」的人要作的，也就是法師的責任——說法之師的責任，那她們主要就是在世間毒藥上滅毒。

如果有人想要毒害演說此法的「法師」，她們要幫他消除毒性。可是能夠為人家演述《法華經》的「法師」畢竟太少了！諸位可以看看臺灣有佛教以來，有誰逐句逐字講解過《法華經》？有沒有？有沒有人講過？誰？後山那位？她沒有講，哪有講？她只是講一些世俗化的《法華經》而已，就只是拿古人對《法華經》的表義來講一講。聽說她不久便講完了，而我講幾年了？四年了才快要講完，再一些時候才會講完；但她不久就講完一整部《法華經》，其實沒有講，她只是講一些依文解義的內容而已，那不叫作講解《法華經》，連觸及到「此經」都沒有。

所以你要眞正能夠遇到一個為人演講《法華經》的「法師」，機會太少囉！總要雨露均霑，盡量再護持更多的人來擁護《法華經》，所以能受持的也行，能讀誦的也行，能修行的也行，能為人演說的也行，僅僅能夠受持其中一首偈的人也行，不必整部都受持；對所有讀、誦、受持、為人解說的「法師」全都要護持。甚至於有的人連受持一首偈都作不到，他只會唸「南無妙法蓮華經」——「受持法華名」的人，佛陀交代說：「妳們也應該擁護他。」

在這世界上有沒有人只受持《妙法蓮華經》的經名？有！在臺灣北方日

本的創價學會，他們都叫人家每天勤唸「南無妙法蓮華經」，往往聚在一起拿著木魚敲著唸：「南無妙法蓮華經……」，每天一直唸著經名。雖然說他們還不是眞正的佛教徒，但是他們願意這樣受持，有一天他們一定會起心動念說：「我一直唸著『歸命《妙法蓮華經》』，這《法華經》到底是什麼？這麼重要？我得要每天這樣唸？」假使有一天他們好奇去尋找答案，終於找到了《法華經講義》一讀……「喔！原來如此，佛教這麼偉大！佛法如此勝妙！」那他們願意開始探究，未來就會有機會走進「此經」之門。假使像這樣，有人一天到晚在大街上走來走去，口中唸著：「歸命《妙法蓮華經》！歸命《妙法蓮華經》！」你想會不會引生許多人好奇說：「《妙法蓮華經》到底是什麼？」一定會嘛！那麼正法久住就多了一分希望。這些人遠比臺灣佛教中的六識論者—比如釋印順、釋昭慧等人—更有善根，對佛法的助益也更大，所以像這樣的人也應該被羅刹女等人擁護；不但要擁護，而且 佛對羅刹女說：「即使是擁護這樣的人，妳們所得到的福德也是不可思量啊！」

那麼諸位想想看，護持這樣的人，福德都不可思量，世尊就開示說：「如果有人可以具足來受持、具足來供養《妙法蓮華經》的經卷，以華、香、瓔珞，末香、塗香、燒香等等廣作供養；像這樣的人，你羅帝等羅剎大眾去擁護他們，那福德更大呀！」因為這些不只是受持《法華經》的經名而已。

供養《法華經》我們還有一個方式，我們現在開始有師兄發心自己來造釋迦牟尼佛的佛像，原像就好像白玉一樣，用它脫胎出來再貼金箔，將來可以供養在我們的講堂中。密宗造像時都講究裝藏，我們不要像他們那樣搞什麼裝藏，我們就放一部《妙法蓮華經》在佛像裡面，遵循 世尊的開示說：「只要有《妙法蓮華經》的所在就是有佛。」那麼在佛像內部放了《妙法蓮華經》經本，就不必再於佛像中安置舍利子。我們就藉這個機會使《法華經》的經本可以流傳下去，也許一千年後，也許五千年後，也許兩萬年後世界巨變，有朝一日這經本還會再出現，又讓某些人種下善根。

言歸正傳，那麼這一些供養的物品，就有香、華、幡蓋、伎樂；伎樂就是用梵唄歌頌，「燃種種燈」，譬如「酥燈、油燈、諸香油燈」，很多種的燈；但是不要弄動物油來做燈油，因為那個味道不好，也有些傷害慈心。那麼這裡講的油燈其中有一種「蘇摩那華油燈」，蘇摩那華有一個特點，它是白色的，帶有一點黃，類似茉莉花一樣，但是比較黃一點；這一種花並不是喬木，也不算是灌木，就像茉莉花種在地上可以長到三、四尺高，應該也算草本，也許就是我們種的茉莉花。這一種花還有一個翻譯，這裡叫作蘇摩那華，其實就是須曼那花（悅意花）。還有「婆師迦花」（夏生花），這個花是香的，可以拿來跟油混在一起榨，榨出來以後用來點燈供佛。

「瞻蔔華」名為最勝花，金黃色，以前講過了，不再重述。婆師迦，優鉢羅華，這有一個典故，可以讓大家建立一個正確的知見，優鉢羅華就是青蓮花；青蓮花如果不是很深的顏色，是非常有氣質的。所以讚歎佛陀的眼睛就說目如青蓮。假使目如紅蓮，就感覺像是熬夜沒睡覺。所以目如青蓮表示很清新，精神狀態非常好。有個與優鉢羅華相關的事情，例如在佛陀的年代有一位優鉢羅華比丘尼，她有一點像蓮花色比丘尼，長得很美；但是蓮花色比丘尼命運很不好，她得要作妓女維生，後來出家。優鉢羅華比丘尼是三明六通大阿羅漢，她的身分蠻尊貴的；她常常去一些有錢人家、王宮往來，平常都跟一些貴婦人往來；不論遇到誰，只要跟她熟一點，她就勸導說：「妳要去出家啊！佛陀現在，此時出家最好，機會難得！」你想，那些貴婦人會出家嗎？家裡老公那麼疼、那麼有錢，又有子女，又是一大堆財產，她們就是會推辭，就說：「出家了要受戒，萬一我們受不住誘惑又犯了戒，那時要怎麼辦？」你們知道這優鉢羅華比丘尼怎麼說呢：「犯戒就犯戒嘛！」那些貴婦們就說：「犯了戒要下地獄呢！怎麼辦？」她說：「下地獄就下地獄吧！」好奇怪喔？那她們就問她說：「欸！爲什麼妳會這樣講，犯戒很嚴重，要下地獄的；下地獄以後，可不是很快就可以回來人間，那多痛苦啊！」她卻說：「喔？但我還是覺得妳們應該出家，犯戒就犯戒，下地獄就下地獄。」然後就說出一番道理：「我回憶往昔很多劫又很多劫以前，很喜歡唱歌、跳舞、表演；有一次我穿著比丘尼的衣服跟人家一起開玩笑，當作我出家了，大家來開玩笑；就因爲這個緣故，後來我在佛座下（她說的好像是在迦葉佛時的事）出家，但因爲我家裡很有錢，我出家以後太憍慢，造了惡業下墮地獄；可是我也因爲造惡業、犯戒下地獄而繼續持戒，沒有捨戒，所以我比別人早回到人間，這一世遇到了釋迦牟尼佛，今天得到三明六通成大阿羅漢。」

她的意思在說明什麼道理？是說每一句話、每一件事都有未來世的因果；她在告訴我們這個道理。只要受了戒、披起僧服來，即使破戒都還贏過外道。因爲外道永遠沒有機會證阿羅漢果，更別說是證菩薩果，都沒機會；

因爲他們沒受戒，從來都不是佛弟子，當然沒機會證果出三界。可是因爲她有受戒，雖然犯了戒，但她不捨戒，死後下了地獄，結果提早回來遇到釋迦如來，成就三明六通的大果報。所以說，對於佛法僧三寶作一件事、講一句話，都有未來世的因果存在，證得三明六通的因緣也會同時存在，因此她就告訴人家說：「**破戒就破戒吧！下地獄就下地獄吧！**」原因就在這裡。

這也就是說，於佛門中，即使對方是個凡夫法師，我們說話作事時都不能當作兒戲，何況是在實證的道場裡面，更要小心啊！因爲這個因果比起對凡夫法師所作的事來，因果都是特別重。那麼優鉢羅華比丘尼就拿她自己的事情來示現，不怕人家笑話她。這個道理，一個實證《法華經》的人，是應該絕對信受的；因爲實證《法華經》眞如妙心以後，又學習《法華經》中的妙理直到現在，已經很清楚知道：自己覺知心不論造善業、造惡業、修淨業，從來沒有外於自己的如來藏。因爲一切有情的覺知心造作善、惡業的時候，都是在六塵境界中造作的，可是六塵境界都是如來藏裡面的境界；是自己的如來藏、自己的《妙法蓮華經》所出生的境界。這可見咱們都活在自己的如來藏裡面，然後藉著這個色身去跟外界接觸；那麼你想，在自己的如來藏裡面造作種種的業，造完了以後這些業種會到哪裡去？就在自己的如來藏裡面存在呀！只要證得如來藏以後，都可以這樣現觀的，這是現量不是比量。

這位優鉢羅華比丘尼的典故如果還不足以信受，那麼當年 佛陀示現頭痛三天的典故，足不足以信受？還有個老人家來求出家，舍利弗等人都告訴他說沒因緣出家，他哭哭啼啼回去，心想：「我好不容易遇到有佛陀在人間出世，竟然不能出家。」結果回家的路上遇到 佛陀，佛陀一看就說：「你跟我回道場去，你可以出家。」然後 佛陀把他帶回精舍，幫他剃度讓他出家，老人家問說：「請問尊者您是誰？」「我是釋迦如來！」眞是又歡喜、又驚嚇！他又問起出家的因緣來，阿羅漢們也問：「爲什麼他可以出家？我們看他八萬大劫以來沒有跟三寶結過緣，怎麼可以讓他出家？」佛說：「不然！你們是有宿命明，但只能看到八萬大劫前的事，我以宿住隨念智力，不必入定一看就知道了，他無量劫前被老虎追逐，爬到樹上大聲呼叫『歸命佛』，所以他今天有因緣可以出家。」你們看，往昔他只是在很危急的狀態下高聲歸命，又不是誠心要歸命；他就好像小孩子遇到危險時呼喊：「媽媽！媽媽！」就這樣子啊！就等於這個意思而已，結果他現在可以出家，後來也證果呀！

有一天，一個婆羅門喝醉了酒，跑到寺院裡面來，說他要出家，比丘們都說：「這是個醉漢，我們爲什麼幫他剃度？明天又會找麻煩。」佛陀說：「不！要爲他剃度，雖然他講的是醉話。」（大眾笑⋯）於是就眞的幫他剃度了，也換了僧服給他穿。等他醉醒一看：「欸！我怎麼沒頭髮了？我怎麼穿起這件僧服來？」他覺得不好意思說：「唉呀！我又沒想要出家，怎麼出家了？」然後他就走了。佛陀就授記他未來世一定會出家，而他未來世出家的因緣就是因爲他這一世喝醉酒了，突然起了一念想要出家；今天有這件剃度的事實在，他未來世一定會由此因緣而出家。

所以在三寶之中的任何一句話、任何一件事，都有大因果，不要小看這些因果。如果這樣還沒有辦法信受，那不然，我講自己定中看見的事：無量劫前我毀謗一個證得四禪的人，也不算是眞的毀謗，只是嫌棄一句話；當人家說他證得第四禪有多厲害、多厲害，而他也眞的證了，那時我心裡有一點吃味，就說：「唉呀！那也不過是世間禪定，沒什麼啦！」就這樣子，當時不知道人家證得第四禪雖然只是世間法，但那功德也是很大的。一個證初禪的人，世間功德就很大了，何況他證得第四禪。結果捨報以後變成什麼？

mouse。但老鼠一樣是八識心王具足，在牠的境界中跟人類對六塵境界的認知是一樣的；牠只是無法講話而已——沒有辦法表示意思，而牠的八識心王思想模式跟人類是一樣的。

結果我那一世，還沒有成家立業就遇到一隻貓，狹路相逢，雙方鬥智，就想：「我裝腔作勢往那一邊逃，其實是要往這一邊跑。」就作出一個模樣要往那一邊，隨即就竄到這一邊來！可是貓很聰明，一掌就撲死了。這樣看來，貓也是八識心王具足，只是不能講話。所以從那一次看見以後，我就尊敬老鼠了（大眾笑……），我就知道說，只要牠跟我們生活久了，牠聽到我們講了話以後就作了什麼事，牠就聽懂了，就會知道你這一句話是什麼意思。所以說，我往昔只是輕嫌一個沒有開悟而證得四禪的人，結果就是墮入畜生道中；而那一個醉漢也只是一句醉話，佛就眞的幫他剃了頭，他未來世就可以在有佛之世出家，出家以後就可以證果。

所以這一些有大因果的事情都不能開玩笑，你看優鉢羅華比丘尼無量劫前只是爲了玩笑，故意去穿起比丘尼的衣服戲耍；雖然她只是玩笑，結果是到 釋迦佛時就有因緣出家，證得三明六通；雖然她在 迦葉佛時出家因爲憍慢所以犯了戒、下了地獄，但是回到人間以後遇到 釋迦牟尼佛，就得到三明六通了，你看這些因果都如實的實現了。所以藉這個優缽羅華油燈引出這些典故來，是要讓大家瞭解說，世俗法裡面老人家有時候會說：「一飲一啄，莫非前定。」還眞的有些道理。意思是說，一隻雞的一生之中，能夠飲多少口水，能夠啄多少粒米，前生已定了。雖然有些迷信，其實也可以印證某些因果。這就是讓大家瞭解說，因果的感應是如影隨形的；因爲一切有情造作善惡業等，都是在自己的如來藏中造作；當然造作完以後，那一些善業種、惡業種或者無記業種，全都在自己的如來藏中，不會跑到外面去。

那麼由此也可以瞭解這一些學佛的羅刹女是懂因果的，懂因果又知道「此經」勝妙的緣故，所以她們發願要來護持受持此經、讀誦此經、修行此經的人；不但如此，佛還告訴她們說：「妳們和眷屬有那麼多人，然而能夠受持、讀誦、修行此經的人不是那麼多——沒有像妳們那麼多，無法使大家都可以來護持而修集功德。」於是告訴她們：「即使有人只能夠受持《法華經》的經名，他家中連經本都沒有，那妳們去護持他，功德就已經不可思量了，福德是非常、非常多的。」佛陀爲何要這麼說？爲何要這樣說？自然有道理呀！

那麼如果有人進而供養《法華經》的經卷，他每天施設非常多的供養，看見少了這一種，他就增加了一種；那麼這樣的人，世尊吩咐睪帝說：「妳們以及所有眷屬們，應當也要擁護這樣的人。」所以如果哪一天你們去到寺廟裡面，看見人家佛案上供著一本《妙法蓮華經》，或者供著《金剛經》或其他的經典，那出家人在經本前面施設了茶水、香，也供了果，甚至於還安置了兩個很精緻的小小經幡，經幡上面寫著「南無金剛經」或者「南無妙法蓮華經」，你們可別因為他們沒有開悟而作這件事情，就輕笑他，其實都應當尊重他。因為他這樣供養經卷，就如實種下了未來實證「此經」的因緣；而他們這樣供養也是有護法菩薩們在護持著，你可別說：「唉呀！你自己身中的眞經不供養，供養那個文字經卷幹嘛！」雖然你已經親證了，也不該這麼講，因爲這樣講仍然有因果；而且供養經卷也是 世尊所許可，並且是世尊所吩咐的，都是爲了妙法久住而作的因緣。

那麼這樣吩咐過了以後，就會引生一些效果，這一些效果跟我剛剛講的那一些典故是有關聯的；我抄了一首偈只有四句：「瞻蔔華雖萎，勝於諸餘

華，破戒諸比丘，猶勝諸外道。」這是說，瞻蔔華既美又香，雖然供上幾天以後它已經凋萎了，不是像剛剛綻放上供時那樣，但也還是勝過其餘的花，因爲它的顏色太美而且很香，香味脫俗，所以它雖然凋萎了，那個美麗的顏色還繼續存在，香味也還繼續存在，所以雖然凋萎了，依舊勝過其餘的花。就用這個來比喻破戒的比丘們，如同凋萎的瞻蔔華仍然勝過其餘的花一樣，勝過所有的外道們；因爲外道們都沒有受戒，未來世也沒有機會證果，可是比丘們未來有機會證果。這一世雖然破戒而在死後會下墮三惡道，但未來他回到人間遇到有佛出世，或者有菩薩住世弘法時，就可以證道了。

這一些開示，就是要讓許多人深入理解面對三寶時的因果；他在法上已經實證了，他的性障也修伏如阿羅漢一樣，而他的智慧也非常好，已經通達了，可是他一直沒有辦法入地，是因爲他在無生法上面還有一絲絲的猶豫，就一直遲遲不敢發起增上意樂。入地的最後一個條件就是增上意樂，增上意樂是什麼呢？（有人答話，聽不清楚。）對！就是《華嚴經》講的「十無盡願」。可是諸位如果細細地去讀過，並且細細加以思惟十無盡願的內容，一般人讀後腳底就涼了，因爲那太難作到！這十個願都無窮無盡，永遠都沒有止盡，你只要發了這個願，盡未來際都不許像阿羅漢一樣入涅槃，要一直在人間陪著眾生，不斷地拉拔他們。

一般學佛人讀後想一想：「出生時那個痛苦我都忘記了，可是每一次生病都好痛苦，不小心撞到了腳也是痛得要死；那我發願以後要一世又一世，這樣不斷陪著人間的這些眾生喔？而且眾生還常常會反咬我！」所以他不願意發這十個大願啊！心裡眞的怕。可是菩薩如果心得決定，其餘的入地條件已具足了，當他一直在猶豫的時候，聽世尊說完這一品時，他心中便能決定而毫不猶豫，於是他就接受十無盡願，這時也就入地而生起無生法忍。

例如以前讀過很多遍十大願的經文，心中還懷疑說：「我要不要接受？要不要接受？」唸過歸唸過，心中並沒有接受。可是他入地的其他條件都具足了：永伏性障如阿羅漢，入地所需要的廣大福德也有了，般若的後得無分別智也具足了，但他就是不敢接受十無盡願。這時，當〈陀羅尼品〉講完了，他心中獲得決定：「我可以接受十無盡願了！」他這一決定下來，就能得到無生法忍。當　世尊講完〈陀羅尼品〉時，有多少人心得決定而發起無生法忍？六萬八千人。好容易喔？好羨慕喔？

如果我們會裡有一個人得無生法忍，那我可就樂壞了！因爲我可以眞的退隱了，以後換他上來講經說法，我就拿個太師椅坐在旁邊聽他說法，坐在現場護持他。萬一哪天冷氣不夠涼，我就帶個扇子來，一面聞法一面搧著，這叫作怡然自得。要度個弟子成就無生法忍，很難、很難啊！但你們看世尊就這樣一品〈陀羅尼品〉講完時，就有六萬八千人得無生法忍。

一般人不瞭解爲什麼這一品講完時，就有這麼多人進入初地，都無法想像，那些六識論者也就因此而毀謗說：「這不是世尊金口所說，是後人編造的。」可是無法想像的原因，是因爲他們不知道爲何這樣就可以入地。我今天把這一些道理告訴諸位，想想看：連　藥王菩薩都要護持，乃至鬼子母、羅刹女……等，大家都發願來護持受持「此經」的人，當然能夠爲人解說「此經」的「法師」，更應該護持。世尊甚至開示說：「即使有人只是受持《妙法蓮華經》的經名，妳們去擁護他，所得到的福德也是無量無邊。」那麼這一些菩薩們想：「單單是持唸《妙法蓮華經》的名號，就值得人家這樣來擁護供養，那我們入地需要的福德已經有了，早就超過那一些人無量倍；而我們入地所需要證的大乘解脫果也有了，我們初分的無生法忍也夠了，爲什麼還不敢發起增上意樂而入地？」想一想，他們心中就決定接受，於是就入地而有了無生法忍，這就聽聞此品而證得無生法忍。如果對於這一些無生法，心中有一絲猶豫，就不能稱爲心心無間，那麼即使他眞的通達了，也還是不能入地。即使有人通達了，心心無間，但如果欠缺廣大福德支持，他也不能入地。如果廣大福德有了，所應該有的解脫果也有了，那麼他應該可以入地；可是心中猶豫，就不能叫「心心無間」，他對十無盡願就沒有如實接受，當然也不能入地。

所以這個心得決定是很重要的，諸位如果有空把《華嚴經》說的「十大願」請出來讀一讀，不一定要你立刻接受，你就只是熏習、熏習也不錯。即使你在佛像前設了百種供養，然後發了願也不能入地，因爲其他的條件還不足。入地前一定要具足三種現觀，當你具足了十住位的如幻觀、十行位的陽焰觀、十迴向位的如夢觀，那時知道自己的來歷了，才表示說你入地前應該修的三賢位的第一義諦三品心已經完成了。這三品心的第一品叫作內遣有情假緣智，第二品心叫作內遣諸法假緣智，第三品心是十迴向位要完成的遍遣一切有情諸法假緣智，這時才可能具足這三種現觀。這時就能入地嗎？還不行，還得要依大乘四聖諦，以眞如作基礎來作大乘四聖諦十六品心的觀行；這觀行完成時，你就證得人乘通教的阿羅漢果——依眞如來證阿羅漢果。

這時依眞如而證阿羅漢果的時候、這大乘四聖諦十六品心完成的時候，再作法智類智的觀行而完成九品心時，你所看見、所照見證眞如的智慧，跟你所證的眞如是平等平等的，這時才可以說你證得「初地眞如」了。以前那一些退轉的人宣稱他們證佛地眞如，我問說：「你知道什麼叫佛地眞如嗎？」這麼一問他們就倒縮回去，就說：「沒有啦！我們是證初地眞如啦！」那我又問：「那你們知道什麼叫初地眞如嗎？」他們又倒縮回去：「沒有啦！我們現在吃了龜苓膏，所以全部歸零（大眾笑…），從頭開始修證眞如。」宣稱證得什麼眞如時，得要知道那個眞如是什麼內容；要確實觀行過，現量證實眞的證得那個眞如。

證初地眞如以前，你得要先依《解深密經》去觀察七眞如；然後再完成剛才說的那三賢位三品心的三種現觀，還要再完成依眞如來現觀大乘四聖諦，而完成十六品心的智慧，成爲大乘阿羅漢；這時你成爲阿羅漢了，然後再起一分思惑而留惑潤生，願意繼續受生在人間，就願意接受十大願，對十大願生起增上意樂。這時你看到自己所證的眞如智慧，跟你自己的眞如是平等平等的，這才叫作證得「初地眞如」。這個道理，我九〇年代《成唯識論》課程中都已經講解過了；可是他們二〇〇三年離開時，宣稱自己很厲害，宣稱說已經證得佛地、初地眞如了，早就忘了我對他們的教導。他們當年離開同修會，現在已經過去十年了。那你們想：要入地有那麼簡單嗎？啊？沒那麼簡單！初地眞的不容易證，一定要一步一腳印，不能打妄想；假使把地基挖了，鋼筋放進去了，才這麼一放，都還沒有綁好，更別說灌水泥，就開始灌造第三樓，那叫作什麼？空中樓閣。

所以你看這一些菩薩們，入地應有的廣大福德有了，無生法忍的智慧也有了，入地所需要的解脫果也有了，可是他們對十無盡願依舊心中猶豫著，不敢從深心中眞的接受。當他們不敢接受的時候，就不是有無生法忍的人，空有智慧也還不是初地心，因爲他們的無生法忍智慧還不能運轉。入初地時一定有增上意樂，增上意樂能夠運轉時無生法忍的功德才能運轉，才說他眞的叫作「初地菩薩」，這是因爲他對所證的無生法忍可以眞的運轉了，這樣才能叫作「證轉」。

所以你看 世尊藉著〈陀羅尼品〉，使這六萬八千人眞的進入初地了。因爲他們聽完以後心得決定，接受了十無盡願。很多劫以來都讀過的十大願就是不敢接受，因爲那是無止盡的大願，心中有些遲疑。假使快樂的享受無止盡，倒也還好；可是度眾生很辛苦，而且常常會被眾生反咬，卻要無止盡受持下去，到底好不好？（有人回答：好！）這麼厲害啊！竟然敢當眾說「好」！嗯！這心量可大了！所以 世尊就這樣度人，那諸位不要心急說：「**那我要等到什麼時候才能像世尊這樣度人？**」不用急，我都不急了，你急什麼？不必想說：「**我要到什麼時候才能像世尊這樣子度人。**」因爲你只要一步一步走上去，就會像等差級數或者等比級數一樣，每一世加倍而一直加上去，最後自然而然就能夠這樣。但是都要以現在的實證、現在的實修作基礎，未來才能作得到。所以別看著某些事情就說：「**唉呀！我這一世是不是吃虧了？**」菩薩要肯吃虧，願意吃虧福德就大，不要只看眼前。

所以退轉的人只要願意接受正確的法，回來懺悔過了以後，我還是接受的，這就是我一向的原則。好！那麼〈陀羅尼品〉說完了，六萬八千人得無生法忍而進入初地了，我要問問諸位：對「**妙法蓮華經**」這個勝妙之法，對

「此經」第八識勝妙心，你有沒有心得決定？（大眾同聲回答：有！）恭喜！就因爲這一句「有」，此世或未來世必然實證，必然快速見道。接著要進入下一品〈妙莊嚴王本事品〉第二十七：

《妙法蓮華經》

〈妙莊嚴王本事品〉第二十七

經文：【爾時佛告諸大衆：「乃往古世過無量無邊不可思議阿僧祇劫，有佛名雲雷音宿王華智多陀阿伽度、阿羅訶、三藐三佛陀，國名光明莊嚴，劫名喜見。彼佛法中有王，名妙莊嚴；其王夫人名曰淨德，有二子，一名淨藏，二名淨眼。是二子有大神力，福德智慧，久修菩薩所行之道，所謂檀波羅蜜、尸羅波羅蜜、羼提波羅蜜、毘梨耶波羅蜜、禪波羅蜜、般若波羅蜜、方便波羅蜜，慈悲喜捨，乃至三十七品助道法，皆悉明了通達。又得菩薩淨三昧、日星宿三昧、淨光三昧、淨色三昧、淨照明三昧、長莊嚴三昧、大威德藏三昧，於此三昧亦悉通達。」】

語譯：【這時佛陀告訴諸大眾說：「從現在往前推溯，古時候經過無量無邊不可思議阿僧祇劫，有一尊佛名爲雲雷音宿王華智佛，是阿羅漢、也是無上正等正覺，國土的名字爲光明莊嚴，那個劫名稱爲喜見。在那尊佛的法中有一位國王名爲妙莊嚴；國王的夫人名字叫作淨德，有兩個兒子，第一個兒子名爲淨藏，第二個兒子名爲淨眼。這兩個兒子有大神力，也有很大的福德與智慧，他們很久很久以來就已經修行了菩薩所行之道，他們所修行之道，就是所說的布施波羅蜜多、持戒波羅蜜多、忍辱波羅蜜多、精進波羅蜜多、靜慮波羅蜜多、般若波羅蜜多、方便波羅蜜多；他們具足了慈悲喜捨四無量心，乃至於三十七品助道法也全部都明了而通達。而且他們也得到了菩薩的清淨三昧、日星宿的三昧和清淨光明三昧、清淨色性的三昧、清淨的照明三昧，而且有一個長莊嚴三昧和大威德藏三昧，他們對於這一些三昧也都全部通達了。」時間又到了，請等候下回分解。

講義：《妙法蓮華經》上週一百九十九頁第一段，我們語譯完了，接著要解說。世尊告訴大眾說：「從現在往古時候推溯，超過無量無邊不可思議阿僧祇劫前，那時有一尊佛名爲雲雷音宿王華智如來，」「多陀阿伽度」就是「如來」，諸位有時誦咒，會誦到「怛他嘎哆」，有沒有？這譯得不很準確，

「怛他」應該是「坦他啊」，那個「他」後面的「啊」音要拉長一點。這句「怛他嘎哆」其實就是這裡說的「多陀阿伽度」，應該是讀作「怛他—嘎搭」，這樣才是正確的，譯作「坦姪他」是不正確的。這句咒就是「如來」的意思。這位如來同時又號爲阿羅訶，或者譯作阿羅漢；因爲一切如來一定同時也是阿羅漢，但所有阿羅漢之中，萬分之九千九百九十九點九九九都不是如來，因爲在諸阿羅漢中難得遇到一位如來，剩下的那個小數點其實就是當時示現在人間的如來，因爲如來一定同時也有阿羅漢的果證。

這是因爲所證不同，所以阿羅漢不是如來，但如來一定函蓋了阿羅漢的所證，所以如來一定同時也是阿羅漢。「三藐三佛陀」就是「正等正覺」，也就是說，三世諸佛同一所證，沒有誰可以變更諸佛如來所證的內容；當大家所證都是究竟而完全相同時，因此叫作「正等」。「正覺」是說，這樣的覺悟是如實而不虛妄的，而且是究竟了義的覺悟，所以叫作正覺。「雲雷音宿王華智佛當時的國度，祂的佛國名爲光明莊嚴，那個劫稱爲『喜見劫』；在那一尊佛的法中有一位國王，名爲妙莊嚴，他的夫人名爲淨德，她有兩個兒子，其中一位名爲淨藏，另外一位名爲淨眼。」

「這兩位兒子有大神力，」是什麼樣的大神力？在稍後馬上就會說明。

「他們既有廣大福德，也有無邊勝妙的智慧，因爲他們很久以來就已經修過菩薩所行的道。」「道」這個字好像有許多的宗教也在講，所以他們也宣稱是在傳道，因此，「道」當然就要有所區分。菩薩所行的道才是佛法中重視的道，那外教所說的道，不管他們說的是什麼道，全都只是世間法，從來不曾有一個宗教談的是出世間法；也就是如何出離三界生死輪迴的世間，他們全都不懂，更別說世出世間的大乘道。

有一些宗教也說他們在傳道，道教也有一本很有名的經典叫作《道德經》，《道德經》裡面開宗明義講「道可道，非常道」，那它只是在猜測而說「道」，它說的那個「道」的實體到底是什麼？由於只是猜測而非實證，無以名之就只能說是「非常道」，因爲老子不曉得該說那是什麼道，也沒有出世間道或世出世間道的內容，他還不懂這些內容；如果換了我們，就說是菩薩道：「道可道，菩薩道。」但他不知道怎麼樣才能解脫於生死之大患，所以他所謂的道，不過就是「修身、齊家、治國、平天下」。從《道德經》裡面所說的內涵，自始至終不曾說到如何是「生天之道」；連往生欲界天之道都還談不上，只圍繞著人間的修身、齊家、治國、平天下在談論。

他所談到有關解脫的內涵，就只是那麼一句：「吾所以有大患者，爲吾有身。」他認爲說：我有一個大患，這個很大的災患就是因爲我有這個身體，所以我就有生老病死等苦。但是他不知道「身」有人間的人身，欲界的天身，色界的天身，他還不懂，以致於他只能講到人間的事。如果沒有身體就不會有種種的災患，所以宣稱他的大災患就是因爲有這個身體。至於三界生死的解脫，三界生死的實質，他是完全沒有概念的。

臺灣早期傳統宗教不怎麼被尊重，所以那時曾經有說相聲的人拿老子來開玩笑，說老子快要生孩子了；然後對方就問起來：「老子不是個修行的男人嗎？你怎麼說他快要生孩子了，有什麼經文根據？」對方答說：「有！因爲《道德經》說『爲吾有身』，有身就是有孩子了。」那其實是褻瀆宗教！這就是說，臺灣以前的傳統宗教不太被人重視，因爲高層的政治人士都是信仰外國宗教的。到這十幾年來，由於選票的因素，傳統宗教總算被各界所正視。可是老子講的終究只能到此爲止，他就無法再深入了。因爲他連欲界天的境界也不知道，所以他所說的道，到底是什麼道？只是想像之道，不外於人間的境界。

他知道一定有一個終極而不可壞滅、能生萬有的心，可是那到底是什麼呢？他並不知道，只是從推理上得到一個這樣的結論，所以他才會這麼說。然而老子懂得的層次是什麼呢？依照《阿含經》裡面所說的法與次法來看，「法」他是想都不曾想過，聽都不曾聽過的；那麼「次法」呢？他也還差很遠，譬如如何得生欲界天？他也沒說出個所以然來；那麼如何得生色界乃至無色界天？他更不知道。那如果要講到「欲為不淨，上漏為患，出要為上」，他可就更不懂了。可是這些都還只是次法，得要涉及到超過這一些次法層面的四聖諦、八正道等等，才算說到了出世間法，才是算得上眞正的聲聞道。

可是菩薩看這樣的道，又覺得太粗淺，因爲眞正的道應該是世出世間法都具足函蓋了，不只是出世間道，這才算是眞正的道，我們就稱之爲菩薩道。那麼如果有人以「傳道」作爲他度人時的名號，那他所傳的道，應該要符合菩薩之道；如果他以「傳道」作爲自己的法名，所傳的若是正確的聲聞道，也還勉強講得通；可是他所傳的卻是違背聲聞道的、想像錯會的聲聞道，來把它當作佛菩提道而傳道，那他就不應該以「傳道」爲名字來弘道，這就是我們的主張。

因爲眞正佛法的「道」只有一種，就是佛菩提道，世尊因此而主張唯一佛乘。他既然身披大乘法衣，又是名爲「傳道」，那他所傳的道就必須是佛菩提道。眞正在修行佛菩提道的人，就說那是修學菩薩所行之道。那麼菩薩所行之道，有六度波羅蜜多，也有十度波羅蜜多；而淨藏與淨眼兩位菩薩摩訶薩，在 雲雷音宿王華智如來那個時候，他們已經不是只修六度波羅蜜了，而是修學十度波羅蜜。那麼他們當時所修的十度波羅蜜，已經修到什麼層次呢？世尊開示說：「所謂檀波羅蜜、尸羅波羅蜜、羼提波羅蜜、毘梨耶波羅蜜、禪波羅蜜、般若波羅蜜、方便波羅蜜」；換句話說，他們二位所修學的十度波羅蜜，已經修完了布施波羅蜜、持戒波羅蜜、忍辱波羅蜜、精進波羅蜜、靜慮波羅蜜、般若波羅蜜以及方便波羅蜜。那麼請問諸位了：他們已經修到第七度，把方便波羅蜜多修完了，他們是在哪一個層次？對！是第七地滿心了，因爲方便波羅蜜多已經具足實證了。

那麼七地滿心的無生法忍且不談它，單說他們有一個三昧叫作「念念入滅盡定」，有沒有聽過？（大眾回答：有！）有喔？若是沒聽過，就表示你還沒閱讀《楞伽經詳解》。六地滿心不得不取證滅盡定，不是他喜歡證或遲遲才證，而是不得不證；因爲菩薩三地滿心時就可以輕易證得滅盡定了，卻一直在修福德以及無生法忍，對於滅盡定並不在意；可是到了六地將滿六地心的時候，想要轉入七地心時，就必須取證滅盡定，才能滿足六地心，才能轉入第七地心；這時他已經把受陰、想陰的習氣種子繼續斷除。也就是說，六地滿心位一定要斷盡「受陰習氣種子」；受陰的現行是初地入地心前就斷除了，但這時要斷盡的是受陰的習氣種子。

那麼七地滿心時，得要證得念念入滅盡定，才能表示他的七地方便波羅蜜的無生法忍已經具足實證了；那麼這時很有可能不小心就會入了無餘涅槃，因爲太過於寂靜而與無餘涅槃相應，所以和他有緣的 佛一定會來示現，傳給他一個非常好的三昧，叫作「引發如來無量妙智三昧」。這七地滿心菩薩得了這個三昧而超越他在七地心前所證的一切三昧，因此得到這個三昧以後就不會入涅槃，因爲這個三昧太好了。也經由這個三昧可以確定自己到如來地已經不久，因爲最多再修行一大阿僧祇劫就可以到達。這樣對於聲聞種性的人來說，他一定會想：「那不好！那菩薩上當了，沒辦法入涅槃了。」

可是菩薩從來不想入無餘涅槃，所以對這個三昧都是心嚮往之。

那麼這樣表示說，他的方便波羅蜜已經完成了，在這個時候，他在三地心所修的慈悲喜捨四無量心的功德越發廣大了，當然這時對於大乘法中的三十七道品等等助道法，也都具足通達了。這三十七道品並不是我們學法時所要求證之標的，它們都是助道之法，是用來幫助我們完成佛菩提道的法，所以才說有四念住、四正勤、四如意足、八正道、五根、五力、七覺支、十二因緣法等；這一些都是助道法，幫助我們可以具足證得佛菩提果。

大乘三十七道品裡面有一些是成績或者結果，有一些則是方法；但不管是方法或者成績、結果，也都是「助道法」。譬如七覺支最後有一個猗覺支，講的就是因爲禪定的實證，而導致他有身上的樂觸在胸腔中。猗這個字，如果不涉及佛法來講，從世間層面來說，依文解義最直接了當的解釋，就是心癢。可是爲什麼七覺支裡面會有這一支？因爲自從得初禪以後，只要是具足了初禪，從此以後他除了睡覺時意識中斷以外，一切時間胸腔中都有快樂的觸覺感受；可是你說這是什麼樣的快樂嗎，又很難說明；有一點心癢癢的感覺，該怎麼形容呢？很簡單，諸位如果曾經騎單車，在一個大概上百公尺長的斜坡，不是很緩的斜坡，而是稍微有一點陡，可又不很陡；那你快速下坡時騎得很快，又是很安全的前進時，身體的高度有一點快速下降，心裡有一點輕飄飄的、癢癢的感覺，有沒有？欸！類似這種感覺啦！但不完全像，只能說是類似啦！那叫作「猗覺支」。爲何說是覺支呢？因爲是梵行已立的清淨心，發起了離欲的初禪心，依解脫慧而說是猗覺支。

那他初禪不退的時候，平常也都是有這個樂觸在。這個是初禪的境界到了圓滿時的第二個階段，就會時時存在這猗覺支的功德，可以助益修道。因爲初禪會有兩個階段，第一個階段是他心裡面想要有那個樂觸時，胸腔就會有樂觸；他沒有想要樂觸的作意時，或是不想要時，就沒有樂觸。第二個階段是具足初禪境界了，不管什麼時候都會有樂觸在，但比較微細，這就是猗覺支的境界。這個猗覺支如果很強，往往會妨害你修定或講經說法，所以那時就必須要把定力散掉一些，否則會妨害你，因爲樂觸太強了。就像我十來年前，因爲支氣管從小就不太好，所以講經或上課時，若是太專心講經、講課，就變成定力越來越強，然後樂觸就越來越強，強到喉嚨開始咳嗽，這就妨礙講經說法等事情，當時就得開始把定力散掉。

這就是說，有這個猗覺支，它會幫助你更徹底遠離欲界愛，所以猗覺支對你的道業有幫助。可是猗覺支只是一個現象，其實是因為你離開了欲界愛，又有好的未到地定，所以初禪現起以後才有這個猗覺支，它只是一個結果而不是法門。可是這個結果能幫助你修道，因為可以讓你離開欲界法，心可以更清淨，對欲界法都不在意而使你不覺得人間太苦。雖然你一天到晚在人間來來去去，不離五欲，可是五欲因初禪五支功德而綁不了你。譬如說你還要繼續上班，那麼該上班就上班，都沒關係，反正只是過這樣的一種生活，不是在貪著那個生活裡的什麼，這才叫作「火中出紅蓮」，在家菩薩們是應當如此的。

這個猗覺支可以幫助你繼續往上面推進，所以它也是個助道法。那麼同樣的情形，道理是一樣的，譬如四念住，有從方法開始修，修到後來成為你的一個所依；那你四種淨念已經得以安住的時候，它就變成一個結果，這個結果也可以幫助你繼續往後修道；所以這時既是方法也是結果，但是對於你修學佛菩提道會有幫助，所以這三十七品依同樣的道理，就叫作「助道法」。那麼這一些助道法，這兩位菩薩兄弟也全部都明瞭而且通達了。

然後他們也得到了「菩薩淨三昧、日星宿三昧、淨光三昧、淨色三昧、淨照明三昧、長莊嚴三昧、大威德藏三昧」。那這些三昧到底是什麼？譬如說「菩薩淨三昧」，菩薩心地清淨是從什麼時候開始算起？要從初地開始算起，就是已經可以離開三界生死了，這算是第一次的清淨。那得到這個淨三昧是說他心地清淨，對於世間法也不再有貪愛，所以示現於外的也是清淨；此時內外都清淨了，猶如琉璃一樣就叫作「淨三昧」。而這個「淨三昧」不像聲聞阿羅漢那樣，得要出家住在山林中才算清淨；菩薩依「淨三昧」住在世俗之家、在人間來往的時候，就已經是內外清淨，所以他不貪於世間的種種法，這便是「淨三昧」。那麼初地滿心有一個現觀叫作「猶如鏡像」，正因爲這樣的現觀，他所見一切有情身心、一切山河大地，莫非如同鏡中的影像，只不過是從如來藏中映現出來而已；由於這個緣故，所以他內外清淨，不貪著三界中的任何法，就稱爲「淨三昧」。

他們還有「日星宿三昧」，「日星宿」顯然是兩個，有一個大太陽，但是伴隨著非常多的星星，有很多的星宿同在。太陽非常的光亮，當太陽出來的時候星宿就不見了，因爲被大光明遮蔽了；太陽下山去了，星宿的光明就顯發出來；那星宿的光明雖然不亮，數目卻非常之多。也就是說，他的大智慧猶如太陽光明普遍照耀一切，可是當他不把這個大智慧拿出來用的時候，也有許多智慧是世間人所想不到的，但是對世間人卻很有利益，他可以用來利樂眾生，這就叫作「日星宿三昧」。

換句話說，菩薩在二地滿心時的無生法忍，仍然以第八識心眞如爲中心，這方面的光明智慧照耀，一般的佛弟子是無法仰視的；那麼他爲人說法時又有許多方便善巧和施設，運用各種譬喻，來顯示他要爲大眾說明的深妙法；而這一些伴隨著眞如而說出來的法非常之多，表示經由這許多的智慧也可以來利樂眾生。那麼這樣有一個猶如太陽一樣的眞如法的智慧，以及其他各種利樂大眾而演述出來的智慧，合起來就稱爲「日星宿三昧」。二地滿心菩薩有個現觀叫作「猶如光影」，也就是說他的現觀是由如來藏妙眞如性函蓋一切法，但是卻藉著七識心來顯現；而七識心的運作就好像太陽晒下來以後，沙地上的空氣晃動不停、遠望如水流動那個景象一樣，那現觀叫作「猶如光影」。因爲這個緣故他有「日星宿三昧」，可以利樂許多有情，也可以依自己的意願和速度來改變自己的種子。

到達三地心時，三地有個名稱叫作什麼名字？叫作什麼地？對！「發光地」。一般人修得第四禪時，他如果晚上靜坐而想要放光時，放出光明來，半邊天都是他的光明，諸方世界就可以看得見他的光明——只要有天眼通。只要各世界有情天眼通夠好，便能夠看見他在定中放出的光明。但是這種定光畢竟只是世俗光，不能稱爲淨光。可是三地滿心菩薩的光明一樣照耀許多世界，當他修到滿心時爲什麼能夠這樣子？因爲三地滿心菩薩四禪八定具足，又修了四無量心，然後又具足了五神通，所以這時他已經超越了色陰的習氣種子；這時候他已經斷盡了色陰習氣種子，所以闇夜也如白晝，對他都沒有影響。

那麼已到色陰盡的境界時，處在闇夜之中完全無光的狀態，沒有月亮而且烏雲密布的晚上，整個城市所有的燈都關掉了，他照樣可以看得清清楚楚；一兩丈外的牆壁有毛細孔他也看得見，這是色陰盡的境界。那你想說：「那跟白天有什麼不同？」有！白天他用一般的肉眼來看就行了，在夜晚無燈之夜他就用色陰盡的功德境界來看，看時跟白天有一點點不同。諸位可能對此境界不明白，但我一解釋你就懂了。譬如你有一張彩色照片很美，欣賞時不小心掉到墨水裡，就是寫毛筆字時用的墨水；那你趕快把它拿起來放到水裡漂洗，墨水不就洗掉了嗎？那張相片你看起來還是很清晰的，也還是有彩色的，可是表面上有一層很淡的黑色。色陰盡時在暗夜所見的景象就像是這個樣子。

證得色陰盡的人，就是超越了五濁中的劫濁；但是千萬要小心，你如果只體驗過一次，只能夠說你體驗到色陰盡的境界了，屬於定心發明而讓你體驗一次這樣的妙境界，但是不能當作是你已經實證三地滿心的境界，因爲不是從此以後就時時都能如此，不能當作三地滿心的境界，否則就會招來邪魔。因爲眞正的實證，是要那一次發起以後，每天晚上都可以如此才算是實證；那只是因爲你在三地心的無生法忍裡面用功，那麼用功得太緊，它有時候被定境逼了出來，只是偶然的體驗，不是你眞的實證了。實證是必須你從那一次以後每天晚上你都可以這樣子，這一點先要說明一下。

那麼因爲他有色陰盡的境界，超越於一切色法，所以心是清淨到一個層次了，這時五陰的習氣種子第一分色陰已經清淨了，這是第一種清淨；那麼也因爲他三地滿心前已經完成四禪八定，這時他是隨時可以取證滅盡定的，但他不想取證，所以實際上他有能力隨時超越三界而入無餘涅槃。這跟初地的超越三界有什麼不同？初地入地心的菩薩是可以出離三界生死的，但是那時色陰習氣種子尚未斷盡；而他有可能只是慧解脫，還有定障。慧解脫的初地心菩薩一定有初禪，也可能有二禪或者可能有三禪，但是畢竟沒有具足禪定的實證，所以對三界境界的超越，在實際層面還是有一些障礙或不足，若是想要離開三界境界，得要待時——只是一個時解脫者。

所以若是到達三地滿心這個境界時，他已是俱解脫的境界，當然比初地心更清淨；再說他又有了五神通——依於四禪八定的具足而有五神通，所以三界一切境界，除了無色界無色而不可見以外，一切三界境界他都可以看得見。當他全都可以看得見時，心地就會比俱解脫更清淨；而他又有慈無量等四無量心，慈悲喜捨具足，全都是無量心，所以視一切有情如獨子，心地絕對沒有絲毫的不淨。這也就是他可以獲得色陰盡境界的原因。

另一個原因則是他具足了三地心的無生法忍，所以這時他會有一個現觀叫作「猶如谷響」。那麼他也許哪天閑來沒事上了座入定，以意生身出去，到別的世界去了。看哪個世界被他感應到，他的意生身就過去了；然後在那邊爲那些有緣者說法，可是他在這裡聽自己的意生身在那邊說法，清清楚楚、明明白白；那麼當他聽聞自己意生身在那邊說法的音聲時，就好像山谷對自己的聲音回響一樣。其實是自己從這邊發出去的聲音，藉那個意生身在爲天界或某個世界的眾生說法，但他在這裡也聽得很清楚，就好像山谷中的回響一樣。那麼這樣諸位想想看，假使你有這個證量了；先別笑，你就先假設說自己有這個證量，那麼你從這個證量來看人間諸法時，會不會再生起貪著？一絲一毫都不會了，所以這時顯然比初地心更清淨了。然後「**發光地**」滿心時，因爲具足了禪定四無量心跟五神通，所以光明無量；而且他的智慧又那麼好，所以叫作「**發光地**」；那麼他所得的三昧就總合起來叫作「**淨光三昧**」。

接下來說「**淨色三昧**」，爲什麼叫作淨色三昧？因爲三地滿心時不過是短短的一段時間，他就轉到四地來了；那麼四地心裡面永遠都是色陰盡的境界，三地滿心所得的色陰盡境界，是四地以上一切菩薩的境界。有一些附佛法外道，利用佛法騙錢，因爲他傳的並不是眞正的佛法，卻打著佛法的名號受人供養，我就說他是騙錢。這類人之中，有人宣稱有四地的證量，又授記他的徒弟是初地心。且不談他的徒弟，單說他自己就好了；四地心菩薩絕對已證色陰盡的境界，那他有沒有色陰盡的境界？這個檢驗也很簡單，約他晚上來你家，你把窗簾全部都拉起來；這種窗簾還不算，還要加上反光的那種窗簾，總共裡外兩層來遮光，等他進得裡面來坐下了，你就把大小燈全部關掉說：「大菩薩！這段經文請您幫我唸一下。」看他唸不唸得來，如果手邊沒有經文，那也沒關係，就問他說：「請大菩薩您看看我，現在伸出幾根手指？」因爲伸手不見五指，正好問他呀！他如果眞的有四地心的境界，一定會看見你伸出來七根手指頭——左手五根、右手兩根，他一定會講出來的。那你變來變去，他永遠都講得正確，因爲他眞的有看見。

所以，學佛人說謊眞的很容易，自大也很容易成功，因爲一不小心就會自大；最怕的是有些微證量以後，開始自大時就沒救了；因爲有些微證量的人，一般人都無法反駁他，可是遇到上位菩薩就會把他拆穿了。所以要講出自己是什麼果位的時候，眞的要很小心，必須如實理解及確實取證了才行。但原則上是不應該講出來的，假使不講自己是什麼果位，也就沒事，至於有智慧的人，他們自然能判斷你是什麼果位。若是自己高抬了，人家會說「這個人大妄語」，其實是自己貶低了眾生對他的信心；所以謊稱果位的事全都不需要，你只要如實說法就好。那麼因爲他在四地心時，一切色性對他而言也都是眞實而如如的境界，對他都沒有障礙，他於一切色塵境界皆如；那他也可以化身到他方世界各地去，他於色法皆如，所以說他叫作「淨色三昧」。那麼四地心又重新再來觀察大乘四聖諦，使他的無生法忍更加勝妙，到達滿心時，就可以稱爲具足「淨色三昧」了。

接著要進入五地去，五地稱爲「難勝地」。四地叫作「焰慧地」，是說他的智慧火焰非常強盛，令人難以正視他。俗話說：「那某某人根本就不敢正眼瞧我一下。」爲什麼不敢正眼瞧他呢？因爲覺得羞愧、覺得不如。同樣的道理，四地菩薩智慧的火焰非常強盛，所以叫作「焰慧地」。可是到了五地時，其他的菩薩是無法勝過他的，能勝過他的菩薩是非常非常少的，所以叫作「難勝地」。那麼五地菩薩爲什麼有「淨照明三昧」？因爲五地心的菩薩，除了三地滿心的那一些證量以外，他還進修辦事靜慮等等，所以他可以十方世界來去無礙而爲眾生作很多事情；他修足了三種靜慮，因此使他的智慧光明非常勝妙，無人可以勝過他，除非是上位菩薩前來，其他菩薩們極難勝他，就叫作「難勝地」。這個難勝地，能夠照明一切諸法，也能照明一切黑暗眾生。他的清淨又更超越了四地心以下的一切菩薩境界，所以稱爲「淨照明三昧」。

那麼從難勝地要轉入第六地了，難勝地裡面經過四地的創觀四聖諦，五地的重觀四聖諦，到了六地這個「現前地」時，他要再把因緣法作很深細的觀行，而使他的無生法忍更加增長。可是他這樣修習之目的，到底是爲了什麼？目的是要解脫於自心在三界一切境界中的繫縛。在三地滿心時解脫於「色陰習氣種子」的繫縛，所以證得色陰盡；到六地滿心要解脫於一切「受陰習氣種子」的繫縛，所以這時他修一切法的目的，是要解脫於心在受陰習氣種子上面的繫縛，到滿心位時，他必須要斷盡受陰習氣種子。那麼受陰習氣種子斷盡了以後，十方三世一切境界都不能使他的心稍微搖動一下。

我說的這個動心，可不是一般人想的說：「他起了貪或起了厭。」那都已經是現行了，已不是習氣種子了。因爲好的境界所以他也有一點喜歡，不好的境界他有一點點討厭，卻只是在心中出現很輕微的覺受而已，這都還沒有現行，你從他的身口完全都看不出來；而他心中那個覺受也只是一點點而已，那就是還有受陰的習氣種子；可是當他斷盡這個以後，就完全不受影響。這就是六地滿心受陰盡的境界。所以有些愚癡人說：「人爭一口氣，佛爭一爐香。」那真的只能叫作愚癡人，因爲連阿羅漢習氣種子具足的人都不會爭了，何況入地以後？連初地菩薩都不會爭了，何況是 佛陀？而六地心受陰習氣種子斷盡的時候，是完全不動於心的，所以你再怎麼樣幫他讚頌歌詠稱讚，他也不會有一絲絲的歡喜心；你再怎麼辱罵，他也不會有一絲絲的厭惡心，因爲他的受陰習氣種子已經斷盡了；就因爲這樣的緣故，所以你看六地滿心以上的菩薩，不管什麼境界中，他都是那麼莊嚴。辱罵他的境界、殺害他的境界、打他的境界，或者讚頌他、供養他的境界，他都一樣不動其心，這是因爲他的六地滿心實證境界就是如此。而這就是「長莊嚴三昧」。

大家想想看，以下的菩薩們有沒有比他更莊嚴的境界？不可能。因爲世間人再怎麼莊嚴，全都放在心中，不表示意見，連表情也沒有很細微的動一下；那你最多只稱讚他說：「嗯！他的修養眞好。」可是他心裡其實已經起貪很嚴重，或者生氣很嚴重了。那他完全沒有表現出來，但是你如果很仔細去瞧，眼光若是夠銳利的話，你就會發覺他的脖子動脈跳動得很明顯，那個已經是等而下之、再下之了。到初地心時對這個已經不在意了，何況是六地滿心？所以人類會爭一口氣，諸佛卻不會爭一爐香；因爲你供養了祂，祂也沒有起歡喜心；當然，諸佛一定會告訴你：「功德無量。」也會顯露笑容安慰於你，但不是因爲祂喜歡你的供養，而是因爲你需要感受到 佛有喜歡，所以 佛布施喜歡給你。（大眾笑…）因爲六地滿心就不動於心了，他把受陰習氣種子全部斷盡了，因此眞的叫作「長莊嚴」。永遠都是這樣莊嚴，不是只有在身業、口業上，而是心業同樣莊嚴，因爲他已經擺脫心的覺受繫縛了。

接著是「大威德藏三昧」，大威德藏表示他有個法藏顯示出大威德來。談到大威德，密宗有個大威德金剛，那個大威德金剛畫出來時，有單身相也有雙身相，雙身相就不談它了，因爲那太下流低俗了；我們且說單身相好了，都是紅面獠牙，然後渾身周邊怎麼樣呢？發火！爲什麼發火？因爲很生氣啊！氣到不得了，所以渾身發火啊！如果他沒有很生氣，卻一樣渾身發火，那叫作什麼火？（有人回答：欲火）對了！是欲火啦！那麼這樣的人會有什麼威德？沒有啊！像這樣的所謂大威德金剛，其實只能叫作淫欲鬼、貪欲鬼；在鬼道中，大家看了他們都是離得遠遠的，不是因爲他有威德，是因爲大家要避免他的性侵害，（大眾笑…）那他能有什麼威德？其實人家都瞧不起他。

譬如說，假使人間有一個大家都知道的強姦犯，大家遠遠看見他來了，會全都走開而不理他，對不對？他也許想：「你看！我多麼有威德。」其實是女人們都恐怖於他，男人們全都不屑與他見面。他其實沒有威德，因為大家背後指指點點都在罵他，還談什麼威德？有威德的人，怎麼會背後給人家罵呢？所以你看密宗的那一些雕像或者畫像，要有智慧判斷他們啊！那些是什麼樣的鬼神，看了就要知道。而他們跳什麼金剛舞，你們且看他們那個裝扮，一看就知道那是從鬼神道中來的，都是一些山精鬼魅。

那麼再回頭來說，這七地滿心的菩薩；他能夠有大威德可以服眾，因為他除了七地心的無生法忍以外，已經修完了「方便波羅蜜多」，所以不論什麼樣的佛弟子來，要求什麼法，他都可以教授。而且他的威德無邊廣大，使人見到他的時候不禁心生畏懼；為什麼呢？因為他的無生法忍太勝妙！他的解脫德太勝妙！也因為他的福德太廣大了。這是因為他從初地心進修一大阿僧祇劫，如今已經修到七地滿心，又過完一大阿僧祇劫，已經又利樂了多少有情，又修集了多大的福德！然後他在法上又可以有無量的善巧方便，以各種深妙法利樂各種不同根性的有情，所以他威德就非常大。既然如此，當然他可以利樂無邊有情而產生一個很大的威德出來。這時我們就說他是「德藏無量」——功德藏、福德藏都是無量無邊。

德藏無量的時候，念念入滅盡定，佛陀傳授給他「引發如來無量妙智三昧」。那他進入七地時，是開始要作什麼呢？他要作一件事——要開始遠行啊！所以他叫「遠行地」的菩薩，他是從進入七地就開始準備遠行了。如果你的老師開始遠行了——你的師父開始遠行時，你該不該愁？該不該愁？一定愁啊：「師父離我越來越遠，以後要親近他就越來越困難。」當然要愁啊！可是其實諸位不必發愁，爲什麼呢？因爲他總不能一個人遠行趕快成佛去呀！成佛的時候不會是只有他一個人成佛的，所以當他成佛的時候，一定要有法王子，也要有一生補處菩薩，也要很多位等覺菩薩，還要有許多的十地、九地菩薩，越往下的階級，人數越多，他得要這樣啊。他如果不顧大眾而自己遠行去了，那他去到十地的時候想一想：「怎麼我身後都沒有人？」（大眾笑…）那時他要幹什麼？當然要回來拉拔大家，要繼續來陪著大家，那可眞叫作「早知如此」，對嘛！正是「何不當初」。當初拉著大家一起走就是了，何必自己一個人那麼快遠行？

也就是說他自己一個人遠行時，成佛時應有的福德跟不上來。他的福田在哪裡呢？在大眾身上。大眾是他的福田，他固然具足三田，但大眾也是他的福田，他總不能一個人獨自成佛啊！所以他得要陪著大家。如果他要開始遠行了，你們應該高興，因爲你們大部分人已經滿足三地心了。所以佛菩提道中沒有踽踽獨行的菩薩，一定是結伴成群、互相提攜，這才是眞行菩薩道。聲聞道中才有自己一個人修行、自己一個人走的，這就是菩薩道的正理。那麼七地菩薩到達滿心的時候，他的「大威德藏」是具足的，這時就稱爲「大威德藏三昧」；因爲他有了「引發如來無量妙智三昧」，下位的菩薩們都沒有。

那麼講到這裡時諸位可以看看：這兩位菩薩——淨德夫人的這兩位兒子淨藏跟淨眼，他們在無量無邊不可思議阿僧祇劫前的雲雷音宿王華智佛的時期，已經修行到達七地滿心了。既然已經到七地滿心了，那麼請問：他們對於「法華三昧」有沒有通達？當然通達了！如果不能通達法華三昧，這七度波羅蜜他們都不可能實證完成的。

七地滿心時，十度波羅蜜已經完成了七度，這樣過完第二大阿僧祇劫了。說的比唱的快，其實這都只是略說；因爲眞要說起來，那要講很久的，所以我們只能概略說明一下。因爲我們是在講《法華經》而不是在講《十地經》。那麼這是第二大阿僧祇劫，可是這第二大阿僧祇劫，這一些福德的修集，以及無生法忍的實證，都要依「**法華三昧**」而來，也就是依「**此經**」而來。那麼「**法華三昧**」不單單是證得眞如而已，法華三昧還得要理解到《無量義經》所開示的那些內涵，然後再從《法華經》裡面去理解到十方三世一切佛的境界，這樣就可以把一切諸法歸結於一法，所以一一法各有無量義。

也許你想：「**欸！你這句話有語病吧？**」我說：「**沒有語病。**」也許有人懷疑，那麼我就講一個世間法好了。譬如中秋節快到了，我就講月餅。「**月餅這個法也通無量義嗎？**」我說：對啊！月餅也通無量義。難道月餅離開八識心王等一切法，還能存在嗎？還能出現嗎？還能毀壞嗎？還能讓我們享用嗎？連爛都爛不掉的。諸位想想看，月餅這個法需要哪些材料來製作？很多，對吧？麵粉要用麥來做，如果是做蛋黃月餅，要不要雞、鴨生蛋來用？總得還要一些餡吧？那些餡也要從土地上生的，又是誰能使種子出生了那些豆類？總不會是意識覺知心每天去加工生出來的吧？又譬如說磨成豆泥，加上一點玉米等材料才製作起來，還得再加上糖……等；這些也都要從大地來，然後這些東西的採收需不需要人去作？需要。這還沒有涉及到世出世間法喔！已經有多少法了？

你若是要談談看麥怎麼種？怎麼收成？怎麼磨成麵粉？再怎麼載運來到臺灣賣給你？那其實是不得了的事情，你若是要把細節一一講起來，那些法可眞的叫作絡絡長。豆沙月餅的豆子就不談，請問：如果是蛋黃月餅，那個蛋黃得要誰來生產？雞呀！那雞生產這個蛋黃需不需要八識心王？需不需牠主人的八識心王供給飼料、供給水等？然後再怎麼樣得到那顆蛋？以後怎麼樣變成蛋黃來到製餅工廠，再來賣給你？那麼從其中某一個法來談：你自己製作月餅時要不要和麵？你和麵時單有覺知心就行嗎？身體都不動而只在覺知心中作意說：「和啊、和啊、和啊、和啊！」它就和嗎？不行吧？你得要有這個色身，色身哪裡來的？是如來藏生的，是如來藏護持著；那你有了五陰就能和麵嗎？還不行，還得要如來藏幫忙把很多的功能種子流注給你，你才能製作月餅啊！那麼如來藏的體性是什麼？意根的體性是什麼？意識乃至前五識的體性是什麼？講起來可就一大堆的法。那麼請問：月餅這個法有沒有通無量法？（大眾回答：有。）對了！

所以一一法都各有無量法，你如果要用我們現在的智慧境界來講，月餅相關的法可以寫成厚厚的一本書，因為你每一個層面都要講到啊！如果你要講得很詳細，那請問你麵粉來到臺灣是怎麼來的？搭船，船是誰製造的？造船的原料哪裡來？還是要由共業眾生的業力在山河大地上變現出來……等，還是一大堆了，這樣也可以寫好幾本書。光是一個月餅，要能夠以一法通無量法，要互相有關聯，每一個環節扣得剛剛好，這樣才叫作「法華三昧」。像釋印順那樣把這個法切割出去、把那個法切割出去，他切割成很多的層面以後，那一些法竟然全都互不相關、沒有關聯；如果跟佛法沒有關聯，或者說佛法有很多個部門是互不相關的，只在每一個部門範圍中修行以後都可以成佛，那就應該佛有很多種了：這位叫作阿含佛，那位叫作般若佛，那位叫種智佛，那位叫作禪定佛，那位叫作神通佛等等，是不是要這樣？

其實不對，佛法是每一個法都互相有關聯，不能夠切割而支離破碎，整體的佛法都具足實證了才能成就一切種智，不能像釋印順那樣把某些法切割掉。既然是如此，你從佛法中拿出任何一個法來；就好像一棵樹，你從任何一片樹葉都可以通到整棵樹的全部處所而有關聯；透過莖而到達隔壁另一片樹葉，透過枝而到達另一枝的很多樹葉，透過枝幹而到達其他樹幹的很多樹葉，透過主幹可以到達根又可以到達其他各個層面，樹上的每一部分全部是互相關聯的；不可以說這幾片葉子不歸那棵樹，那幾片葉子不歸這棵樹，那就等於砍掉樹上的某些枝葉了，不幸的是釋印順正好如此亂砍一氣，他的師父太虛法師就說他把佛法割裂成支離破碎了。

因此 世尊特地以《無量義經》告訴大家這個道理：眞如心通一切法、函蓋一切法，所以這個一法具有無量義。這個一法既然具有無量義，這一個眞如法所演繹出來的無量義之中的任何一義，全都會聯通到這個法；既能通到這個法，就可以再由這個法而通到其他無量諸法，這是必然的。所以《華嚴經》才告訴大家說「三界唯心」；而三界中一切萬法必須要八識心王和合去運作，就可以具足一切法，所以歸結到「萬法唯識」來——三界中的萬法不能稍離八識心王而有。在正覺同修會中，這都是可以實證的法，不是玄學和哲學；可以實證的法就該叫作「義學」，因爲不是戲論。凡是戲論所得而不能證驗的、不能再三再四歷經無量次檢驗的，就屬於「玄學」。所以凡是懂得「法華三昧」的人，從任何一法都可以通達無量法，這是入地之前就應該要學會的正見。

那麼這樣來看，淨藏與淨眼菩薩當時的證量已經很驚人了，因爲七地滿心了！那麼這樣的實證雖然大家心裡面可能想說：「那境界我們距離太遙遠了，與我們無關。」是不是眞的無關？並不盡然！因爲你如果不先作瞭解，可能就被人家籠罩而退轉了。如果你在正覺學法時，有如實學到心裡去，別人要籠罩你就不可能了，不管對方講得天花亂墜，縱使他講經說法時諸天散花供養，你都說這叫作邪魔外道，因爲不堪檢驗。所以雖然說目前還無法實證「法華三昧」，然而菩薩應當心嚮往之，懸爲將來實證之鵠的，那麼就按部就班去修證。目標要很高遠，可是要分近程、中程、遠程，一定要這樣切實修學，不能夠打高空；假使人都還在地上就想著說：「我再爬十階樓梯，就能到達一〇一層的頂樓。」那是不可能的，目標在頂樓，可是你的腳一定要一步一步去踩，這樣才不會跌倒或成爲妄想。所以這一些雖然距離我們很遙遠，我們還是要去瞭解它；如此就不會被人籠罩，你在學法的過程中就可以避開邪師說法，就可以一步一步實證，功不唐捐。接下來世尊又怎麼開示呢：

經文：【「爾時彼佛欲引導妙莊嚴王，及愍念眾生故，說是《法華經》。時淨藏、淨眼二子到其母所，合十指爪掌白言：『願母往詣雲雷音宿王華智佛所，我等亦當侍從，親近供養禮拜。所以者何？此佛於一切天人眾中說《法華經》，宜應聽受。』母告子言：『汝父信受外道，深著婆羅門法；汝等應往白父，與共俱去。』淨藏、淨眼合十指爪掌白母：『我等是法王子，而生此邪見家。』母告子言：『汝等當憂念汝父，為現神變，若得見者，心必清淨，或聽我等往至佛所。』於是二子念其父故，踊在虛空，高七多羅樹，現種種神變：於虛空中行住坐臥，身上出水、身下出火，身下出水、身上出火；或現大身滿虛空中，而復現小，小復現大；於空中滅，忽然在地；入地如水，履水如地。現如是等種種神變，令其父王心淨信解。」】

語譯：【世尊又告訴我們說：

「那個時候那一尊雲雷音宿王華智佛為了要引導妙莊嚴王，以及愍念眾生的緣故，就開始演說這部《妙法蓮華經》；當時淨藏與淨眼兩個兒子來到他們的母親所在，兩個人都同樣十指合掌來向母親稟白說：『希望母親前往拜見雲雷音宿王華智佛，當您去到那個所在時，我們也會侍從母親同去，一起親近供養禮拜雲雷音宿王華智佛。爲什麼要這樣呢？因爲這位佛陀在一切天和人等大眾之中演說《法華經》，我們應該要去聽聞受持。』那位淨德母親就告訴兩個兒子說：『你們的父親信受外道，很嚴重地執著婆羅門法，你們應當前往稟白父王，讓他跟我們一起前往。』淨藏與淨眼兩個兒子就合起十指爪爲掌來稟白母親說：『我們是法王之子，沒想到出生在這個邪見的家裡。』母親就告訴兒子說：『你們應當要憂心地憶念你們的父親，爲他示現神通變化，如果他能夠看得見的話，心地必然就轉變而清淨，也許就會聽從我們大家一起前往佛陀的所在。』

於是這兩個兒子憶念他們深著外道法的父親的緣故，就把身體上踊而飛在虛空中，高度大約是七棵多羅樹那麼高，然後就開始顯現了種種的神通變化；在虛空中走來走去，或者在虛空中盤腿而坐，或者在虛空中停住不動，或者在虛空中躺下來不動；有時身體上方有水涌出來，同時在身體下方有火在燒著；有時候反過來，讓身體下方有水流注出來，身體上方卻有火燒出來；或者有時顯現廣大身遍滿虛空中，然後又變成小小的色身，再由小小的色身再變化成很廣大的色身；然後在虛空中忽然消失不見了，卻又在地上顯現出來；然後又在地面下的泥土中來來去去，就好像在水中來去一樣；接著又在水面上走來走去，就好像在地上行走一樣。這樣顯現了種種的神通變化，使他們的父王心地開始變得比較清淨，而對他這兩個兒子有了信受和瞭解。」

講義：這意思是說，雲雷音宿王華智如來當時想要引導妙莊嚴王開始修學佛法，也是因爲慈愍和顧念眾生法身慧命的緣故，因此而開始演說這部《妙法蓮華經》。諸佛一定會演說《妙法蓮華經》，演說的內涵可能會稍微有一些不同，是因爲人、事、時、地的差異，但是大致上都相同，所應該說的法也都一樣。這其實是因爲慈愍的緣故才要演說《法華》，如果不是慈愍就不必把十方三世佛教的這些狀況和內涵來爲大家演說。可是愍念眾生的時候也得要有緣起，妙莊嚴王正是這個緣起，因爲他統治著許多眾生。

愍念眾生時不能不顧緣起，如果你說：「我愍念眾生啊！所以我到處去演講《法華》。」誰聽你的？沒有人會聽啊！因爲你到底是何方神聖，沒有人知道，所以你要開始演說《法華》時一定要有個緣起。假使我每天到街頭去廣說：「你們大家都過來，我為你們講《金剛經》。」有沒有人要來聽？沒有人要聽的。因為你到底是誰，他們都不知道。你如果像那個布偶戲講的說：「轟動武林，驚動萬教，我講出名號來，你一定會驚嚇得倒退三步。」眞的很震驚。當我在馬路上告訴學佛人說：「我就是蕭平實，我要為你們說法。」他們會說：「你是眞的、假的？」所以先得要有個緣起，凡事都不能不顧緣起。

如果突然間你又講個什麼妙法出來，其實也講不起來，因為緣起不夠，不必多久就得散場了。所以 雲雷音宿王華智如來就拿妙莊嚴王來作緣起，為什麼要拿他來作緣起呢？因為他是國王，這麼大一個國家由他統治著，人民得要聽他的；只要度了他，正法未來的弘傳就不必憂慮。我們弘法以來步履維艱、篳路藍縷是為什麼？是因為沒有度國王，並且還有許多認同達賴的政治人物在運作，結果不應該判有罪的，我們也被判有罪了，這就是政治運作，就是那些跟密宗很親近的政治人物運作的結果；如果以前我這麼講，諸位可能不信，經過這兩天某件新聞報導出來以後，諸位應該就能信受了。

那麼把妙莊嚴王度了，舉國都會信受呀！所以要拿他當緣起。雲雷音宿王華智如來決定要講《法華經》時，當然會告訴淨藏與淨眼：某一天就要開始講了。他們當然就知道應該邀請母親同去。那爲什麼不一開始就邀請父親同去？因爲父親「深著婆羅門法」，一時間不容易轉變。而且從父親眼裡看孩子時：「不管他們證量怎麼高，反正就是我兒子嘛！」所以兒子要勸他學佛眞的不容易。例如我這一世剛學佛時，我想，父親歸依三寶十幾年了，還不懂得要學佛，只是信仰；那時我剛學佛不久，才一年多，我想：「這不是辦法，我能讀書他不能讀，不識字，該怎麼辦？」就去買一本黃智海居士講解淨土經典的書，回家房門關起來使用錄音機，以臺語唸出來錄給他聽。他聽了很多年，一直到後來我已經在弘法了，他都還在聽。

可是有一天我回鄉探望時，哥哥嫂嫂說他不再聽了，我問說：「爲什麼不聽了？」兄嫂告訴我說：「他說這是我兒子講的。」（閩南話，大眾爆笑……。）他說這是我兒子講的，所以就不聽了。若是隨便一位比丘尼對他說的，他就很努力聽，但我說的他不聽。後來錄音帶都放在佛案上，我問說：「您都沒有在聽喔？」他說：「我放給佛祖聽。」我說：「佛祖不用聽，是您要聽啦！

那些法都是佛祖講的，祂爲什麼要再聽？」原來他把那個放錄音帶當作誦經，這就是我父親在法上的因緣。所以父親不容易聽子女的，原因也在這裡；因爲他會想：「這孩子從小是我養大的。」好！今天只能講到這裡。

今天終於有一點像秋天了，臺灣就是這樣子——熱。熱歸熱，工作還是要作，所以就努力寫吧！看我《正覺電子報》稿件開天窗那麼久了，因爲太忙而來不及寫出來；不過，再十幾天那本《涅槃》就可以趕完了；目前預計大約要二十五萬字吧，現在寫了二十二萬又將近五千字。古來講涅槃這個題目時，沒有人像我講解這麼多的；我二十年來已經講得夠多了，現在還寫專書；涅槃這個法沒有多少人敢寫，但總是要有人作啊！我就是忙，本來是七、八個月前就該交件的，但就是忙不過來而拖到現在。喇叭的聲音調整好了？我已經聊這麼久了。好！《妙法蓮華經》上週講到一百九十九頁第二段，講了第一行第一句，接下來說：

「時淨藏、淨眼二子到其母所，合十指爪掌白言：『願母往詣雲雷音宿王華智佛所，我等亦當侍從，親近供養禮拜。所以者何？此佛於一切天人眾中說《法華經》，宜應聽受。』」在這裡，我們看到淨藏、淨眼兩位菩薩摩訶薩已經滿足七地心了，可是對於他們的母親，她雖然還在凡夫位中，他們仍然如是恭敬。這一點我們得要學習，因爲大菩薩們的一言一行都是大家應該學習的；不像有些人，三乘菩提未證其一，才剛剛披上了僧衣，戒疤都還沒有乾，回到家裡見到了父母，她就稱呼說：「老菩薩！」不再稱呼父親、母親了。這到底如法、不如法？欸！有些人會認爲說：「**這樣才如法啊！因爲我現在已經是僧寶了，而我的父母還是個在家人呀！**」那麼諸位認爲如法、不如法？（大眾回答：不如法。）欸！不如法喔！若是有機會遇到那一些戒疤未乾的比丘尼們，要教導她們一下，因爲她們在戒壇中被教壞了。本來是一個很好的修行根器，可是經過三壇大戒以後回來就變了個人，從很好變成不好了。因爲受具足戒以後慢心高漲，不把父母瞧在眼裡了，所以直呼父母爲「老菩薩」，不再叫他們「父親、母親」，那你說，這樣子慢心高漲的人，學佛還能學得好嗎？她們都沒有衡量一下諸大菩薩們對父母是怎麼看待的。本師釋迦如來即使成佛了，也還親自爲父王抬棺呢！而她們出家後，自己在三乘菩提之中未證其一，都還只是凡夫啊！竟然就慢心高漲。

那我們看看這兩位大菩薩淨藏與淨眼，他們到了母親那裡，他們不是稱呼母親作老菩薩，他們已經七地滿心了，或者是已經剛剛進入八地心了，但他們去到母親那邊開口之前仍然是「合十指爪掌」，不是只有合掌，而是「合十指爪掌」，像這樣對母親說話的。雖然母親還只是個凡夫，但他們對母親依舊是這麼恭敬；如果三壇大戒剛回來，戒疤都還沒有乾，見了母親說：「老菩薩！如何如何⋯⋯。」母親一時沒料到這是在呼喚她，那也許帶著疑惑的眼光看著出家的女兒，那比丘尼女兒當然會解釋說：「因爲我受出家戒了，現在是僧寶了，我如果對妳合掌禮拜就會損了妳的福，所以不稱妳母親，改稱妳爲老菩薩了。」一般的母親聽了也會很高興說：「喔！原來她是照顧我老人家的福報，怕損了我的福德；雖然不再是我的女兒了，但畢竟還是關心我的。」

可要是旁邊有個菩薩摩訶薩在，聽見了、看見了會怎麼樣呢？如果你是正好就在旁邊的那位菩薩摩訶薩，你會怎麼樣？（有人答話，不清楚。）請你大聲一點！對啊！一巴掌呼過去！因爲該教！不管她受不受教，你都該教導她。人家七地心、八地心乃至十地心的大菩薩們，見了父母依舊是「合十指爪掌而稟白」，依舊是稱呼「父親、母親」，沒有人像她這樣稱呼老菩薩的。

然而現在臺灣佛教界已經是這個樣子了，因爲她們從戒壇出來時就是被教成這樣子的。所以經中這一些大菩薩們的一言一行，全都是我們應該學習的。然而但　世尊爲什麼不問而說這個〈妙莊嚴王品〉？就在這上面教導我們。然而一般學人與大師們全都一樣，讀過也就讀過了，沒有絲毫受教。

那麼淨眼、淨藏到母親的所在「合十指爪掌」而稟白，他們稟白的時候是怎麼稱呼的？是不是說：「願老菩薩往詣雲雷音宿王華智佛所？」不是的，而是說：「願母往詣雲雷音宿王華智佛所。」依舊是一貫稱呼爲母親。我們剛弘法時，有的同修學法很努力，可是對公公、婆婆不太孝順，老是跟公公、婆婆東計較、西計較；她有時候也會向我告狀，我都不知道該怎麼回答才好，只能夠勸慰說：「老人家嘮叨一點，你就當作聽眾嘛！他們若是有什麼要求，只不過一些小錢，都是妳負擔得起的，不用計較。」除了如此以外，還能說什麼呢？可是我心裡想：「對父母不能盡孝，竟然能學佛，到底是學了什麼？」所以後來可想而知，當然就是難以受教而離開同修會了，這也是必然的。

所以學佛不應該因爲自己有所證，就對父母有所輕賤，這是非常不好的心態。因爲在世間，生生世世不斷地受生而行菩薩道，父母親十月懷胎之後茹苦長養、推乾就溼、訓誨教育，這樣把咱們養大而且教育好了，我們是應該要有感恩之心的。想想看，剛出生的時候，如果父母親都不理你，那你就得要像電視新聞報導的棄嬰一樣被父母送到醫院去，然後他們一溜煙跑了，不想理你了。但我們的父母總是日日呵護著我們直到長大，因此爲人子女而盡孝道本來就是本分啊！所以假使某某人學佛好精進、好用功、好發心，可是對父母卻是很不孝，那咱們聽了只能在心裡面搖頭。因爲不能當眾搖頭，想要留給他一個機會；但是後面總是要設法看他能不能改變，一定要心地有所轉變，他在佛道上才能夠成功啦！後來也才能影響父母願意走入佛道，這才是最大的報恩。

那麼在家對父母如此，出家對師父，古靈神贊禪師那個典故，是我一直想要模仿一遍的，可惜沒機會了！他的師父年老沐浴時，擦不到背，所以沐浴時就由他幫師父擦背；後來他出去行腳，遇到了大善知識開悟了，回到寺裡來，每天讀經典，每天奉侍師父，到了傍晚洗澡時就幫師父擦背。有一天他想應該要報恩了，因爲他師父看見他行腳回來抱著經典不放，讀得津津有味，但都還沒有警覺到他有什麼變化，他又不好主動提出來說。所以有一天他忍不住了，因爲想要報恩啊！當他幫師父擦背時就開口了：「好所佛殿，而佛不聖。」說他所擦的眞是一所好佛殿，可惜這佛殿裡面的佛不神聖；他師父轉頭看了他一下，沒說什麼。過了幾天，他師父想：「我這個徒弟這兩天擦背老是講這話，到底有什麼用意啊？」於是叫了他去問，就說：「我看你行腳回來，出言作事與前不同，你到底是怎麼回事？」他就告訴師父說：「我遇見了大善知識，想要向師父報恩。」然後他師父先辦了筵席供養他，才請他上座說法，古靈禪師這下才算報了剃度深恩。

這是因爲師父的恩德不輸給在家父母，在家父母生養了咱們，拉拔長大了，這是生身的父母；可是能夠出家得了三壇大戒，莫不因爲師父的因緣，是出家身的父母，如今既然得法了，是應該要報恩的。我早期跟幾位同修說過：「古靈神贊禪師這個公案，我這一世有沒有機會也來演一遍？才是眞報恩。」有人說有機會，有人說沒機會，可是我心裡的想法是：大概六成沒機會。隨著時間漸漸過去，逐漸變成七成、八成、九成沒機會；然後有一天說他捨壽了，就百分之百沒機會了。如果有機會，他也願意接受我報恩：請他上座，我來行個頭面接足禮；雖然他沒有度我出家，至少這一世幫我作了三歸依，足夠領受我這個頭面接足禮。

我以前也曾對他作過兩次頭面接足禮，就是我參加他舉辦的禪七，我今生唯一的一次禪七，在最後一天我對他作了頭面接足禮，但他似乎被嚇到了；我沒有看他，但我知道他嚇了一跳，因爲他的腳震動了一下；當時我把額頭放在他的腳掌上面，然後把兩隻手伸到他的腳踝後面輕輕碰一下。後來有一次他正要離開寺院，我已經奉上見道報告幾個月了，他正好要出門去環亞大飯店演講，我趨前問訊，他說：「**我看到你的報告了，但你不可以說自己開悟了。**」我就向他行頭面接足禮，他不耐煩地走開，出寺而去。但我現在想，如果有機會再來這麼一遍，我就抓住他的腳搖著說：「**好一所佛殿，而佛不聖啊！**」（大眾笑…）

這就是說不論是生身父母或者法身父母，功德都很大，即使他度了你出家以後並沒有幫你開悟，那你後來有因緣悟入了，應該想方設法讓他好好走入正法中；可是這個前提，是要自己先有所改變，可別說證悟了以後依舊像以前一樣對師父大聲嚷嚷、大呼小叫，或是見了誰都給白眼；人家一看：「**這個人證悟了跟沒悟一樣啊，那我們求開悟幹啥？**」所以證悟之後一定要有轉依成功才是眞悟，轉依成功以後，所說所作一切都有改變，人家也看得出來。這樣算是很行了嗎？不！應該未悟之前就要有所改變，讓師長看得出來。

臺灣中部有一位老法師常常上來臺北講堂聽我講經，有一次講經後，我有機會在知客處遇見她，我說：「貴寶剎在哪裡啊？」她講了中部一個地名，我說：「您大老遠跑到這裡來聽經？」她就說：「對啊！因爲我那個徒弟自從讀了蕭老師你的書以後，變了個人，我很好奇，所以就上來看看。結果看一看就連著這樣聽了很久。」因爲她那個徒弟，把我的書讀進心裡面去了，知道要如何下手去用功了，所以一一去修行，顯然在次法上面修得很成功，師父發覺前後不同了，所以很好奇：「這位蕭平實是何許人？我得要上去看看那個道場到底怎麼樣？可別是騙人的吧？」就上臺北來瞧一瞧，這也是照顧徒弟呀！因爲從來騙人的道場都說是佛教，可是到最後都不是眞正的佛教；而那些假佛教也能影響人啊！有的人去學以後變了一個模樣，不像人也不像鬼，總是怪怪地。她看這徒弟變得很正面，所以上來看一看，沒想到一聽就聽上癮了！

這就是說師徒之間、父子之間、母女之間，都應該如是看待，佛菩提道中有一句話說：「不壞世間法而證菩提。」這有兩個層面，第一個層面當然是法上的，不需要像二乘菩提那樣否定了世間法，也就是不需要否定五陰十八界與有情之間的身分與關係，就在這裡面實修而證得佛菩提，這是第一個法上的層面。可是從次法—從事相上—的層面來說，不要去毀壞世間法上的父母、師長、子女等親屬關係；也不必去毀壞世間法中長官與部屬的關係，就在這個狀況下直接去證菩提。這就是不壞世間法而證菩提，這就是大乘法中很可貴的地方，是二乘法中所無的。

那麼同樣的，淨眼、淨藏兩位菩薩，他們對這個道理看得更透徹，所以來到母親面前「合十指爪掌」而稟白，是「稟白」不是用「說」的；稟白跟說是不一樣的，「說」是同輩之間的狀態，稟白是下屬對上尊的狀態，所以叫作「稟白」。而且他們是「合十指爪掌」，然後稱呼也沒有改變，不是稱爲「老菩薩」，而是說：「願母親前往詣雲雷音宿王華智佛的所在，」接著說：「我等亦當侍從，」是當侍從喔！而不是壓陣，也不是硬拉著母親前去，而是說：「母親是主，我們兩個兒子只是陪伴，而且奉侍著您前往。」所以說是「從」。「從」是什麼呢？就是跟隨在後。這個道理大家都得要學習。

我看那些大山頭的出家人好像也不懂這個規矩，只懂得對師父恭敬而不懂得對俗家父母恭敬。有時連對堂頭和尚也不懂得如何表示恭敬。我記得此世歸依之後學法，往往有事要常常伴隨這一世的三歸依師父，有時到處走動論事，但我永遠都走在他的左後方，從來不曾跟他平行；可是他好像也不懂我為什麼這樣，他常常往右邊找、左邊找，看我在哪裡？但這本來就是身為徒弟應該有的規矩，可是好像佛教界大家都不太懂。那麼現在淨眼、淨藏兩位菩薩告訴我們說：「我等亦當侍從。」是奉母為主，而自己只是奉侍而追隨在後，這才是菩薩摩訶薩對父母應該有的道理。

那麼去晉謁 雲雷音宿王華智佛，目的是作什麼呢？希望與母親一起去親近 佛、一起供養 佛、禮拜 佛，可以親證佛法。然後兩位菩薩摩訶薩就說了，（一定要講個道理，不可以父母問說：「為什麼要去親近供養禮拜佛陀呢？」結果竟然跟父母親說：「你別問！跟我們去就對了。」他們一定要把那個理由講出來讓父母親瞭解，父母親才有喜樂願意主動帶著他們去；因為如果是不願意的心而去，那功德遠遠不如與他生起歡喜心而去啊！）所以這兩位大菩薩就說明：「這位雲雷音宿王華智佛，在一切天人大眾之中演說《法華經》，我們應該要去聽受。」因為是演說《法華經》，是非常深妙、很勝妙的經典，是眾經中王，所以建議母親應該去聽；聽了保證會使她發菩提心，所以請母親要前去親近。

但是母親有她的想法，所以淨德夫人這位母親，就告訴兩個兒子說：「你們的父親信受外道，很深重地執著婆羅門法，你們應當前往稟白父親，與你們的父親共同一起前往。」這是為人妻者或者為人夫者所應當有的胸襟，而且應該說是義務，豈不聞「一夜夫妻百日恩」？那麼一世夫妻呢？所以，「有這麼好的事情，我跟兒子單獨去，把我那個丈夫擺在旁邊不理，未免也太無情吧？」如果他不去也就罷了，可是現在都還不知道他去不去呢？雖然他是深重地執著外道法，但是總得要告訴他一聲，因為諸佛難值遇啊！如優曇鉢華一樣，偶然才會出現在人間，當然要問他一下。

這時我們要先瞭解「婆羅門法」到底是什麼？為什麼淨德夫人要說他執著於婆羅門法？這個婆羅門法，他們學的東西都是世間法，是在人間營謀治生而增上，類似儒家講的修身齊家……等道理。但是儒家沒有講營生，因為儒家輕視商人賺錢，認為不清高。那婆羅門除了這些以外，他們還兼修禪定以及五通；婆羅門最崇拜的是大梵天，他們稱呼為「祖父」；他們認為一切婆羅門都是從「祖父」的口中化生出來的，所以自認為婆羅門種姓尊貴。

有一次，有一個婆羅門來見 世尊，繼續宣稱他們從大梵天口中化生、種姓尊貴，世尊就事論事問了他很多點，其中一點問他說：「**你們既然是大梵天口中化生，應該不需要飲食便利吧？請問你們有沒有飲食便利？**」於是婆羅門口似扁擔，張不開嘴來。世尊乾脆講白一點：「**請問你們婆羅門有哪一個人不是由父母所生？有誰不是從產道出生？你告訴我，有哪一個人？**」這一下，他的臉都縮小了，因為不可能回答 世尊的問話。所以婆羅門自命種姓尊貴，是一個錯誤的說法；因為連他們的「祖父」大梵天來見 佛陀時，還得禮敬 世尊，也都被 佛陀駁倒了，不敢承認他化生了有情，後來乾脆承認說：「**大家要這麼說，我也沒辦法。**」

但是婆羅門並不懂這個道理，所以他們專修這一些虛假的說法，也修學一些三界中的世間法，他們除了四禪八定還修五神通，那他們有一個規矩：在夏季或一個月、或兩個月、或三個月，要類似閉關一樣，專門修學禪定跟五神通。可是他們一定要在過夏後的白月十五日，建立東、西、南、北四方火壇，這四方火壇的中心要立一個火爐，燒起熊熊大火，因為他們認為火能淨除一切污穢以及冥界中的不清淨東西，所以建立這個火壇；然後他們得要去沐浴換穿新衣服，才能進入壇中，接著要努力禱告。向誰禱告呢？向大梵天禱告。這時要上供祭祀，這就是婆羅門法。而他們所修的全部都是三界世間有為之法，這不是在眞實心上面用功啊！所以我們都說這種人叫作「外道」，世尊也如是指稱他們，因為他們心外求法。

淨德夫人向兒子這麼說過之後，意思是說：「雖然你們父親很深重地執著婆羅門外道法，但我們現在要去晉謁雲雷音宿王華智佛之前，還是應該要向他稟報一下，邀請他，看他是否願意和我們一起去。」並且建議他們兄弟倆要示現大神通來接引父親。母親這麼說完了，淨藏、淨眼兩位大菩薩又是「合十指爪掌」向母親稟白說：「我們是法王的兒子啊！竟然出生在這個邪見之家。」他們第二度開口時，依舊是趕快「合十指爪掌」，大家想想看，七地滿心、八地的菩薩，對人間凡夫位的母親是這樣恭敬的。

但有些人是不是斷了三縛結，自己都還不能確定，才一出家，見了父母親就不當一回事了。為什麼呢？因為她心裡想：「我證初果了，是聖人欸！」假使哪一天不小心把心裡的想法講了出來，她老爸忍不住一巴掌給她：「聖妳個屁！」請問諸位：這父親有罪無罪？（大眾回答：無罪！）確實無罪；因爲她爲人女的身分都沒有守住，如何要求生她養她長大的父母，要守住父母對一個初果人的本分？何況她父母也不懂什麼叫作初果，聖或不聖對他們而言完全不知；所以這五爪金龍給了以後，她得要感恩，不能罵父母親說：「你打了我聖人欸！你有罪。」如果她被打了還來找我告狀，我一棍再把她打出去。

如果我度了這樣的弟子，將來能作什麼？什麼都不能用啊！所以我要一棍把她打醒。等她哪天被打了又回來抱怨說：「老師啊！您把我打這一棍，我去敷了好幾天的藥，現在還痛著。」我說：「妳還懂得痛，也還有救；若不知道痛，妳便沒救了。」爲什麼呢？對嘛！就是麻木不仁。然後得要好好教她：「人家大菩薩是這樣的，母親說過了，他們要回話時便趕快又『合起十指爪掌』然後說明：『我們是法王世尊的兒子，竟然出生在這個邪見之家。』」是如此恭敬答覆母親的。

現在又有個問題來了，「法王」是指什麼人？只有諸佛才能稱爲法王。如今看看西藏密宗那一些人——四大法王；我哪一天要是見了其中哪一位法王，我可眞的要這樣：「咔…呸！」我會對待他們這樣。我要是不這樣當頭棒喝，他們一個也醒不過來。等他們看到我這樣作，一定要問我：「爲什麼你對我這樣？」我說：「因爲你自稱法王。」然後就得與他們討論什麼人能叫作法王：「且不說別的，法王十號具足，你有哪一號的功德？這十號之中只說一個最簡單的就好了：應供。你證量足夠擔當『應供』這個名號嗎？」應供是阿羅漢的果位功德，還不談「善逝」。因爲阿羅漢還沒有辦法「善逝」，變易生死未盡，煩惱障的習氣種子未盡，如何能夠稱爲「善逝」？最多只是「應供」。

「好！請問你們四大法王，哪一位證了阿羅漢果？」假使有哪一位敢跟我說他已證阿羅漢果，他的話還沒說完，我照樣給他五爪金龍；他若是要去法院告的話，我最多去坐牢三個月就是了，但我卻要叫他世諦流布去。然後人家一定會探訪：「欸！正覺同修會，你們理事長對此怎麼說？」「正覺教育基金會，你們董事長對此怎麼說？」二會的首長就有話說了：「因爲他們都是凡夫而自稱法王，我們平實導師是爲了救他們免下地獄，所以要給他們巴掌，看他們醒不醒得過來。」然後要附帶幾句話，因爲對世俗人得要這麼教導：「結果他們恩將仇報，把恩人告進法院去，如今恩人要進去坐牢了。」就讓他們世諦流布去。

如果眞能這樣作，可以救很多人回歸正道，那我去裡面打坐三個月有什麼難？上回被達賴基金會告的事，法官糊塗判我三十天監禁，我本來就打算要進去坐牢的，我不想繳那個罰金。欸！可是有人來說：「不行、不行、不行！那接下來講經怎麼辦？」又提到一些事情來。後來有位法官乾脆說：「法院不敢收你啦！誰收了你，誰未來世就倒大楣，你不要有這個念頭了，爲大家著想，就繳了罰金繼續弘法吧！」所以只好去繳掉三萬塊錢罰金。這意思就是說，有一些事情，是應該讓它世諦流布才好，因爲對眾生、對佛教界都有教育作用。

有的人也許想：「去裡面被關，很沒面子欸！」我說：你去掂掂看，有哪一個面子能賣得了錢？不論你去找哪一個死人、活人都行，把面皮扒下來，一毛錢都賣不到。所以「法王」這個稱號，不許僭越，因爲後世堪憂，但密宗四大假法王們全都不懂。所以如果有因緣見到西藏密宗那些假藏傳佛教的法王，你只要一巴掌給他們就對了，然後再跟他們說理，看他們會不會醒過來？但是我保證你會因此上電視新聞，也會上了報紙。這樣好不好？好啊！因為讓他們世諦流布以後，可以教導很多人。你特地去登廣告，人家不會讀的；可是鬧出這個新聞來，大家都趕快要來讀，還要請問別人：「欸！你那裡有沒有報導這件事情的報紙？」

所以法王的名號是怎麼樣定位的，大家都應該要瞭解。這不能隨便用，因為用了就是大妄語業，罪在無間地獄。可是他們腳底板都不冷，咱們腳底板的反應卻不同；如果設想自己犯了這個大妄語業，腳底板可覺得冰涼得很，眞要怕死了。可是他們密宗諸大法王腳底板老是熱騰騰，熱騰騰是什麼意思？就是慾火大燒呀！不只是男女邪淫的慾火大大燒著，名利、眷屬等欲火也大燒著；等到捨報的時候，頭已經涼徹底了，腳底板卻依舊熱騰騰的，然後會往生到哪裡去？（大眾回答：地獄！）對了，就是地獄，他們將來得要從腳底板最後離開呀！他們腳底板每天都熱騰騰，可是他們卻都不知道警覺呀！可憐！

那麼淨德、淨藏他們的父王是深著婆羅門法，這都是邪見；自稱解脫於生死痛苦，其實都還在三界中輪迴，這眞的是邪見。他們合掌向母親稟告說：

「我們是法王之子，竟然出生在這個邪見之家。」這母親就告訴兩位兒子說：「你們應當要憂愁、要憶念你們的父親，要為他示現種種的神通變化；如果你們父親可以看得見你們現大神通的話，心裡面必定會轉變而清淨，也許因此就願意讓我們三個人前往而去到佛陀的所在啊！」現在問題來了，為什麼要讓他們的父親同意才能去見　佛陀？因為他們身分不同，母親是王后，兩個兒子是王子，不許輕易離開王宮的。縱使這兩位兒子神通威力無比勝妙，可是身為人子，這預先稟明的規矩還是得要守著；尤其王后沒有神通，完全要受國王控制的。

所以這王后母親告訴他們說：「你們應當為父親憂愁，因為他這樣繼續下去，未來世果報如何，可想而知。你們身為人子，應該要憶念他啊！」這也是母親對兒子的教導：「所以你們應當憂念汝父。」但是母親也有指出一個方法，要怎麼樣讓國王同意，就是「為現神變」。諸位想想，他們並不是三地滿心而已；在三地滿心就已具足四禪八定、五神通，那他們已經滿足七地心了，而母親平常就已知道這一點了，於是告訴他們應當這麼作。因為這個妙莊嚴王既然深重地執著婆羅門法，顯然他很喜歡有境界的法；四禪八定有境界，可以炫耀；五神通，也可以炫耀和作用，所以他很努力在學這些東西。那諸位想想：他能不能修得成功呢？答案是很難、很難。所以他縱使把禪定修好了，也得要心清淨下來，還得知所方便，才能發起神通。

他努力修學禪定了，沒有具足實證，神通又還沒有現前，就用神通來對治他最好了，於是母親就這麼開示了，可見這母親已看清楚妙莊嚴王的心態。接著這兩位兒子聽了，二話不說，「**踊在虛空，高七多羅樹，**」一棵多羅樹大概有二、三十公尺高，七多羅樹高的高度，就在那虛空示現種種的神變。怎麼樣的神變呢？在虛空中或行、或住、或坐、或臥，在這四種威儀之中，有時身上出水、身下出火，有時反過來身下出水、身上出火，有時候示現廣大身而遍滿虛空之中，然後突然就變小了，又突然變大；接著在虛空中突然又消失了，忽然就在地上出現；而且又進到地下，讓父王看見他們在地下走來走去，好像就在水中一樣；然後又在水面上走路，就好像在陸地上走路一樣。就要這樣示現了種種的神變，使妙莊嚴王心中因爲看見這些神通而信受他們，心地就會轉變清淨了。轉變清淨之後，對於這兩個兒子所學的法就會有一個基本認知，就會認同他們。

這一段經文內容，請諸位來看看：這妙莊嚴王竟然值得　世尊特地爲他不問而說，一定是有原因的；可是爲什麼那時他竟然會信受外道法，而且是深厚的執著？因爲他愛境界法，而他也有胎昧，這一世的因緣所遇到的就是婆羅門法；後來生了孩子，孩子竟是大菩薩，可是他想：「這是我兒子，能算什麼？不值得我尊敬。」天下父親通常都是如此的，就像我上週告訴你們的我父親那個故事，對不對？

除此而外，我有個哥哥也是如此：「這是我的笨小弟，從小被我敲腦袋敲大的；嘿！沒想到這個小時候很笨的小弟，什麼都不懂得跟人家爭的小弟，竟然白手起家。白手起家也就罷了，嘿！竟然佛法上修證那麼高，我才不信呢！他只是我最小的小弟啊！」欸！在他的心中就好像說，小弟就永遠都要被他敲腦袋的。那時我剛出版了《眞實如來藏》，有一次過年；那已經是十幾年前快二十年前的事了，我去看他時送給他，他連看都不看一眼。後來又有一次新春去看望他，他跟我說：「你們都說你們開悟了，你們憑什麼說開悟了？」我說：「這也好辦啦！因爲經典聖教都還在，請出來印證了以後，就可以確定是不是眞悟了。」

由於他迷信大法師，一個兒子、一個女兒都在大法師那裡出家了；那我這麼說了以後，你們知道這老哥怎麼回答的？他說：「這經典都已經二、三千年了，何況翻譯的人譯得對不對，我也不知道，你就這麼信。」我聽了這句話就不答腔了。人要聰明哦！別聽了這話以後還繼續爭辯，那都沒意義了。因爲他連經典都不信了，你就別再提什麼了，講了也都是白費口水，不如留著口水去吃餅乾還好。（大眾笑⋯⋯）因爲你再怎麼講都沒用的，這時我就不再講話了。所以你們看，世間人都有這種慣性：這是我兒子啦！這是我小弟啦！所以我錄音給我老爸聽，他後來聽出是兒子講的，他就不再聽了，眞的沒辦法啊！他不曉得有好多人，包括法師們，都在跟我學法；可是一個凡夫法師跟他隨便講一句話，他就信得服服貼貼的，這個實證的兒子說法，他是不聽的。

同樣的道理，妙莊嚴王因爲還有胎昧，而他的法緣不太好，遇到了外道法，很深入去修學，後來又生了這兩位大菩薩；道不同，不相爲謀，當然父子之間就沒什麼話可說，因爲他覺得孩子是不懂的。所以孩子跟母親談得來，度了母親，母親也知道孩子的證量很高。可是在世俗法上的身分還是得要照顧著，有兩個原因：一方面看能不能度得父王，另一方面是不能破壞世間法。所以一個是王后，兩個是王子，要離開王宮去見　佛陀時，還得要遵守世間法，他們兩兄弟就得要去稟告父王。這兩個兒子，剛開始是沒有想要邀請父王同去的，因爲覺得父王很深重執著外道法，想要轉變他可能很難；而菩薩又不許隨意示現神通，以免違背佛戒，因此他們只邀請母親同去親近禮拜供養　雲雷音宿王華智佛，沒有想要邀請父親去。

可是母親吩咐說：「你們應當憂念汝父，爲他示現神變；他如果看見你們的神通變化，心境自然會轉變清淨，也許就願意聽從我們，讓我們去見佛。」這總是一個希望。要不然就只有一個辦法了：兩個兒子拉著母親飛去見　佛陀。可是去到那邊以後，佛陀是要訶責的。但現在母親指示了，師出有名，可以示現神變了，這時　佛陀就不會講話了。假使你是　佛陀，遇到這個情形，你也不能講話，因爲是爲了度這個妙莊嚴王，對廣大眾生是有大影響的，母親淨德夫人這樣指示是正確的。所以他們就去示現神變，導致他們的父王「心淨信解」，這些也是我們要學習的地方。

有很多事情是應該通權達變的，不能墨守成規；原則若是正確的，動機也是正確的，那麼你就可以去作；雖然作出來的事情有可能是違戒，但它卻是正確的，那你就得作——爲眾生承擔違戒的罪業。比如你看見一個人用了劇毒，正要丟入水庫裡面害人，那要毒死幾百萬人的，連水中的無數有情都得死，這時已經沒有別的辦法阻止他了，你要不要去殺掉他？你要是不殺掉他，可就來不及了，那你只好殺了他。這樣是不是犯了殺戒？是！下不下地獄？不必。因爲你救了百萬人，而你也不是爲殺而殺。表面看來你是犯了殺戒，但你的「根本」是什麼？是救人。最重要的是「根本」，所以這時你施設了任何的方便善巧，都要趕快使用；因爲你的「根本」是救人，這時的各種方便也是救人而不是殺人，沒有殺人的根本罪，而有行善的根本善；所施設的種種方便不是殺人的方便，而是救人的方便，也沒殺人的「方便罪」；後來把那個人殺死了，這個「成已」也不是罪，而是福德。

這種事例在經中也講過，所以這時他示現了神通，你如果是他所歸依的佛陀，那你也不能責備他呀！今天因爲諸位還不是佛陀，所以我要這麼講；如果你們已經是佛位，我就不用講了，要換我來聽你們講了。好！這個道理學會了，那麼以後遇到某一些特殊狀況時，你就要懂得通權達變；因爲佛陀施設戒法是有一定的原則，就是它是善法，可以讓你趣向解脫；那你如果作了這件事情，譬如你殺了人，結果是善法，你就可以作。如果把某一個人的財產全部都剝奪了，而這件事情是善性，沒有絲毫惡性，你就可以作。

譬如有一筆錢匯出去是要給一個恐怖組織，要買毒藥或者發動細菌戰爭去害死很多人，那你把他的錢剝奪了，讓他不能執行，這是善事；至於拿到這筆錢以後，你要怎麼作，未來世的因果又如何，那已是另一回事。所以要看根本是什麼？根本若是正確了，方便跟成已也就有功而無罪，應當如是觀。雖然未來很多劫以後遇到那個人，他從地獄、餓鬼、畜生道回到人間來時，你得要處理他這一件事情，那時你再看著辦。所以要有智慧來處事，而不要拘泥於戒律條文的表相，結果什麼事都不能作，也就無法好好修行菩薩道了。接著下一段 世尊的開示如何？

經文：【「時，父見子神力如是，心大歡喜，得未曾有，合掌向子言：『汝等，師爲是誰？誰之弟子？』二子白言：『大王！彼雲雷音宿王華智佛，今在七寶菩提樹下法座上坐，於一切世間天人眾中廣說《法華經》，是我等師，我是弟子。』父語子言：『我今亦欲見汝等師，可共俱往。』於是二子從空中下，到其母所，合掌白母：『父王今已信解，堪任發阿耨多羅三藐三菩提心。我等為父已作佛事，願母見聽，於彼佛所出家修道。』爾時二子欲重宣其意，以偈白母：

『願母放我等，出家作沙門，諸佛甚難值，我等隨佛學。如優曇缽羅，值佛復難是，脫諸難亦難，願聽我出家。』

母即告言：『聽汝出家，所以者何？佛難值故。』於是二子白父母言：『善哉！父母！願時往詣雲雷音宿王華智佛所，親近供養。所以者何？佛難得值。如優曇缽羅華，又如一眼之龜值浮木孔。而我等宿福深厚，生值佛法，是故父母當聽我等，令得出家。所以者何？諸佛難值，時亦難遇。』」

語譯：【這時妙莊嚴王身為父親，看見兩位兒子的威神之力竟然是如此，心中大大地歡喜，不曾有過這樣的歡喜。於是生起恭敬心而合掌向兒子說：「你們兩個人的師父究竟是誰呢？你們是誰的弟子呢？」這兩位兒子就稟白說：「大王！那位雲雷音宿王華智佛，如今在七寶所成的菩提樹下法座上坐著，在一切世間、天人、大眾之中廣說《妙法蓮華經》，就是我們的師父，我們都是祂的弟子。」這位父親就向兒子說：「我現在也想見一下你們的師父，我們可以一起前往拜見啊！」於是兩位兒子從空中下來，到了他們母親的所在，又合掌稟白母親說：「父王如今已經信受和理解了，堪有能力可以發起無上正等正覺之心。我們爲父親已經作過佛事，希望母親能夠聽從我們在雲雷音宿王華智佛所出家修道。」這時兩位兒子想要重新宣布他們的意志，所以就用偈重新稟白母親說：

「希望母親放捨我們兩個人，出家去作個出離三界修行佛法的人；諸佛非常難得值遇，我們都隨同諸佛而修學。

猶如優曇缽羅花難得一見一般，想要遇見佛陀比遇見優曇缽羅樹開花更難；生在人間想要脫離八難，也是非常地困難，希望母親聽從而放捨我們去出家。」然後母親就告訴這兩位兒子菩薩說：「聽從你們去出家，爲什麼呢？因爲佛陀很難值遇的緣故。」

於是這兩個兒子就稟白父母說：「實在是太好了，父親！母親！希望現在就一同前往拜謁雲雷音宿王華智佛陀的所在，可以親近供養佛陀，爲什麼呢？因爲諸佛很難遇見、很難遭值，就如同優曇缽羅難得開花一樣；又如同只有一隻眼睛的烏龜在大海中，想要去遇見浮木的那一個洞而探出頭來呼吸一樣，機會非常之少。而我們夙昔以來值遇諸佛修集的福德非常深厚，今生又能值遇佛陀出世說法，所以父母應當聽從而讓我們兩個人，可以在佛陀那裡出家，爲什麼呢？因爲諸佛都很難得值遇，而現在這個時節也是非常難得值遇的。」】

講義：這一段經文是說，妙莊嚴王看見兩個兒子有這樣的神通變化證境，知道他們確實是大修行人，所以心中大大歡喜起來。在佛門中常常有一句話說：「神通度俗人，智慧度學人。」那麼學人與俗人的差異何在？學人對神通當然也有興趣，可是很清楚知道神通是有爲法，不能了生死，更不能使人成佛。可是世俗人不懂這一些道理，俗人所知道的就只是世俗法；所以如果有智慧也有神通，想要度人的時候，要不要示現神通呢？最好就像俗人俗話說的「裝孬」；眾生若是問到你說：「有沒有神通？」「有。」「你有什麼神通？」「有吃就有通。」（大眾笑…）別正面回答，讓他誤會你完全沒有神通。那麼你度得來的才是眞正的學人。

假使一天到晚搞神通，度來的會是什麼人？俗人啦！他們不是爲法而來，他們是因爲你有神通而來；如果不是爲你的神通，那他們就是崇拜而來的，不是爲了學法。所以你們看近代示現過神通的兩位法師，曾經度了哪個學人？對吧？一位去美國的宣化法師，度了哪個學人？沒有。一位在臺灣的廣欽老和尚，他度了哪個學人呢？也沒有。所以來到他們座下的，都是因爲聽說老和尚有神通，因此前來禮拜、禮拜，包個紅包供養、結個緣。然後老和尚就說：「**吃個午飯再回去吧。**」信眾們就回說：「**好！好！謝謝老和尚。**」但老和尚眞的只是叫他們吃午飯嗎？他們根本聽不懂，於是乖乖吃了午飯再跟老和尚告辭回家。老和尚叫他吃午飯就是吃午飯喔？所以他度得來的都是俗人。因此他才會有一個比丘尼弟子自稱是「毗盧遮那佛」。毗盧遮那佛會在人間弘法喔？才怪咧！

所以說，這時妙莊嚴王是俗人還是學人呢？嗯！這時還是標準的俗人。可後來就不一樣了，因爲 雲雷音宿王華智佛，要拿他作題目來利樂有情，所以後來他就不一樣了。這是他的福報，因爲他有淨德夫人以及兩位兒子大菩薩，這是後話。回到經文來講，他看見兩個兒子神力竟然是如此，眞的不得了，世所罕見！所以他心中大歡喜：「**得未曾有。**」當了國王都沒這麼歡喜啊！因爲兒子竟然可以這樣，他當國王又隨著婆羅門修學一百世，也沒辦法辦到啊！所以他這時反過來「合掌向子言」；你看這是不是轉變了？轉變了哦！

但你們可別說他勢利眼，因爲這是好的轉變啊！就不應該說他是勢利眼。他看見兒子這樣子示現的神通境界，當然不應該再執著說：「我是父親，他是兒子。」更不應該執著說：「我是國王。」縱使是一個轉輪聖王，在佛法上又算得了什麼？所以他有智慧聰明，合掌向兒子說話。到底他要說什麼？當然目的是要探問啊：「你們的師父到底是誰？竟然能教出你們這麼厲害的功夫。」要問師父是誰。所以如果在江湖上行走，看見三腳貓的時候，你一定不會問說：「你師父是誰？」可是人家如果功夫很好，一出手就是超於凡俗，「哇！這個人不得了。」當然就要問啊：「你師父是誰啊？」禪門也是一樣：「師唱誰家曲，宗風嗣阿誰？」這都要問的呀！所以這時他得要問。問出來就有好處，不問就是傻瓜；問出來時就知道他們的師父是誰，心中一定這樣想：「我如果不跟兒子學，也可以跟他們的師父學。」

所以聰明人不會裝厲害，因爲假裝的畢竟不是眞的，只有自己失去利益而已。所以他能夠當這個轉輪王，也確實是不簡單，一定有他的智慧。這時他反過來合掌問兒子；兒子開口回答了，是怎麼稱呼他的？「大王！」這時還是稱呼他大王，然後就說：「有一位雲雷音宿王華智佛，如今在七寶菩提樹下坐在法座上，四周是世間天、人以及許多不同種類的眾生，佛在大眾中廣說《妙法蓮華經》，祂就是我們的師父，我們是祂的弟子。」當然要宣揚法父的威德，如果是沒智慧的人就說：「唉呀！我那個師父不算什麼。」明明他師父眞的有什麼，他偏要說沒什麼，他想要顯示自己比師父厲害。結果人家就會說：「你師父都不算什麼，那你也就不算什麼。」

密宗喇嘛們很聰明，他們的師父其實不算什麼，可是才剛剛一死，就把師父的證量高推。活著時不能高推，因爲高推時大家都去供養師父，誰都不會理他，他的道場能收的供養可就少了；所以等他的師父死了，就馬上高推，他繼承了師父的法，大家就會轉到他這裡來供養了。他們絕對不會說：「我師父其實沒什麼。」他們都很聰明，在師父死後就高聲說：「我師父虹光身如何如何美妙，他是坐脫立亡。」其實根本不是。例如元音老人，其實是當音樂家弟子勸他說：「師父啊！您就不要再忍了，如果吐出來會比較舒服，您就吐吧！如今都要死了！」這才吐了出來，滿口是血，把他弟子的衣襟都給沾上了許多血。可是他死了以後，徒弟們怎麼哄抬呢：「哇！我們師父是坐脫立亡，已經入涅槃了。」所以放話以後就去雲南爲他蓋了一個涅槃塔。經上有罵過這種人了，對不對？早就有罵過了，我們就不再談它了，因爲這在以前就講過了。

聰明人就是懂得不斷地推崇師父，師父證量那麼高，人家說虎父無犬子，大家就說：「那他繼承了他師父的法，應該也很厲害喔！」這時淨藏兄弟二人就推崇 雲雷音宿王華智佛，說是一切人天之師。一般人會想：「當人類的師父倒也還好，可是能當上一切天眾之師，這可不得了，連天人都來追隨欸！」所以他們就會相信。除了示現神通變化以外，這裡還說明他的師父是人天之師，這就是爲他父王建立信心。這時這位國王父親向兩個兒子說了：「我現在也想要去見一下你們的師父，你們可以跟我一起去啊！」他還沒想到人家本來就是想要去見佛，所以他開口說：「可以跟我一起去。」其實人家只是爲了讓他同意，所以才費了這麼大一番功夫，本來就要去見佛的。但他不曉得前面母子之間已經講過的事情，他以爲只是變化給他看，於是他現在主動要求他們一起去見佛，這是個好的發展。

既然父王已經這麼說了，於是這兩個兒子就從空中下來了，不必繼續停留在虛空中。爲什麼要等到現在才下來？因爲要他們的父王仰信。你如果下來直接到父王面前說話，父王平視著你說：「就只是這樣而已啊！」如果你停留在虛空中，他得要仰看著你說話，對不？（大眾笑⋯）這也要學著。欸！可別只是笑過就算了，因爲未來世你們也有可能遇見這樣的父王，所以你這時不要急著下來地面告訴父王說：「父王！我們趕快去吧！」不能主動要求，要等他開口，他主動開口要去見佛，那麼他去見佛時可就是心甘情願的。如果主動邀請他去，他會想：「哈！原來你們早就商量好了。」

人之常情，正是如此，所以兄弟兩人神變完了停留在空中，就等待他開口，看他怎麼說；他說完了，表達想要去見佛了，於是他們可以從空中下來地面。這是屬於事相中的法，可是這事相中的法，你在度眾生時也要懂啊！你要有權巧方便。以前我剛出來弘法時，不論誰要求見我，全都可以見，而且也都可以直接到我家裡去。可是那一些去過我家見過我的人，有哪一個留下來學法？沒有！後來我乾脆都不見了，不論誰來找我，我都不見。若是想要見我，到講堂來聽經，聽經時不就看見了嗎？若是有因緣的人，聽經完畢在小參室接見，略聊幾句也行。這樣拒絕輕易見人以後，反而讓大家覺得說：「你怎麼可以見到他？不得了欸！」喔！原來以前就是方便給太多了，就變成隨便了。

這就是說，你在弘法的過程之中，應該要有一些方便善巧。那你想，他們七地心滿足了，有沒有方便波羅蜜多？（大眾回答：有。）有！他們已經學完方便波羅蜜多了，因爲他們已經有「大威德藏三昧」了；所以這時神變完了，停留在空中等待父王說話，故意不下來，他們的父王就只能仰頭看著他們來對答，這時才不會讓父王生起慢心；因爲他畢竟是個轉輪王，容易起慢心，就用這個方式作一個方便善巧。然後他已經邀請大家要一起去了，這個目的達成了，可以從空中下來啦！就到母親那裡再提出要求，希望放他們兄弟兩人出家，所以合掌稟白母親說：「父王如今已經信解了，他這一回去見了佛陀的時候，已經會發起無上正等正覺之心了，那我們爲父親所應該作的佛事已經作了，希望母親能夠允許我們到佛陀那裡去出家修道。」

那諸位看看，這兩位大菩薩對妙莊嚴王的稱呼有了三個，第一次他們說

「**大王**」，稱呼他們的父親是大王，爲什麼不是稱呼他父王？因爲這時是沒有父子之情的，純粹是示現神通變化要攝受他；而他們的父親也還看重於自己的轉輪王威德，所以他們在空中答覆說：「**大王！**」表示說我們現在不是用兒子的身分跟你講話，我們是以菩薩的身分跟你講話，所以稱呼他爲大王。等到跟妙莊嚴王講完了以後，知道父王信受了，於是他們從空中下來。從空中下來是什麼意思——我們現在以同樣是人類的身分來講話，回復了父子關係。所以這時他們跟母親稟告說：「**父王今已信解。**」這時改稱爲「**父王**」。因爲這時是以父子的關係以及國王和王子的關係在說話了，是回到人間來說了。

剛才是停留在虛空中，表示菩薩的身分，不是你妙莊嚴王之所能知；那麼現在下來同立於地面上，表示說我跟你同樣踏在地上，我們是父子、同時也是國王與兒臣的關係；所以跟他母親稟白的時候就說：「**父王今已信解，堪任發阿耨多羅三藐三菩提心。**」這時是回到人間來說了。好！已經說完了，接下來稱呼又變了：「**我等爲父已作佛事。**」才說「**願母見聽**」，這時純粹是父子的關係、母子的關係來說話了：「**我們兄弟兩個人爲父親所應該作的佛**

事已經作了。」這時是家人的身分。

那諸位看一看，這麼短短的一段經文中，敘述這麼一件事情，結果用了三個稱呼：從「大王」變成「父王」，然後變成「父親」，表示其中的關係不一樣了。以前是距離很遠的，爲什麼距離遠呢？因爲他是轉輪王，而這兩個兒子只是王子，歸他所管。從證量上來講，這兩個兒子是大菩薩，妙莊嚴王根本無法想像，也完全不懂他們的境界，所以雙方的距離是很遠的，因此他們在空中就稱呼他**大王**；表示說：「**我們現在不是以你的兒子身分跟你講話，我們是菩薩，而你是人間的大王。**」可是等到跟母親說話的時候，這個大王可是母親的夫君，可不能再跟母親說：「**大王如何如何……。**」好像是外人，母親聽了會難過，所以這時要說**父王**——既是轉輪王也是父親，這樣母親聽了就很適合了。

等到母親也瞭解這個狀況了，跟父親這個關係也改變了，那現在跟母親談話時是一家人在談事情，已經無關於法，已經無關於國王與王后的關係，也無關於國王與王子的關係了，現在純粹是一家人，所以說：「**我們兩個人爲父親所應該作的佛事已經作完了。**」這時候稱爲父親了，所以對等的說：

「願母見聽，於彼佛所出家修道。」這時候是父母子女的關係了。這樣，你證悟以後，假使哪一天你修到第幾地去了，那麼你就懂得對父母親談話時的稱呼，那個身分是應該怎麼樣去界定。如果你父親當了轉輪聖王，你在七地滿心時想要度他，一樣要這樣作啊；因爲他追求的是世間法，你應該度他入佛門中；如果不度他，連母親都不能跟你一樣去親近 佛陀，那又該怎麼辦？你就告訴她：「您有這個困難，因爲父親執著外道法呀！」

反過來說，母親知道你證量那麼高，當然也會告訴你：「那你用神通度他，你們就示現一下。」所以你們在虛空中變完了，不要馬上下來，得要停留在空中，讓你的父王仰頭望著你，合掌來講話；這時他知道你不單單是他兒子，你其實是個大菩薩，這就是方便善巧。然後等他說完了，表示認同了，你才下來，就不稱他爲大王，因爲這時是要同時兼顧到人間的身分了。你在虛空中不下來再跟他說話，他已知道你不一定是以人子身分跟他講話，因爲你在虛空時，他覺得你高不可及，眞是高不可攀，他會知道自己應該怎麼講話，馬上就認定你是大菩薩。等你跟他對答完了，他就願意隨從你進入佛門，這時候你確定了才下來地面，就可以稱呼他父親、父王，二者都行。

可是如果有外人在，你還是得稱他父王，要小心他有一點點不悅。這時不能讓他有一點點不悅，所以你還是要稱他爲父王；因爲他畢竟是一個大洲或四大部洲之王，所以要稱他爲父王。可是旁邊都沒人了，你就稱他爲父親了，這也是一個方便善巧。從淨藏和淨眼兩位大菩薩身上，要懂得學會。

這時相對的說：「爲父親應該作的事情，我們兄弟已經作了，願母親聽從我們出家修道。」這時純粹是家人了，那既然是家人，這話就好說。這樣請求過了，母親是不是立刻就會答應？一般而言，母親都不太能夠放捨，因爲這是十月懷胎辛辛苦苦生下來，然後推乾就溼，好好乳哺長養才終於長大，所謂血濃於水啊！怎麼可能就放手呢？這兩位大菩薩一定懂得這個道理，所以重新再講了一遍；他們用偈重新再請求一遍：

「願母放我等，出家作沙門，」這是說：「希望母親能夠放捨我們去雲雷音宿王華智佛那裡出家，去作清淨修行出離生死的出家人，」這裡說到「出家作沙門」，「沙門」這兩個字不可以隨便用，有許多佛法的名相都不能隨便用；出家人是沙門，而沙門要有沙門法；有些人一天到晚掛在口中說：「我們出家人如何如何……。」其實他們沒有資格稱爲出家人，因爲他們都沒有

「沙門法」——沒有出家人應證的法。所以 佛陀在世時，外道自稱有沙門法，佛陀就破斥他們：「你們有沙門名，沒有沙門法，不得自稱沙門，因為沙門是出家人。」什麼樣叫作出家？是身出家或者心出家？是身出家心也出家呢？或者身出家而心沒有出家？或者身沒有出家、心也沒有出家？或者身沒有出家而心出三界家了？到底是哪一種才算是沙門？佛陀就追究這個。

所以那一些婆羅門或者梵志來到 佛陀的所在，佛陀就說：「你們雖有出家人之身，並沒有出家人之法，不得自稱沙門；眞正的沙門只有我佛法中的聖弟子們，他們才有出家人之法，他們才是眞實沙門。」所以這個沙門——出家人——兩個字也不能隨便用。那我們《正覺電子報》連載〈眞假沙門〉，可惜中斷了，現在也許蔡老師有空可以繼續再寫，應該過一段時間就會連載；因為當代的出家人眞的需要再教育，他們對「沙門——出家人」到底是什麼本質，完全不懂。那我們曉得他們都不知道，所以我們應該教導他們，這樣才不會枉費我們身為菩薩的身分。今天講到這裡。

《妙法蓮華經》，上週講到兩百頁中間那一首偈，我們講了兩句，接著今天應該要從第三句開始講。但上週最後一句「出家作沙門」中有沙門兩個字，是不是出家了就一定是沙門？在《阿含經》中記載著，以前佛陀在世時，常常有許多外道梵志，自稱他們有沙門法，因為他們自認為是出家人；有時佛陀會告訴他們：「**你們其實沒有出家，你們也沒有出家法。**」意謂他們都不是出家人。佛陀就解釋為什麼他們不是眞正的出家人，就談到眞正的出家是出世間，因為一般在印度當時的說法：出家就是出世間。所以有時常常有外道說到遊於世間，那他們認為在山裡面住著，不住在世俗之家就不叫作世間，下山辦事時就說是遊於世間。

最有名的是一個事火外道，那是童女迦葉講的一個譬喻：說有一個奉事火神的外道，他有事情到市鎮裡面去，離開山中，所以行前吩咐他的弟子，要把火照顧好，不能熄滅，因為奉事火神的人，一天十二個時辰中都不可以中斷；那麼那個典故裡面說他有事情，必須下山去市鎮辦事，就說是遊於世間。所以他們認為出家了在山裡面住，就不叫作世間，就叫作出家；可是佛陀說世間是指五陰，這個五陰就是世間；因為不論三惡道世間或者人間天上阿修羅道，這一些世間的形成都是因為有這些五陰，才會有這些世間。所以世尊說：「**所謂的世間就是五陰，出世間不是離開世俗之家、住到山裡面，**

而是離開了三界一切世間境界，才能叫作眞實的梵志或沙門。」梵志是修清淨行的人，這樣的梵志才能稱之爲沙門，所以 佛陀告訴他們說：「你們仍然都住在五陰世間裡面，無法超出於五陰世間的境界，所以你們雖然身體出離世俗之家了，可是你們心沒有出家，表示你們沒有沙門法——沒有出家法，就不是出家人。」就是說他們雖然出家了，仍然不是沙門，只是離開世俗家，因爲他們沒有出家人的沙門法。

如何才是沙門法？世尊說：「就好像佛門中的聖弟子們，於意說有過患，於色說有過患，於受、想、行、識說有過患，於三界世間說有過患，這樣子能夠出離，不受後有時，才是眞正的沙門法；但這只有我佛法中的聖弟子們才有，你們外道全都沒有。」所以就說他們雖然出家了，可是沒有沙門法，不能稱爲眞正的梵志；也就是不能稱爲眞正的沙門。所以眞正的沙門是要三乘菩提中有所實證了，才算眞正的沙門——才是眞的出家人。

那麼淨眼與淨藏這兩位菩薩，一起祈求母親淨德夫人放捨他們，讓他們出家去作沙門，當然講的是這個道理。那爲什麼現在要求出家作沙門呢？因爲「諸佛甚難值」啊！出家的時機比較多，但是很難得遇到最好的機會，就

是有　佛住世之時，因爲諸佛很難值遇。如果碰巧有　佛住世的時候，出家了可以從早到晚跟在　佛陀身邊隨佛修學，就可以學到非常多、非常多的法，這時當然應該要趕快出家。因爲他們的父親妙莊嚴王都已經信受　佛陀了，所以這時來向母親請求，是最容易的時候；也就是說他們兩位有方便善巧，觀察出家的時節因緣，在這個時候開口請求是最好的，一定會被允許，所以就提出來。

那麼請求出家時當然要解釋值遇　佛陀是多麼困難的事，所以就說「如優曇鉢羅，值佛復難是」，優曇鉢羅花，翻譯過來叫作「瑞應花」，也就是世間有祥瑞的事情出現了，它才會開花來告訴大眾說：「有某一種吉祥的事情出現了。」所以叫作瑞應花。這種花是一種樹木，每年都會結果，樹上都有果實，可是就看不見花。它通常是有果實而沒有花，那它開花有個時節，就是在兩個時候才會開，當大家看見說：「哇！這優曇鉢羅樹開花了！」很漂亮，因爲它是金色的花兒，很少見。當它開花時，有人看見了，大家都會紛紛議論，耆老們有口傳的故事流傳很多代下來，他們就會說：「應當是轉輪聖王出世了。」不然就是說：「有佛陀出現在人間了！」因爲這種花是一定有祥瑞之事出現時，它才會開花。

這花其實就是無花果的花，很難得遇見開花的時候。這表示說，優曇鉢羅不是每年開花，也不像鐵樹十幾年就開花一次，並不稀奇。而且鐵樹開花也不很美，雖然素素的、蠻淡雅的，可是並不大方，所以比不上優曇鉢羅花。正因爲轉輪聖王出世很難值遇，更難的是 佛陀出世，在兩個時節，優曇花才會開花。所以如今 雲雷音宿王華智佛既然出現在人間了，那眞是像優曇鉢羅開花一樣。所以想要遇到一尊應身佛示現眞的很難，因爲有時很多轉輪聖王出現時優曇鉢羅花它也會開花，然而想要遇見 佛陀出世，顯然是更爲困難；可能是優曇鉢羅花開了很多次以後，才終於有一次開花是應在 佛陀降世的事情上，所以說「值佛復難是」。

然後又說「脱諸難亦難」，脱離種種的難，到底是什麼難？在佛法中說有八難，也就是正好有 佛陀示現在人間時，有這八個時節是遇不見的；譬如說有的人生在地獄中，而佛陀在人間出現了，他根本沒有機會可以遇見佛。地獄中當然有時也會遇見佛菩薩，但是那個機會是非常非常之小，也沒有機會隨學。譬如 佛陀有一個弟弟出家後不習慣，老想著家裡那個年輕漂亮的妻子，一直想要還俗；佛陀便帶他去天上，那裡有五百個天女好美，可就是沒有夫君；他就問 佛陀，佛陀說：「你自己去問問看。」天女們就告訴他說：「我們在等待一個人來，那個人如今在佛陀座下修行，他死後會來這裡，那個人叫作難陀。」他一聽：「喔！是我。」因此他就把妻子給忘了——見色忘情。

然後回來人間了，他就想著：「嗯！應該繼續修行，不還俗了。」他心裡想的就是天上那五百個將來的妻子。佛陀看這樣不行，接著又帶他去地獄瞧一瞧；去地獄到一個地方有一個很大的鑊，裡面滾的都是油，下面是柴火在燒，他奇怪說：每一個鑊裡面都有罪人在那邊被燒煮，爲什麼這個空著？他就去問，獄卒告訴他說：「我們在等一個人，這個人如今在佛陀座下出家修行，他死了以後會去天上享福，五百位天女侍奉他；福報享盡而在天上捨報就會來這裡，我們就要煮他。」「那個人是誰？」一聽又是自己，嚇壞了！所以他就安分守己不想天女了，就這樣努力修行，後來成爲阿羅漢，當然最後還是迴小向大，已經成爲菩薩。

我們如今講他，他知道了也不會記恨，因爲他已經證悟入地了，都沒關係。這意思就是說，生在地獄中，大家想想看，佛陀在世時就只曾去過那麼一回，地獄中有多少人見到了？也就只有一個獄卒見到而已，其他的受苦有情根本見不到；所以生在地獄中不能值佛，沒有機會的；就算偶然遇見了，也沒有因緣學法，這就是第一難。

那麼 佛陀出世的時候，如果生在畜生道、餓鬼道中，這又是兩難啊！生在畜生道中，除非當天龍，或是當金翅鳥，否則沒有機會修學佛法。一般的畜生根本沒機會，即使當龍、當金翅鳥，親值 佛陀學法的機會也是不太多。所以一般的畜生，你根本用不著爲牠設想說：「**我每天爲牠講一點佛法吧！**」你不用爲牠設想，牠沒有因緣的。那麼生在鬼道中也是一樣，如果是餓鬼，根本沒機會，因爲每天想的就是耳朵拉長長地聽著，看看有沒有誰的喉嚨正在咳，要是他吐了一口痰，趕快去搶；搶到了還不見得能吃到，就算他很有力氣搶到了，也是吃不到，因爲嘴才一張開，那肚子裡的餓火噴了出來，那一口痰又燒焦了，都是白忙一場。

以前初學佛時，看人家畫的佛教圖畫，看見餓鬼肚子大大的，脖子細細的，可是竟然會吐火；一般人不懂，大概想說：「這傢伙還會吐火咧，很厲害喔！」學佛以後才知道那原來是餓火中燒，正在受苦難。所以如果當餓鬼，沒有心思想要求解脫或者學佛，除非是大力鬼，才有機會稍微親近一下佛法。那什麼是大力鬼呢？就譬如鄉城隍、鎮城隍、市城隍、府城隍，就像這一類的鬼神。威德最大的是京畿城隍，各種城隍之中，層次高的可以對人類——對惡人有生殺予奪之權；他如果看不下去時，是可以把那個惡人奪命的。像這樣，他在鬼道裡面是得自在的，他們如果要學佛法時還是有機會；但一般的鬼道眾生是沒機會的，因爲都要被控制。

被控制的意思懂不懂？就是說他們要當有力鬼、大力鬼的士卒；所以你們看，信奉道教的人，他們如果是很虔誠的老教徒，家裡都會有一支黑色的令旗，用一個花瓶插著，有沒有見過？如果家裡有黑色令旗，表示他們家除了供奉道教某一尊神祇以外，同時也供奉著鬼道的將軍。所以每到初一、十五一定要祭祀，祭祀閩南語叫作「犒軍」，有的人叫作「犒將」。聽過沒有？沒聽過啊？有啦！也就是犒賞軍將的意思；因爲你要求這一些軍士們爲你作保護，不讓邪神惡鬼進門擾亂，那你每逢初一、十五，就得要慰勞一下；所謂皇帝不差餓兵！所以初一、十五得要犒軍。如果層次高一點，有將軍守護的人家，那就叫作犒將（犒賞的「犒」，閩南語唸作「課將」），這是每逢初一、十五都要作的事。

這表示什麼？表示有許多鬼道眾生，他們離開餓鬼道的大苦難，已經可以至少每逢初一、十五有得吃、有得喝，因爲被保護的人家會犒賞。那他們得到這個犒賞，卻得要聽從指揮辦事，所以也是不自由的。因此即使不是餓鬼道，轉到了一般的鬼道中，也是要被控制的，所以他們要學佛的機會幾乎不存在。只有那些領頭的將軍或者神祇，才是有機會學法的。但是他們學法時也得要有因緣，譬如誰奉祀他，這個奉祀的弟子正好有在學佛，聽聞佛法時他們也可以一起去，但進不了門，通常是不會准許進入聞法的，因爲道場一定要有莊嚴。那要怎樣才能被准許？他只好去託夢跟那個奉祀他的信徒講：「你去學佛法，我跟著去，可是都進不了門。請你看在我保護你家的分上，跟韋陀菩薩求一求，讓我可以進去聽法；這樣我可以一路保護你，一路隨著你去、隨著你回家，保護你啊！」

這是常有的事，我們講堂已經遇過兩三次了；那神託夢抱怨說，進不了正覺講堂的門，所以他們小參時請問，親教師說：「那你去跟韋陀菩薩求啊！

菩薩准了，他就可以進來聞法。」所以去求了以後，那神很高興，就託夢說：「謝謝你！謝謝你！我可以進去聽經了。」就很高興。所以在鬼道裡面不是誰都可以來聽經的，你得要是個首領，或是有身分、有地位，自己可以自由自在不受控制；並且還得奉祀他的人有學佛，也願意爲他向 韋陀菩薩請求，否則還是進不來的。所以說，在鬼道中想要學佛是很難的，特別是餓鬼道根本沒機會；等到他離開餓鬼道的時候，佛陀已經過去了，連正法、像法、末法時期都過了。

還有一難就是生在「長壽天」中，長壽天一般而言，是指無想天或者四空天。那無想天是最沒意義的地方，因爲生到那裡去以後並不是出三界的境界。本來以爲死後是入了涅槃，沒想到看到自己又在四禪天上；然後就想：「這不是涅槃，涅槃沒有受、想、行、識啊！」他有聽過這個道理，趕快把受、想、行、識滅了，只剩下四禪天身坐在那邊；但因爲他沒有斷我見，所以他怕變成斷滅空，那個四禪天身就繼續留著，這樣子誤以爲入了涅槃，其實只是進入無想定中，把第四禪天中的無想天身留在那裡不動。如果他不中夭，他那個天身留在那裡整整五百大劫；五百大劫之中都沒有受、想、行、識，只有四禪天的身體在。

諸位想想看，譬如你睡著無夢時，沒有受、想、行、識，也沒有作夢，這樣維持五百大劫，你要不要？你看！沒有人要。那他就是這樣子過完五百大劫，他想要這境界，是因爲他誤以爲那就是無餘涅槃；等到五百大劫過了，突然間一念無明使他覺知心又現前了，這一看：「欸！我怎麼不是在涅槃中？」但這一下子，在那裡已經待不住，就下墮了。天福享盡了就是福報已經都沒有了，這時就只剩下一些在人間時造的小惡業，所以下墮時或者去當狗等一類有情，重新當人的機會不多了。

此時，經歷五百大劫全部沒有覺知、沒有妄念的精神狀態，往生去哪裡最好？當毛毛蟲最好、最相應；因爲毛毛蟲在卵中也是一念不生，什麼都不思不想；然後孵出來就是很專心一直吃、吃、吃，吃到長大然後變成蛹，依舊不思不想，只是身體一直變化；出生了以後，過不久繁殖完了可就死了。所以生在無想天中浪費了整整五百大劫，而結果是不好的，因爲重新回來當人的機會很少。

例如 佛陀成佛前不是經歷過很多外道嗎？其中有一個叫作鬱頭藍弗，

佛陀成佛的時候說：「我遇到的那一些外道裡面，證量最高的人叫作鬱頭藍弗，他要成為阿羅漢最快，我可以先度他。」佛陀用祂的天眼一瞧，知道他已不在人間了。到哪裡去了呢？生到非想非非想天去了；然後　佛陀接著再瞧他接下來會生到哪裡去？去當飛狸。為什麼他會這樣？因為他以前修定時，在河邊靜坐，水裡的魚跳過來跳過去，不斷地跳上水面激起水花而吵到他，那時他發了一個惡念說：「我將來有一天，一定會化作飛狸把你們全部咬死。」就因為這一念，所以他在非想非非想天八萬大劫下來以後，會去當飛狸專門咬死所有魚，但他不是為了肚子餓而去咬魚，是要把牠們全部都咬死，就只因為這樣的一個惡念。這起心動念眞的很嚇人，那你想，假使他沒有那個惡念，在非非想天中八萬大劫一念不生，一念不生之中能成就什麼？不能成就定力呀！因為定力最高就是非非想定，就是在那邊耗時間，他無法再增長定力了。等他壽盡下來時，好多佛已經過去了，他都遇不到，這也是一難，叫作「長壽天難」。

可是如果我們要講近一點，範圍縮小一些好了，生到忉利天或者夜摩天中，想要值佛也難，因為他們壽命很長。四王天壽命就很長了，他們的一天是我們人間五十年，一個月有三十天，一年十二個月，天壽五百歲，等他們下來人間的時候，這末法時期都已經過去了；那忉利天的時間再加倍，人間一百年爲他們的一天；夜摩天又再加倍，這樣子加倍上去，所以他化自在天應該也可以說是長壽天。因此說，生在長壽天中很難值遇 如來。

那麼有人說：「也許我不生在長壽天中，我繼續生在人間總行吧？」當然行啊！問題是 佛陀降生在人間的時候，他剛好生在「邊地」；咱們當年有幸生在印度，値遇 如來；其實你們也有很多人當時也在 如來座下，只是精進不精進的差別而已。不精進的話，現在還在混；可是有的人生在邊地，根本不遇 如來；等他聽到 如來出現在人間的時候，不久就聽到說 如來已經示現涅槃了，他根本遇不到，這又是另一難。

可是如果有的人想說：「我不會那麼倒楣吧？我一定會遇到如來。」可是遇到 如來就能聽聞佛法、實證佛法嗎？也不見得，因爲 釋迦如來在世時，也有人同在迦毗羅衛國，可是或者眼睛瞎了，或者耳朵聾了，使他成爲啞巴，那他要怎麼學佛？這種人，只有遇到另一種人才能得法；也就是說，這個既盲又聾又啞的人，他往世曾經是個證悟者，但是證悟沒多久，沒幾世，他有一世造了惡業，所以來到這一世有胎昧，忘了往世的所證；但是既盲又啞又聾，卻想要求開悟，因爲他知道有開悟這回事。可是天下人沒人能幫他開悟，因爲你寫字給他讀，他又看不見；你爲他說話演說，他又聽不見；叫他有疑問時提出來問，他又是個啞巴，能怎麼辦？

這種人沒得度，只有誰能度他呢？只有差別智非常好的禪師才能度他。奇吧？怪吧？是很奇、很怪。所以禪門很奇特。那禪宗也有一個杜撰公案，特地指陳這種人如何才能得度，今天我們就不太想要談它。因爲那個談起來，可能諸位又會覺得太玄了。（有人說話，聽不清楚。）對啊！就是玄沙師備，有一天問徒弟：「你悟了，我問你一個問題：既盲又啞又聾的人來了，你要怎麼幫他開悟？如果你幫他不了，悟他不了，就不能算是眞正的開悟，還不是善知識。」那這個道理且不談它。哪天如果眞的有這麼一個人來，我還是要幫他開悟的，但是先要弄清楚他爲什麼搞成今天這個地步。要弄清楚其實也很難，他如果能幫我瞭解爲什麼會搞成今天這個地步，那我就幫他開悟。好，這就是一難，就是說他雖然出生在　佛陀示現的地方，可是盲、聾、啞三者具足，也是難。

那麼另外有一難，也是很常見的，佛陀之世不是也有很多外道們謗佛嗎？他們因爲邪見不能捨棄，所以執著於邪見，因此不信有因果。所以那時有些外道說：「殺害眾生無罪，殺害了眾生祭祀天神時也無罪，因爲沒有果報。」這就是不信因果的邪惡見外道。因爲一般的世俗凡夫聽人家說：「善有善報，惡有惡報；不是不報，時候未到。」聽了都會信受。可是他偏偏就是不信，不管怎麼樣就是不信；這一種人雖然同樣生在佛世，其實也沒有因緣可以面見 佛陀，因爲他根本就不信世間有佛。

最後一種就是生在人間諸事順遂、一切不缺，偏偏生在無佛之世，這個也是一難。所以這樣八個難處，大家想想看，值佛還眞是不容易欸！所以釋迦如來出現在人間時，親近 如來學法的人們，最多的是諸天，主要是忉利天那一些天人，以及四王天那些天人，其餘的就很少了。那麼人間親近如來的人，也只是那麼多而已，所以值遇 如來甚難、甚難啊！如果有機會遇見了，而且證量已經這麼高了，現在想要修學更勝妙的法，不追隨 如來根本就沒機會往上進修，當然要趕快出家追隨 如來。

諸位想想看，假使你哪一天已經過了遠行地——第七地已經走過了，那你生在人間時，能跟什麼人學法？還有誰能教你？那時你要當法主了，還有誰能教你？沒有人能教你啊！在經論中常常也說：到了末法時代，人間只要有一個初地菩薩就夠了，不必很多位。在論上有時也這麼說的。那你想，你生在人間，已經七地滿心了，人間還有誰能教導你？沒有人了。那時能教你的就只有 如來，碰巧現在有 如來出世，當然要趕快出家啊！所以他們向母親提出請求：「願聽我出家。」他們求的正是時候。

這時淨德夫人——他們的母親就告訴他們說：「我就聽從你們出家吧！為什麼要准許你們呢？因為佛陀很難值遇的緣故。」好了，現在母親已經准了。因為最放不下的永遠都是母親，父親都比較能放下；雖然有少數父親還是會哭哭啼啼，畢竟是少數；所以父親比較能放下，母親最難放下。這也是因為懷胎十月，親自從餵他母奶到送他上小學，然後培養他次第就學、長大成人，眞的很不容易。老菩薩們有沒有聽到子女告訴妳說：「媽！我在想，你們以前到底是怎麼養育我們的。」有沒有聽過？有喔！這叫作養兒方知父母恩啊！都是這樣的。

他們跟著你們長大以後，不覺得怎麼樣，不會想到父母親很辛苦。等到自己養了孩子，才會知道說：「唉呀！原來當父母眞的好辛苦。」你們聽過這樣的話，我也聽過啊，因爲我女兒也這麼跟我講，我就想：終於知道父母恩了。這意思是說，母親的恩最深重，那經上也說，剛出生以後，有的甚至於喝母奶喝到五、六歲；而 佛陀說那乳汁是怎麼來的？是由母血所化，那等於就是每天喝母親這麼多血了，是不是？是啊！眞的沒錯。所以母親的恩德最重。今天剛好有報導一則新聞說，有一個兒子讀大學回來，看不慣父親一天到晚欺負母親，所以拿刀砍死了父親。不應該搖頭啦！我如果當法官，會減輕其刑；因爲這個父親太不像樣，一天到晚打媽媽；母子連心，對吧？很少聽說父子連心的，通常都說母子連心。所以這件刑案如果父親是個正常人，當然要判兒子重刑，因爲那叫作弒親忤逆；可是這個父親一天到晚對媽媽打罵，這個孩子爲了維護母親，所以作了這件事情，其行雖可惡，其情也可憫；所以如果我當法官，會盡量設法輕判他，依法律規定的最低刑度來判他，因爲情也可憫。所以說，最放不下孩子的永遠都是母親。

那現在母親准許了，接著就要跟父母親說，這時他們就說：「眞是太好了，父親！母親！希望在現在，要及時前往去拜見雲雷音宿王華智佛，去到佛的所在，好好親近和供養。為何這麼說呢？因為佛陀很難得值遇啊！就好像優曇缽羅華一樣難值遇啊！又譬如只剩下一隻眼睛的烏龜，在大海中百年才浮出水面呼吸一次；那大海中有一個木板中間有一個小洞，牠每百年浮上水面呼吸一次時，要剛好能夠遇到那片木板，還要能夠把頭剛好穿過那個小洞上來呼吸，那機會非常少！」

就好比說，海面一直都有海浪，這一塊木板有時飄在東邊、有時飄在西邊，有時在南、有時在北，遇到的機會本來就很少；而這隻烏龜一百年才浮上來一次，又只剩下一隻眼睛，牠只能看見一邊，想要與在大海中東漂西流的木板相遇，機會幾乎是不存在的；當牠百年後浮上來，而要剛好遇到那片木板的小洞來呼吸，可說是沒機會的；然而在世間值遇一尊佛出現的機會，比這隻百年浮上來一次的獨眼龜值遇木板的小孔機會更少。「而如今我們宿昔以來所修集的福德非常之深厚，可以在出生以後就值遇佛陀在為大家說法，由於這個緣故，所以父親、母親你們應當要聽從我們的懇求，放我們離開，使我們可以出家。為何要這樣請求呢？因為諸佛很難得值遇啊！諸佛在人間住世可以讓我們出家修學的時節又不很多，真的也很難遇。」所以他們就提出這樣的請求。

也就是說他們善觀因緣，知道什麼時候應該怎麼作；因為他們都有方便善巧波羅蜜多，所以示現了神通來接引父親，這最愛外道法的父親就被他們的神通接引成功；然後來求母親，母親准了，接著再來求父親。可是求父親以前得要先增加他對　佛的難值遇感，因此故意講優曇鉢羅華譬喻的事；不但如此，還講獨眼烏龜在大海中百年上浮而能剛好穿過木板小洞呼吸的事來譬喻。那妙莊嚴王這麼一聽，當然就會懂了；所以他們是預先知道用這樣的方法來懇求，不但母親會同意他們出家，父親應該也會同意才是。接著世尊又繼續開示說：

經文：【「彼時妙莊嚴王後宮八萬四千人，皆悉堪任受持是《法華經》。淨眼菩薩於法華三昧久已通達，淨藏菩薩已於無量百千萬億劫通達離諸惡趣三昧，欲令一切眾生離諸惡趣故。其王夫人，得諸佛集三昧，能知諸佛祕密之藏。二子如是以方便力善化其父，令心信解，好樂佛法。於是妙莊嚴王與群臣眷屬俱，淨德夫人與後宮婇女眷屬俱，其王二子與四萬二千人俱，一時共詣佛所。到已，頭面禮足，繞佛三匝，卻住一面。」

「爾時彼佛爲王說法，示教利喜。王大歡悅。爾時妙莊嚴王及其夫人，解頸眞珠瓔珞，價直百千，以散佛上，於虛空中化成四柱寶臺，臺中有大寶床，敷百千萬天衣，其上有佛結加趺坐，放大光明。爾時妙莊嚴王作是念：『佛身希有，端嚴殊特，成就第一微妙之色。』」

「時，雲雷音宿王華智佛告四眾言：『汝等見是妙莊嚴王，於我前合掌立不？此王於我法中作比丘，精勤修習助佛道法，當得作佛，號娑羅樹王；國名大光，劫名大高王。其娑羅樹王佛，有無量菩薩眾及無量聲聞，其國平正，功德如是。』」

語譯：世尊接著告訴我們當年的事情說：

【「當時妙莊嚴王後宮有八萬四千人，全部都堪於任持來修學受持這部《妙法蓮華經》。淨眼菩薩在法華三昧上面是很久以來便已經通達了，而淨藏菩薩已經在無量百千萬億劫之前就通達了離諸惡趣三昧了，他們想要使一切眾生都可以離開一切惡趣的緣故。妙莊嚴王的夫人已經得到了諸佛集三昧，能夠知道諸佛的祕密之藏。他們的兩個兒子就這樣以方便善巧的力量而善於化度父親，令他們的父親心中生信而且能夠理解佛法的道理，開始在心中喜好修學佛法了。於是妙莊嚴王和群臣以及他的所有眷屬們一起出發，而淨德夫人也和後宮的女眷們裝飾得整齊莊嚴，也一起出發；妙莊嚴王的兒子就與四萬兩千人一起出發，分成三個群落，同時去到了雲雷音宿王華智佛的所在。到了佛的所在以後，他們就用頭面接足禮，禮拜過佛陀，然後繞佛三匝，住在一邊。」

「這時雲雷音宿王華智佛為妙莊嚴王說法，並且開示教導來利益他，直到妙莊嚴王心中歡喜為止。這時妙莊嚴王心中有非常大的歡喜，非常愉悅。然後妙莊嚴王和他的夫人，就把頸項佩戴著的眞珠以及瓔珞，價值各有百千兩金，往上散在雲雷音宿王華智佛的上空，就在虛空中變化成了有四根柱子的寶臺；這個寶臺的中央有一個大寶床，寶床上面敷蓋著百千萬的天衣，在這些天衣上面有一尊佛結加趺坐，放出了很大的光明。這時妙莊嚴王更加信受了，心中就這樣子想：『佛陀的金身實在是很希有啊！這樣端正莊嚴特殊、而且不同於凡俗，成就了最第一的微妙之色。』」

「這時雲雷音宿王華智佛告訴在場的四眾弟子們說：『你們有看見這位

妙莊嚴王，在我面前合掌而立沒有？這位國王在我的佛法中出家作比丘，精勤修學熏習幫助成就佛道的種種法以後，未來將會作佛，佛號叫作娑羅樹王佛；他的國度名爲大光，那時的劫名叫作大高王。那位娑羅樹王佛座下，有無量的菩薩眾，還有無量的聲聞眾，而他的國土是平正而無坎坷的，這位娑羅樹王佛的功德就像是這樣子。』」】

講義：妙莊嚴王後宮有八萬四千人，顯然這位國王的國土很廣大，人民豐盛，否則他的後宮不可能住了八萬四千人。諸位想想看，自古以來皇帝後宮最多的大概是中國，沒聽過說古時英國國王、羅馬國王後宮有十幾個后妃；別說十幾個，三、五個都沒有，大多是只有一個，所以算起來他們比較安分。中國皇帝最不安分，所以有一后、二妃、三宮、六院、七十二嬪妃；這些還不夠，隨時有看中意的女人便再納進來。可是這比起妙莊嚴王來也就不算啥了，你看他有八萬四千人，后妃等人可能有幾千人吧？可是他們背後一定有因緣的，從事相上看來好像這國王很貪，可是當他學佛以後，在未來久遠劫而言，對眾生卻是好的。譬如賢劫千佛，他們在無量劫前，是一千位兄弟，都是同一個轉輪王父親所生；而這一千位兄弟約定同一劫中成佛，如今在賢劫中要次第成佛；兄弟之中若有以前已經先成佛的人，也會到賢劫來，依著以前的兄弟順序再來示現成佛。釋迦古佛就是這樣再來示現一次，是因為以前那個願在，所以其他的兄弟到這個賢劫成佛的因緣全部具足了，要來次第成佛時，釋迦如來便依願重新再來示現成佛，就因為無量劫前那一世跟他們是兄弟，大家已有約定：將來成佛的時候大家在同一劫裡面相繼成佛。

那麼現在我們知道這個事情，如果回到無量劫前時，要不要去罵那位國王說：「你為什麼要生一千個孩子？」當然不要罵啊！因為這是我們現在佛弟子們的大福報！可是在那個時候，有些愚癡人也許想：「這國王好貪喔！竟然生了一千個兒子。」但是我們當時若在，應該如此說：「焉知不是未來世眾生之福呢？」現在賢劫已經有四尊佛了，最後一尊就是 韋陀菩薩，他發願要護持九百九十九位兄長成佛，所以最後成佛。那麼依這樣的道理來看他後宮的八萬四千人，將來也一樣會成佛，所以這其實並不壞，對於久遠劫後的眾生會是個福報。

這時因為妙莊嚴王被兩個兒子的大神通給度化了，當然這後宮八萬四千人同時也都看見了，心想：「這兩個如此厲害的王子，大家都無法想像他們的證量，可是他們還有師父呢。」心裡面想：「那師父一定更行。」所以大家都願意遵照雲雷音宿王華智佛的付囑，一起來受持《法華經》；因爲這時信位已經圓滿了，跨越十信位了，所以堪任受持《法華經》。那麼淨眼菩薩在「法華三昧」上，是很久以前就已經通達了。法華三昧我們已經講這麼久了，講了幾年也都是在講法華三昧；所以法華三昧不是只有一個證眞如的事情，它的函蓋面很廣，而淨眼菩薩在這上面已經都通達了。當然，他都已經七地滿心了，怎麼可能不通達？

至於淨藏菩薩，他已經在無量百千萬億劫前就通達「離諸惡趣三昧」了，這表示他有什麼智慧呢？這是說他對於佛十力中的「處非處智力」已經有所瞭解了，只是還不圓滿，所以還想要繼續跟著如來修學。「離諸惡趣」從最淺的層次來說，把大乘見道所斷的異生性斷除了，就永遠離諸惡趣了，也就是說，入地後就永遠離諸惡趣了。但他不是現在才有「離諸惡趣三昧」，而是「已於無量百千萬億劫」以來就通達了這個三昧，所以他這時當然不可能還在初地的階位。那麼這兩位兄弟有這樣的三昧，目的是想要令一切眾生離諸惡趣，這是他們的本願；這個本願影響到他們成佛的速度，當這一品即將講完時，咱們再來談這件事情。

那麼爲了這個原因，他們來受生在妙莊嚴王的皇宮裡面；而妙莊嚴王的夫人淨德，她得到了「諸佛集三昧」；也就是說諸佛所集的勝妙法，她已經如實了知，所以叫作「諸佛集」，因此她能夠知道諸佛祕密之藏。當然，諸佛祕密之藏的根本就是眞如，而這個「諸佛集三昧」就是從眞如繼續深修而次第引生出來的，所以她的證量也不低啊！這兩個兒子就以這樣的「方便力善化其父」，使妙莊嚴王心中對　如來、對佛法已經有所信解，所以他已經開始好樂佛法了。

但是，「好樂佛法」是講得好聽一些，是因爲他看見兩個兒子這麼厲害，在虛空中來來去去、出水出火、履水如地、入地如水等，所以他想：「佛法還是比較厲害。」因此才「好樂佛法」。這時妙莊嚴王就跟他的那一些臣下以及眷屬們，組合成一隊人群；而淨德夫人跟後宮那些打扮得很美麗的女眷們，自行合成一隊人群；這兩個兒子就跟另外四萬兩千人同時，也要前往晉謁　如來。爲什麼又多了這四萬兩千人？因爲他們平常也有一些度化眾生的工作在作，所以也有一些法眷屬，這時就跟他們兩個人組成另外一個隊伍。這樣三個隊伍同時出發，去到 雲雷音宿王華智佛的所在。

到了那裡對 如來「頭面禮足」，也就是頭面接足禮。其實五體投地禮拜時，也就算是頭面禮足了。也就是說，以自己身上五輪著地，額頭、兩手、兩腳，也就是兩隻手各有手肘，兩隻腳也有膝蓋，加上額頭就是五輪；把這五輪都貼到地上來禮拜，便叫作「五體投地」，這是最恭敬的敬禮方式。通常這種敬禮只有歸依時才用，也就是說你對於所歸依的對象才這樣作；如果不是你所歸依的對象，就不作這種禮拜。所以成為三寶弟子以後，特別是你受了菩薩戒以後，對於外道那一些神王等，可以跟他們彎腰鞠躬，可以合掌，可以對他們問訊，但是不能禮拜，因為禮拜就表示歸依的意思。只要不禮拜，與外道天神往來都可以，因為跟他們保持良好關係也不錯，也許未來世你因此而度了他們啊！所以別像某些愚人剛歸依三寶，聽了法師的開示以後，走過道教宮廟時就在心裡「哼！」了一聲，就這樣走過去。這樣是不對的，對於那一些廟裡的各種神祇，你也可以揮個手，在心裡說：「你好。」或者默唸一句「阿彌陀佛」也可以。若是恭敬一點就合掌說：「阿彌陀佛！」這也行。或者你有因緣要進去處理事情，對他鞠個躬說：「阿彌陀佛！」或者向他問訊說：「阿彌陀佛！」都行，只要不禮拜就行了。因爲禮拜是只有歸依的對象才可以禮拜，你是禮拜於佛、法、僧三寶，不禮拜外道一切鬼神。

那麼他們到了　佛陀的所在，頭面禮足，是一個譬喻的方式來說；因爲那麼多人，不可能每一個人都跟　佛陀作頭面接足禮；別說是這麼多人，就單說王子所隨從的四萬兩千人好了，每一個人都要接觸　如來足下，一一頭面禮足要花掉多少時間？如來的腳盤也都要被磨破了。所以說，大家都以五輪著地來禮拜時，就都算是「頭面禮足」了。地是最賤的，大眾以最尊貴的額頭觸地，而地是　佛陀所踩的地方，那就表示他們都已經歸依在　雲雷音宿王華智佛的足下，等於　佛陀在他們的頂上，這是最恭敬的表示法。

頭面禮足之後，接著是「繞佛三匝」；不瞭解的人會想說：「喔？那佛陀一定是坐在很寬廣的地方，而且坐在正中央，所以大家繞著佛陀轉三圈。」若眞是這樣，大眾同繞三圈要多久時間？就比如回教徒朝聖而去麥加，繞著那個神柱走圈圈，那眞的很花時間。「繞佛三匝」卻不必這麼麻煩，是禮佛起立以後，就在原地轉三圈便叫作「繞佛三匝」，這是表示無遮無隱而輸誠的意思。這個繞三圈是古印度的一個禮儀，特別是下對上應該這樣作。但他們爲什麼要這樣作？其實這個繞三匝是讓你看：「我背後沒有藏著壞東西，我是以很清淨的心來禮敬的，完全沒有惡意。」有惡意的話就會在背後藏著一把刀，右繞三匝就表示我什麼都沒有，完全是表示誠心恭敬而來的。後來就被佛教徒拿來用，表示對 佛陀的恭敬和心中都無遮隱的誠意。

也就是說：「我心中已沒有固執己見一類的東西，我心中什麼都放下了，一味聽您佛陀的開示，您說怎麼樣我就怎麼樣。」明白表示放下了自己的所有，全部聽從於 佛，繞佛三匝就是此意。有人爲了表示更加誠懇與恭敬，甚至繞佛七匝；還有人是繞佛無數匝，都是表示恭敬的意思。他們這樣示敬以後住到一邊，不能老是在 佛的正前方待下來。如果在 佛陀的正前方坐下來，會有人抗議的，因爲天人看不見 如來，就會去跟大菩薩們抗議。不必等候大菩薩來跟 佛陀稟明，佛陀就知道了，就吩咐說：「你們靠邊一點，把中間空出來。」釋迦如來示現入涅槃之前也是如此，當時阿難等人不捨 佛陀，在 佛陀面前哭哭啼啼，問完事情也捨不得離開，佛陀就說：「你們要讓開一點，因爲諸天看不見我，心裡起煩惱了。」所以 佛陀所在的地方，正前面一定要空著，以免遮住諸天的視線，所以禮佛之後一定「卻住一面」，不可以禮拜完了就在 佛陀正前方坐下來，這不如法。

這時 雲雷音宿王華智佛就爲妙莊嚴王說法，並且作了許多開示和教導，來利益妙莊嚴王而讓他歡喜；這時妙莊嚴王大大的歡悅，就跟夫人一起把頸上掛的眞珠形狀的瓔珞項鍊，各都價值百千兩金，他們就一起供散在 雲雷音宿王華智佛上方的空中，才一供上去就立刻升上空中，化成一個寶臺，而這個寶臺有四根柱子。這個寶臺爲什麼是「四柱寶臺」而不是三柱、六柱寶臺？也不是七柱、八柱寶臺？這是一個預兆，是預兆說：這位妙莊嚴王將來會怎麼樣。也就是說，他們很歡喜而至誠供養了這兩串寶貴的眞珠瓔珞項鍊之後，在空中變化成四根柱子的寶臺，已經預兆他們將來會成佛，主要是妙莊嚴王將來會成佛的事。成佛一定具足四種涅槃，如果誰宣稱成佛了，竟然連半個涅槃都沒有，那要叫作欺誑佛——專門騙人的佛，當然是假佛。成佛時一定具足四種涅槃，初入地時一定要先具足三種涅槃，然後留惑潤生而只剩下本來自性清淨涅槃。但成佛時一定具足四種，也就是二乘所證的「有餘、無餘涅槃」，菩薩所證的「本來自性清淨涅槃」，加上佛地才有的「無住處涅槃」，一定具足這四種才可以說他成佛。那麼這是一個預兆，預兆妙莊嚴王會證得佛果。

而這個寶臺正中央有一個「大寶床」。「大寶床」一定很華麗，不然怎麼叫作寶？一定有各種寶石裝飾。你們如果有去印度朝禮聖地時，旅行社會安排順便旅遊，也會去阿格拉堡，那裡還有一個國王的墓。另一位國王興建了泰姬瑪哈陵，是因爲他妻子早年死了，他爲了紀念那個妻子，爲她建造了泰姬瑪哈陵，全部都是大理石做的，聽說做了幾十年才做好；但他被奪權，老年時關在不遠處的一個城堡中，只能遙望妻子的陵寢，眞是凄涼。泰姬瑪哈陵和另一位國王的陵墓中，有許多地方牆壁都鑲嵌著寶石。也就是把大理石牆面刻洞，再把一些寶石鑲上去；看那些寶石是要作成花、鳥或者魚等圖樣，然後鑲嵌進去再磨平，就像紅木家具鑲嵌了貝殼一樣的道理。以前我們去的時候，有一些比較珍貴的寶石都被偷挖走了。

回到經文來，意思是說，這是一個鑲嵌很多寶石的珍貴座位，那個座位比我這個法座大，足夠讓人斜躺下來，這叫作寶床。印度話說的大寶床並不是說椅子，因爲它比椅子高廣多了，所以就叫作床。菩薩坐臥高廣大床是犯菩薩戒的，這不是說在家裡睡覺的時候，眠床做了一丈高，又有幾十平方米那麼大；而是說接待賓客的時候，沒有跟賓客平起平坐，座位特別高、特別大，可以側躺在上面來接待賓客，就叫作「坐臥高廣大床」，並不是指睡覺時的床鋪。至於繩床，是四根柱子釘在地上，然後用繩子織成網狀；或者把網子綁在四根柱子上，坐在這樣的繩床上，坐起來就不會熱。那麼這四柱寶臺上面的大寶床，並不是用來睡覺的床，而是可以端正坐在上面說法的座位。

為什麼會有這個「大寶床」來作預兆？因為妙莊嚴王本來是修學外道法；婆羅門法中有許多世間法，特別是其中的禪定跟五神通修好以後，在世間人看來是很莊嚴的。假使有人長得醜醜的，可是具足了四禪，又有藉四禪而修得的五神通，大家看他時都會覺得很莊嚴，不會覺得醜，因為可以幫助大眾；那麼大眾見了他就會覺得很親切，這就是莊嚴。那麼因為妙莊嚴王修學外道的禪定以及五神通，他也有一些小成績了，雖然沒有辦法像這兩個兒子這麼厲害，畢竟也有一點小成績。這時因為對於佛、對於法的恭誠信受，心中非常的歡喜，所以作了這麼大的供養，因此他這個寶臺上面會有一個大寶床；也就是說，他原來是一個外道之身，現在來莊嚴佛法；是以國王的身分，將他在外道法所修學的證量來作莊嚴，將來成佛時就一定會有一個大寶床，可以讓他坐著爲大眾說法，因此這時示現成就了「大寶床」——捨外道法趣向佛道的一個預兆。

然後「大寶床」上有百千萬件天衣，天衣都是很柔軟也很薄，天衣絕對沒有厚的，如果天衣有像羊毛衣棉衣這麼厚的，一定不是天衣。我們的縵衣布料算很薄了吧？但天衣比這個還要薄，因此非常之輕。「大寶床」上敷蓋百千萬件天衣，層層疊疊鋪在很大的寶床上面，是不是顯得很尊貴呢？坐起來當然也是很舒適。但爲什麼會有敷蓋數百千萬天衣的預兆？因爲他以前修學的是外道法，外道法中修學的很多婆羅門法比梵志的更雜。梵志只是一心想要修學出離三界之法，修的是清淨行；可是婆羅門學的非常雜，世間的營生，包括治理國家，以及四禪八定加上五神通等，學得太雜，所以他們的法也很多。如今那麼多的法都要迴向佛道來了，將來他在菩薩道的行道過程中可以拿來利樂眾生，所以這時他示現出來的預兆就是「大寶床」上敷著百千萬的天衣。

「其上有佛結加趺坐，放大光明」，是說這個「大寶床」的百千萬天衣

上面有一尊 如來，結跏趺坐在那上面，並且放出了大光明。這是什麼預兆？百千萬天衣敷在寶座上而有 如來端坐，這示現說他將來是會成佛的，未來同樣會有像這一尊佛一樣的莊嚴報身，然後放出大光明照耀無明眾生；就是他將來成佛時會有智慧光明普照一切眾生，這就是一個預兆。妙莊嚴王看見這個現象時，他不知道那是他未來的預兆，所以心裡就想：「**佛陀色身實在太稀有了！**」因爲他看見 如來的莊嚴相，有三十二大人相、八十種隨形好。他只看見這個表相，沒有看到 如來的實質，因爲他這時還沒有實證。所以他想：「**佛身希有，端嚴殊特，成就第一微妙之色。**」他很羨慕佛的這個色身莊嚴，這其實也是一個預兆，表示他將來會成就三十二大人相，會有八十種隨形好，而他不知道這些都是預兆。

雲雷音宿王華智佛一看就知道了，所以就向比丘、比丘尼、優婆塞、優婆夷們說：「**你們看見這位妙莊嚴王在我面前合掌而立沒有？**」然後就告訴大家：「**這個國王，在我的佛法中出家來作比丘以後，他很精進、很勤勞來修學熏習助佛道法，未來會成佛，名號叫作娑羅樹王佛。**」這是在告訴他說：「**你要來出家，出家以後精進修行可以成佛。**」佛號都已經確定了，也就是要叫他出家作比丘。可是這位未來的「娑羅樹王佛」一時沒聽出 雲雷音宿王華智佛的言外之意，因爲他還不太懂佛法。佛陀告訴他：「精勤修習助佛道法」；並不是直接修學佛法，要先精勤修學熏習幫助自己佛道成就的種種法，然後將來會成佛。這告訴他要先作什麼？要先學種種的次法，而且他得要很精勤的修學。這樣看來，他被授記到底該高興還是該怎麼樣？（大眾回答：高興！）高興？可是你如果有智慧，就高興不起來：「因爲我不能一開始就學法，我要先精勤修習助佛道法，都是次法。」

這是要他很精勤來修學、很精勤來熏習幫助佛道成就的其他次要的法，那麼是要修學什麼？要先精勤修十善業道，這還只是剛開始；然後要精勤修習五停心觀，這些都是「助佛道法」。不管是誰，只要在之前沒有先修集佛菩提道中應有的資糧，他一定要先修學熏習「助佛道法」；就是要先受五戒，先修十善，這一些都修好了再修學五停心觀。現在有很多人看見正覺同修會教人家開悟，他們心想：「我去正覺報名共修三個月就應該開悟了。」一切助道法都不肯修，只想著三個月就能開悟；嘿！沒想到進了禪淨班，親教師教導一些學法的觀念，教導該怎麼憶佛、念佛、拜佛；他想：「我聽了三個月，**還沒有教我佛法知見。**」受不了，於是就離開了。這表示他根本就沒有因緣可以證法，因爲次法都還沒有實地修學。就好像一個人想要蓋三樓，才把土地整平，連地基、地梁都還沒有挖，更沒有把鋼筋放進去，他就說：「**我明天要蓋三樓了。**」就像這個道理一樣。

妙莊嚴王因爲在此之前都只是學外道法，這一世如果不是他的兩個兒子來投胎受生，他不會接觸到佛法的，所以他必須先在次法上好好修學：要先受五戒、修十善，這一些都修好了才修五停心觀。一定要先有一些基礎的法作資糧，如果沒有這一些法作資糧，他修了法，而你給了他正法，也沒有用，他反而心疑不信，然後謗法、謗賢聖，結果就是死後墮落三惡道，有百害而無一利。所以 世尊告訴他：「**先精勤修習助佛道法。**」

好比有人讀了《阿含正義》以後就認爲自己證阿羅漢果了，那我就說他沒有把書讀好。有的人讀完時說他證得初果了，我也說他沒有讀好；因爲證初果之前得要先把定力作好，若沒有未到地定，最少也要有欲界定。一般而言是要有未到地定才可以。那麼證阿羅漢果呢？且不說阿羅漢，單說證三果就好，至少要有初禪不退的禪定實證，並不是理解三果人的智慧就行了，而這些就是次法。若沒有這些次法作基礎，所謂的證果全都假的；因爲那都是乾慧、狂慧，並沒有實質。

譬如有人認了一位大富長者作乾爹，那是不是眞正的爹？並不是啊！所以捨報時一毛錢也不留給他，只會留給自己的兒子。因爲他只是乾兒子，沒有兒子的實質。同樣的道理，證初果之前，你得要先修五停心觀中的一種，或者數息、或者念佛觀等等，並且得要有成績，讓你發起了未到地定；有了未到地定，你來觀行三縛結的內涵，如實現觀五陰十八界的苦、空、無常、無我，然後心得決定時，依憑這個定力次法作支柱，你的智慧才可以證初果，否則不可能轉依也就不是證得初果。

三果人叫作「不還欲界」，既然不還欲界，證三果的人總得要有初禪的實證吧？總不能口說「我不再來欲界了，所以我是三果人」就算數，那他憑什麼不來欲界？就好像有的人常常說：「唉呀！作人太苦了，我下輩子不作人了，我不來人間了！」我說：「那你要去哪裡？」（大眾笑…）因爲去天上還輪不到他，他從來不修十善業道，沒有機會生去欲界天；那色界、無色界更甭提了，因爲他連未到地定都沒有，就問他：「你不當人，那你要去當什麼？」只剩下三個東西可以選擇，他當然不想要，結果還是繼續來當人了。（大眾笑…）所以不想當人時得要有不再來當人的能力，例如持五戒、修十善業道，然後說：「我要往生欲界天去，不當人了。」這倒可以啊！如果說：「我不想待在欲界，不清淨呀！」那麼想要生到色界天去，行！有沒有初禪、二禪？要有那個實質才能那麼說的。

同樣的道理，若是過去世不曾學佛，現在是第一世開始學佛，發了大心當菩薩，帶了一大群眷屬來學佛；當然可以，但是他得要先努力修學助道法。佛菩提道的助道法得要一一修學，所以五戒、十善、菩薩戒、五停心觀都一定要學；然後看看三十七道品裡面有哪些是他應該再學的，而二乘法的四聖諦、四念住、四正勤，以及五根、五力、七覺支、八聖道等，他都得要學呀！這就是助道法。這一些佛菩提的助道法，他都學好了，然後繼續再修學，才能說他未來「當得作佛」。這個「當」到底是多久，等這一品講完時你就知道是多久了。你無法想像這一「當」到底是幾劫以後的事，等這一品講完時你就會瞭解了，現在先不談它。當時 佛陀說他「當得作佛」，並且把佛號告訴他，說是「娑羅樹王佛」。那麼你想，雲雷音宿王華智如來是不是極有智慧？這麼一講，妙莊嚴王不出家才怪呢！連佛號都有了怎麼還不出家？他這一出家，就會有好多人跟著進來佛法中，所以就這樣先為他授記。這也顯示他在往昔很多劫以來就修學佛法而具有善根了，才可能被授記，因此說他是「為欲發起宿世善根，饒益我故」，若是僅此一世是不可能具足完成剛才所說的次法與三十七道品等，就不可能被授記。

講到這裡，現在有個問題是：為什麼他的佛號叫作娑羅樹王？娑羅樹長得既高又廣，能夠成為娑羅樹中的「王」，那是加倍的高廣；表示這棵娑羅樹王跟一般的娑羅樹不同，一般的娑羅樹所能夠為眾生遮蔭是有限的，但它加倍高廣，所以叫作娑羅樹王；這個娑羅樹王所庇蔭的眾生就非常之多，表示他將來成佛時所度化的眾生是非常多的，可以廣蔭群生，所以他的佛號就叫娑羅樹王。而且眼前就可以看見，他帶了這麼多人前來，都是要出家的人，可以預見他將來一定是廣蔭群生，他未來的這個佛號就是這樣來的，所以就叫作娑羅樹王佛。今天只能講到這裡。

當菩薩就是忙，除了忙還是忙；忙到把禪三報名表都忘了帶來給教學組，可能明、後天得再跑一趟。到底在忙什麼？忙著寫書。那本《涅槃》今天寫到三十萬多字出頭，本來預定是二十萬字，結果是三十萬字出頭了，看來要再加兩萬字吧？潤飾的時候就一直補充上去……。擴音機調整好了？好！《妙法蓮華經》上週講到二〇一頁，第三段第二行，今天要從下面兩句開始：「**國名大光，劫名大高王。**」妙莊嚴王成佛時，佛號為「**娑羅樹王佛**」。

他的國名為什麼叫作「**大光**」？我們上週說他得要修很多的「**助佛道法**」，將來才能成佛。他成佛的時候，廣蔭群生，那國名為什麼會叫作大光？也就是說他在因地這個時候，是愛樂外道法的；因為愛樂外道法的緣故，所以他成佛的過程中，有許多對於外道法的理解而了知外道的真相，他可以在為眾生說法時一一加以破斥，讓大家瞭解：那些外道們宣稱可以讓人得解脫，其實都不真實。他從因地菩薩位中就得要破斥那一些邪說，藉著破斥邪說，讓眾生破除對外道法的無所知，就能離開黑暗的無明境界，這就是他的國名稱為「**大光**」的原因。也就是說，打從因地開始，他對外道之法無所不知，所以能夠究竟而廣泛地破斥；破斥時眾生心中的黑暗無明離開了，表示他的國度是有大光明的，所以他的國名叫作大光。

那麼他的國名會稱為「**大光**」，還有另一個原因，因為他是轉輪聖王出家，雖然以前愛樂外道法，但是那些都是世間善法而不是惡法；因為他喜歡的是婆羅門法，婆羅門法也是要奉持五戒、十善的，但全部都是誤以為可以解脫得安樂的法，在佛法中仍然說那是無明；而他知道那一些法的錯誤，所以他在佛法中修證以後，弘法過程中就不斷地顯示那一些婆羅門外道法中的種種錯誤，令眾生知道那不是眞正可以讓人解脫之法，所以破除了黑暗而顯示了光明，就稱為「大光」。這也是跟他當轉輪聖王的時候，也就是出家之前以善法治化國家有關。

那他的劫名稱為「大高王」，為什麼那個劫叫作「大高王劫」？因為他成佛時那個劫就因為他的緣故而命名。又因為他是捨棄轉輪王位來出家，所以劫名中當然要叫作「王」，所以那個劫叫作「大高王劫」。而他在成佛的時候，那時是改取佛位，因為佛是法王；他是輪王出家修行，最後成佛成為法王，所以就稱為「大高王」劫；「高」就表示說他就像娑羅樹王一樣，所以那個劫也要叫「大高王劫」。

接著說：「其娑羅樹王佛，有無量菩薩眾及無量聲聞，其國平正，功德如是。」未來的「娑羅樹王佛」成佛時，為什麼會有無量的菩薩眾以及無量的聲聞？因爲他是轉輪聖王出家，又帶了許多眷屬一起出家，因此他所治化的有情非常之多；這些眷屬跟著他出家以後，一起修行又輾轉引生許多的眾生緣，在他成佛的過程中同聚修行；連同他所治化的廣大人民，他成佛時就會有很多的弟子，因此說他有無量菩薩眾、無量聲聞。那他的國度是平整而完整的，不是散缺的，也就是說他出家的時候，以及出家之前的因緣，導致他在未來成佛時可以普攝眾生，因此國土是平正的；因爲他是從外道法來的，所以將來弘法的時候，也是普攝一切外道都進入佛法之中。因此他對一切有情是平等看待而繼續度化直到成佛的。所以說他「**其國平正**」，他的功德正是如此。

但是諸位看他這樣子成佛，我們已經知道他學佛之前很喜歡婆羅門法，這表示他學佛那一世之前也很喜歡世間法；因爲婆羅門法號稱可以解脫，可是他們所修行的都是世間法，那麼他們出家之後心性也是會帶有繼續喜歡世間法的習氣，所以很容易分心在世間法上面；那諸位想一想：「**這樣到底是好處還是壞處？**」好處？壞處？有好有壞啦！好，就是他可以攝受非常多的眾生，有一句話說「廣結善緣」，然而廣結善緣時，他修行的時間就被瓜分掉，道業上的用功自然就減少了；那麼這樣成佛時當然會有無量眾生，也有無量聲聞、無量菩薩，可是成佛也比較緩慢，這是必然的。如果有方便善巧，成佛就快；雖然如此，可是有些人縱使有方便善巧，成佛可以很快，但他並沒有想要快速成佛，這個題目我們後面再來說。由此來看，雲雷音宿王華智佛看到妙莊嚴王的狀況，已經知道他將來成佛的過程以及成佛以後的情況，所以作了這樣的預記。

那麼 雲雷音宿王華智世尊這樣爲你預記以後，你會不會馬上出家跟著佛陀修學？會！沒有人搖頭。那我們來看看妙莊嚴王在被 世尊授記以後是不是眞的就出家了？

經文：【「其王即時以國付弟，與夫人、二子并諸眷屬，於佛法中出家修道。王出家已，於八萬四千歲，常勤精進修行《妙法華經》。過是已後，得一切淨功德莊嚴三昧，即昇虛空，高七多羅樹而白佛言：『世尊！此我二子，已作佛事，以神通變化轉我邪心，令得安住於佛法中，得見世尊。此二子者，是我善知識，爲欲發起宿世善根，饒益我故，來生我家。』」

「爾時雲雷音宿王華智佛告妙莊嚴王言：『如是！如是！如汝所言。若善男子、善女人種善根故，世世得善知識；其善知識能作佛事，示教利喜，令入阿耨多羅三藐三菩提。大王！當知善知識者是大因緣，所謂化導令得見佛，發阿耨多羅三藐三菩提心。大王！汝見此二子不？此二子已曾供養六十五百千萬億那由他恒河沙諸佛，親近恭敬，於諸佛所受持《法華經》，愍念邪見眾生，令住正見。』妙莊嚴王即從虛空中下，而白佛言：『世尊！如來甚希有，以功德智慧故，頂上肉髻光明顯照，其眼長廣而紺青色，眉間毫相白如珂月，齒白齊密常有光明，脣色赤好如頻婆果。』」

「爾時妙莊嚴王，讚歎佛如是等無量百千萬億功德已，於如來前一心合掌，復白佛言：『世尊！未曾有也。如來之法，具足成就不可思議微妙功德，教、戒所行，安隱快善；我從今日，不復自隨心行，不生邪見、憍慢、瞋恚諸惡之心。』說是語已，禮佛而出。」

語譯：【如來爲妙莊嚴王授記了，這時妙莊嚴王就立即把他的國家交付給弟弟，與他的淨德夫人和兩個兒子以及所有的眷屬，就在雲雷音宿王華智如來座下出家修道。妙莊嚴王出家了以後，經歷了八萬四千歲，始終一貫不變地精進修行《妙法華經》，過了這八萬四千歲以後，他得到了一切淨功德莊嚴三昧，於是他就上昇於虛空中，有七棵多羅樹那麼高，而向佛陀稟白說：「世尊！我這兩位兒子，已經作了應該作的佛事，用神通變化來轉變我本來已經偏邪的心，使我可以安住在佛法之中而能夠前來晉見世尊，這兩個兒子就是我的善知識，爲了要發起我妙莊嚴王過去久已修行的善根，來饒益我的緣故，所以來出生在我家裡。」

這時雲雷音宿王華智如來告訴妙莊嚴王說：「就像是這樣啊！就像是這樣啊！就是如同你所說的這個樣子。如果善男子、善女人種諸善根的緣故，一世又一世都會得到善知識啊！他所得到的善知識，可以爲他作各種的佛事，開示教導利益他而讓他於法生起喜悅，並且會引導他進入無上正等正覺。大王！應當知道善知識是大因緣，善知識可以教化引導、使得有緣的人可以親自見佛，而發起了無上正等正覺之心啊！大王！你看見這兩個兒子沒有？這兩個兒子已經在過去供養了六十五百千萬億那由他數的恆河沙數諸佛，於一一佛親近恭敬，並且於一一佛所受持《妙法蓮華經》，他們是憐愍憶念著那些邪見的眾生，要幫助他們住於正見之中啊！」妙莊嚴王聽到雲雷音宿王華智如來這樣開示完了，就從虛空中下到地面來，向佛陀稟白說：「世尊！如來非常地希有啊！因爲有功德與智慧的緣故，所以頂上的肉髻光明輝發，明顯地照耀一切有情，而如來的眼睛長又廣，並且是紺青色，眉間的白毫相潔白猶如貝殼內面的顏色一樣，又好像明月一般大放光明，牙齒潔白整齊並且沒有隙縫，而且常常放射出光明，嘴唇的顏色帶著紅色，而且是令人感覺很美好的，就猶如頻婆果一樣的出色。」

這時妙莊嚴王讚歎了雲雷音宿王華智如來這一類無量百千萬億功德以後，就在如來面前虔敬一心合起雙掌，又稟白佛陀說：「世尊！眞的是稀有難得啊！以前所不曾有的。如來妙法，具足成就了不可思議的微妙功德，凡所教導、凡所授戒，弟子眾等奉持而實行以後，都得到了安隱而且沒有繫縛，並且都是善法；我從今天開始，不再自己隨著心裡面所想而去造作，也不再生起邪見、憍慢、瞋恚種種不好的心行。」說完這些話以後，禮佛以後再離開。】

講義：這意思是說 雲雷音宿王華智如來知道他法上的因緣，因爲已經看見他過去世修行的狀況；並不是成佛以後可以隨便找個人就作授記，一定是有過去世的因緣已經看見了，才可以為人授記。諸佛不必像三明六通的大阿羅漢一樣，阿羅漢們想要知道人家的過去，得要入定用神通去看；但諸佛不用這樣子，因為諸佛都有十力，其中一個叫作「宿住隨念智力」；當如來遇到一個有情，如果想要知道那個有情的過去，到底是造作了什麼善業、惡業等等，只要動個念頭就能看到。也就是說，這個有情過去世住在什麼樣的境界中，如來隨念即知，不必入定去觀察。因此 雲雷音宿王華智如來看見妙莊嚴王供佛時的狀況，見他來禮拜之後的情形，已經可以完全了知他未來將會如何。

所以作了授記以後，這個妙莊嚴王當然很歡喜：「如來都說我將來會成佛，連佛號名稱，以及國土如何、國名如何，聲聞弟子、菩薩弟子有多少，都為我說明了，顯然不是虛語。」於是心中很歡喜，當然就要出家了。不論是誰，只要有佛授記他將來會如何成佛，就應該當下出家，什麼都不需要再思考了。如果還在那邊思考：「我出家了，家裡漂亮的老婆怎麼辦？我那麼多財產，我兒子會不會把我花掉？」那就太愚癡了！所以妙莊嚴王當時就向佛陀請求出家修道。可是出家之前一定要先把世俗事作一個了斷，因此他就把國家交付給弟弟；因為他知道，比自己有善根的淨德夫人，以及證量比自己高的兩個兒子，當然一定都會出家，這時他當然不必再考慮眷屬了！因為一般說來，會成為眷屬，都是有往世的因緣；若沒有往世的因緣，很難相聚的。

有人想：「那我這一世死了，我要投胎到哪一對父母那裡去？那我又不知到時候怎麼去投胎。」其實不愁。也有人想：「如果第一次中陰身出現後，我走不開，眷戀著我那個金孫；那麼頭七過了以後，萬一原來的那一對父母、那個家被人家投胎去了，那我怎麼辦？」其實不必愁，因為每一個人無量世以來都有無量的父母，第二次中陰身時自然會有別的因緣出現，這根本不用愁。有的人擔心生不了兒子、女兒，那只有一個情況，就是他那個人孤僻，就像閩南話說的孤骨；生來就是一根骨頭，人家渾身有好多骨頭，他竟然只有一根，因為他都不喜歡跟人家一起，那他就少有子女的因緣。因為他每一世都這樣，當過他子女的人，後來都發誓未來世不再當他的眷屬，不想要在未來世每天見了就是怒目相對。人家發願不作他的孩子，所以他老是生不了孩子。

有的人生孩子不一樣，有的人發願說：「**我只要生菩薩子，我不要生一般的孩子。**」那他要生孩子也難，因爲得要等到有菩薩願意來——剛好有菩薩捨壽了來投胎，所以他要生孩子也難。不過這也還好，因爲還是有那個福報，可以去求 觀世音菩薩、求 佛陀幫忙安排，也是會有的。最怕的就是孤骨，或者閩南話還有一句話叫作孤窟，因爲人家是一窟又一窟，大家聚集在一起生活；他卻是旁邊都沒有鄰居，就只有他一窟淺水，不久也就乾掉了。所以說，其實這個不用擔心，因爲每一個正常的人，無量世以來都曾有過無量的父母；菩薩戒裡面不也這麼說嗎：「**一切男子是我父，一切女人是我母，我生生無不從之受生。**」本來就是這樣子互相作因緣的，所以這個不用擔心。

既然會當眷屬，而且不是成爲怨家，當然是往世互有因緣；既然有因緣，他又看見淨德夫人修行很好，而那兩位兒子的證量更是無法想像，所以他知道說：「**這時不必考慮了，我一出家，他們就會跟我出家；因爲他們一定早就想要在佛陀座下出家了，只是被我遮止而已，原來我是個大惡人。**」所以他想：「**只要我出家，大家便都出家了，那麼大家都圓滿了。**」所以他把國家交付給弟弟，然後就跟夫人、兩個孩子，以及所有的眷屬，同在佛法中出家了。

出家了以後，他在八萬四千歲中努力修行。我們現在一般人活不到一百歲，超過一百歲就叫作人瑞了。但我不曉得何瑞之有？因為老到那個地步，髮蒼蒼而視茫茫，耳背加上牙齒動搖，身體老覺得不好用，腰都直不起來，還要策杖而行，眞的是苦啊！可是如果到　彌勒菩薩來示現成佛時，人類將有八萬四千歲可活，那才好呀！那麼妙莊嚴王出家以後，整整一生都在修行，他要修很多的「助佛道法」；可是這八萬四千歲，他得要先證道才行；如果不先證道，那他在　雲雷音宿王華智如來座下就難有成就了。而且他親隨　如來學法，假使都沒有成就，也眞的是太差了吧？所以逼得他要有所成就。因為　雲雷音宿王華智如來都已經當眾為他授記了，他可不能一事無成啊！不然人家背後指指點點說：「這妙莊嚴王，如來說他未來會成佛，佛號等等全都授記了，然而我們看來卻是不像。」那這樣，他可就很對不起　如來了，所以他得要精進修行；而他所精進實修的是《妙法蓮華經》，就是依於如來藏妙法而精進修行。

那他為什麼要經過八萬四千歲修行？有沒有聯想到什麼？也就是說他

必須要把八萬四千塵勞斷除。換句話說，他得要證得阿羅漢果，然後在無生法忍上有所實證。那八萬四千塵勞，一個塵勞用一歲時間去修；當他把這一些塵勞斷除了，可以出離三界生死，這叫作斷除八萬四千塵勞，心境不住在三界中，而這只是解脫道上的實證而已。接著「常勤精進修行《妙法華經》」，也就是針對如來藏妙法，其中有許多他應該要修行的，不是只有受持就行了，單單受持是不夠的。有些大師總是說：「恭喜你開悟了，大事已畢。」然後徒弟問說：「師父！那我開悟以後怎麼辦？該怎麼繼續修行？」師父說：「不用修行，你只要每天吃飯睡眠，隨緣度日就好。」

若是遇到這樣的師父，徒弟想要成佛；且不說成佛，單說入地就好，這徒弟想要入地的話，得要作一件事，就是聽雞鳴：咕—咕—咕—（閩南語，諧音是久—久—久）。因爲師父不教導他悟後該如何進修，然後可以到達初地的事；他就這樣隨緣了舊業，舊業了了以後還是在三賢位中；因爲舊業全部都一一報償以後，他解脫果既沒有完成，廣大福德也沒有修集，因爲師父沒教他要修廣大福德；然後他的無生法忍也沒懂得如何修，那他要怎麼辦？當然只有一件事情可以作——聽雞鳴，以外無別事。所以師父如果在你悟後說：「恭喜！大事已畢，此後只要隨緣了舊業就好，不必修行。」那你就說：「喔！原來師父叫我聽雞鳴喔？」師父這時就該懂得慚愧了。

很多師父會怎麼講：「師父引進門，修行在個人。」我引你進門幫你開悟，悟後修行就是看你自己了。其實不然，所以要「常勤精進修行《妙法華經》」。這樣精進修行八萬四千歲以後，妙莊嚴王是得到「一切淨功德莊嚴三昧」，這個簡稱爲「淨三昧」，這是初地心之所證，已經入地了。那你想：「這樣算很快了，八萬四千歲就入地！」其實不然，講過兩三行經文時再來說明這一點。他證悟「此經」妙法蓮華以後，還有很多要修的，那入地時所須斷盡的八萬四千塵勞，是他一生中八萬四千歲去完成的，這算起來是很慢的。因爲你看佛世一千兩百五十位大阿羅漢，全都是一世就完成了，一世就證阿羅漢果而斷除八萬四千塵勞；這些大阿羅漢座下也各有許多阿羅漢弟子，也都是一世完成，那麼多的阿羅漢加起來不只一萬人。因爲每一個阿羅漢座下都有許多阿羅漢弟子，可是那些阿羅漢們爲什麼不是大阿羅漢？爲什麼仍然只是阿羅漢？當然有其緣由。是因爲往世的修行很晚，這些大阿羅漢們在《法華經》中，一一被授記是往世多劫以來就隨著 佛陀修學的。

好，現在這個先擺下，回來說他「常勤精進修行《妙法華經》」，那到底他是修什麼？也就是說證悟以後不能就沒事了，證悟以後該修行的事更多，所以不該說：「我只要開悟了，大事已了，從此就可以優哉游哉。」因為他這樣子修行就會在三賢位的第七住中原地踏步，所以證悟以後有應該要修的法，並不是一悟就入地。如果有人要主張說：「我悟了就是入地了。」不如乾脆主張說：「我悟了就是成佛。」為什麼口氣不大一點？因為有根據啊！《六祖壇經》講的是「一悟即至佛地」，為什麼心量這麼小？只敢說「我悟了是初地菩薩」？但是我說，這兩種都別講，講了就是個大災殃——來日有殃在，除非把六祖所說拿來當作自己的所證時，說明自己是相似即佛，也就無過。為什麼呢？因為不論是般若諸經或者律部的《菩薩瓔珞本業經》，或如根本論 彌勒菩薩的《瑜伽師地論》，或者是《顯揚聖教論》、《成唯識論》，全都告訴我們悟了還沒有入地，除非你過去世已經入地了，但因還沒有離開胎昧，這一世來一悟就可以入地，否則最好保守一點。

那麼很多人攻擊我，說我是在貶抑禪宗。我說：「我貶抑了禪宗，對我有什麼好處？」都沒有好處啊！因為我貶抑了禪宗以後，變成修行要更辛苦了，對我全無利益。但他們爲何要這樣反對而說我在貶抑禪宗？因爲他們認爲證悟離念靈知的時候一念不生，那就是開悟了，就是初地菩薩了。他們都是這樣認爲，當我說禪宗開悟明心了才只有第七住位，他們當然很生氣：「**我本來是個初地聖人，今天變成三賢位的外聖內凡的凡夫了，這還得了！**」但我只是說如實語，因爲自己眞實證悟以後，有沒有初地的那個本質，是必須要先檢查的；如果不懂得檢查而自稱入地了，那其實是把自己的雙腳綁上兩顆特大號的鐵球，使自己不但無法邁步前進，而且捨報以後下地獄的速度更快，因爲那個業很重。

所以說，證悟之後想要得到「**一切淨功德莊嚴三昧**」而入地，必須有一段修行的過程。那麼入地所應該具備的廣大福德我們就不說它，入地前應該作什麼？至少要保住初果的解脫道證量不退；如果善知識幫他證悟以後他又回去認取離念靈知，那他連初果都沒有，這就保不住他證悟者的身分。證悟之前還得要有未到地定，也就是說，你對無相念佛的功夫如果修得很好，那你這是動中的未到地定；不必羨慕人家一入定三個小時如如不動，因爲他下了座以後，心是散亂的。但你在日常生活中是淨念相繼的，他永遠辦不到，證明你的定力其實比他好，你只是沒有進入定境而已。這個定力是在見道前就必須要有。

明心見道後證得眞如了，接著你得要好好去修行；假使證得眞如時，一悟就入初地的話，那些大阿羅漢們第二轉法輪初期，佛陀以教外別傳的方法幫他們證眞如了，他們就該入地了，就只要開始直接修學無生法忍就行了，但爲什麼還要二十二年跟著 世尊修學《般若經》？並且 佛陀講般若諸經時，整整講了二十二年，而般若諸經到底在講什麼？他們竟然都不知道。有很多人閱讀《大般若經》六百卷，以前有一個佛教界早期有名的人，後來跑到大陸去，他兒子還娶了空行母，他自己說，他在一個女士的指示下讀了整整六個月才讀完，問題是他讀懂了嗎？沒讀懂！因爲他講不出一個所以然來。《大般若經》六百卷，是怎麼一個鋪陳的過程？他並沒有弄清楚。

世尊說法是有次第的，祂先告訴你：「依於所證的眞如，來看眞如可得不可得？」結果這些迴小向大證眞如以後的大阿羅漢們，大家一個個觀察說：「從我眞如的境界中來看，其實眞如不可得；再從眞如來看自己這個有情，色、受、想、行、識，眼、耳、鼻、舌、身、意六根，色、身、香、味、觸、法六塵，眼、耳、鼻、舌、身、意六識，這十八界組成五蘊，成為我這個有情；那麼從眞如來看我這個有情的時候，其實我這個有情是假的；因為眞如既不看這個有情的眞與假，所以這問題並不存在。然後由眞如來看這個有情的時候，這個有情從眞如所生，而有情都是生滅無常，全部虛假。」

這樣，你作過這個觀行，一一去把它具足作過，你可以漸漸走到第十住位。在第十住位的時候要設法眼見佛性，當你看見佛性的時候，遍滿山河大地、遍滿虛空都是自己的佛性；一切都虛假，連山河大地都是假的，就別說自己這個五陰世間，只有佛性眞實，這時你有了如幻觀。接著再從眞如來看一切有情，一切有情跟自己一樣都是虛假，那你現在就有一個智慧了，叫作「遍觀一切有情虛假」，簡稱為「觀有情假緣智」。

有這個智慧時是否可以離開第十住位了？還不行，你還得要依於眞如來看這個智慧存在不存在？當你從眞如來看的時候，這個智慧也不存在啊！當你一天到晚想：「我有這個智慧。」那你已經落在「我」裡面了。因為智慧是「我」所有，那你已經知道「我」是虛假的，你有這個智慧說「一切有情假緣而有」，所以你現在有這個「有情假緣智」。那你想要進入初行位中，得要依眞如來觀察：其實這個智慧也不存在，這樣才是得大乘解脫。所以這時就要把自己心內這個有情假緣而有的智慧也遣除掉。你有這個眞如的智慧就好，不必每天記掛著說：「我有這個智慧。」這樣才是解脫。那這樣你就過完十住位，進入初行位中；否則你見性以後還是會在第十住位不斷原地踏步，心裡面老是想著：「我有這個有情假緣智。」可是你並沒有把它遣除掉，沒有回歸眞如的無所得，就進不到第十行位的初行位中，這就是《大般若經》前面那部分告訴你的道理，我把它綜合起來簡單地告訴諸位。

有些人讀《大般若經》時，讀了第二句便忘了第一句，爲什麼呢？因爲每一句經文都很長：第一句就很長了，第二句又要遣除這一句所說內涵時，又得加上好多話來說明，所以更長；因此這一句的意思讀完的時候，那些道理在講什麼？已經忘了！可是你用證眞如的境界來讀時就很容易懂，而且我現在告訴你的是：要把有情身上的每一個局部都觀察是虛假的，整個觀察完成了，再來觀察一切有情跟自己一樣，然後要把這個智慧遣除掉，不再記掛這個智慧。因爲在眞如之中沒有智慧，你既依於眞如就不該有智慧；智慧可以用，但不必時時記掛著這個智慧。眞如的自身境界中沒有智慧，還記得佛像背後掛的《心經》嗎：「無智亦無得。」所以要把這個智慧再從心內遣除掉，遣除掉了就叫作「內遣有情假緣智」，這樣才過完十住位。因此說，證眞如以後不是沒事了，事情還有很多啊！

接著進入初行位，你想要完成十行位的功德，得要累積很多的福德。那些福德要怎麼累積最快？在初行位中累積最快。初行位是怎麼修集大福德？要救護一切眾生，要幫助眾生都離開眾生相，這個就是破邪顯正的工作。摧破邪說而顯示正法，讓眾生都離開眾生相，使他們住於正法中，這樣修集福德最快。因爲假使你把一萬座、一億座的金山、銀山奉獻給三寶，不如作一件摧邪顯正的功德，所以要修這個法；要這樣努力去作，不鄉愿，才能修集大福德。

鄉愿的人都要作好人：「咱們正覺講的對，他們講的也對，大家統統對。」結果對的跟不對的明明不同，爲什麼能說全都對？一籮筐裡面只有一顆珍珠，其餘都是魚目，結果因爲要作好人，所以謊稱大家賣的都是珍珠。像這樣的人，珍珠店的老闆見了，要不要開除他？一定要開除他，要不然公司馬上就會倒閉。因爲他出去買一籮筐珍珠回來時，其中只有一顆珍珠，其他一籮筐都是魚目；也因為他說別人賣的魚目也是珍珠，佛陀不會認同這樣的作法。

佛陀開示過：「世間的船載得太多，遇到風浪是頓時沉沒的。」佛陀又說：「我的法船不是這樣，我的法船不會頓時沉沒，而是漸漸沉沒。」是怎麼沉沒的呢？因為到了像法時期，開始有相似像法出現了，也就是佛門中未悟的法師、居士們傳出來的，所說與了義佛法很相似，卻不是眞正的正法，所以才叫作像法。當相似像法廣為流行以後，流行得越廣，法船下沈的幅度就越大，最後才沉沒。所以在像法時期住持如來藏妙法就已經很困難了，今天在末法時期住持這個妙法，絕對是更困難。所以說，末法時期有很多人誤會正法，是因為像法時期的古德註解錯了，他們的判教是不對的；更多的是現代許多大法師，例如釋印順他們那一些人，以凡夫之身作了錯誤的判教，硬說證悟的時候就入了初地；所以臺灣佛教界一直有人向我們爭執這一點，那我當然要說明清楚：禪宗開悟明心只是第七住位，還沒到十住、初行位。

那麼菩薩進入了初行位以後，他要開始作什麼樣的觀行？他得要去觀察自身之中有無量無邊的法，而這無量無邊的法跟三十七道品的關係如何？跟佛法中諸地境界的關係如何？跟有情眾生的關係又如何？就從這上面開始去觀行。當他開始觀行以後，他在十行位觀察的是屬於自身的部分，他去觀察十二處、十八界、六入種種心所法等等，依眞如而觀察出來的結果，這一切法也是假緣而有，沒有一法是可以獨自存在的；都不是自在法，全部是假緣而有。

他要作很多深入的觀察，去觀察非常深廣以後，隨著他救護眾生、護持正教等等作爲，使他的福德具足到第十行位所應該有的，這時他接著要去觀察：一切有情是不是跟我一樣，身中一切諸法都是假緣而有？那麼都觀察完畢了，就表示法智、類智都有了（前十住位的「內遣有情假緣智」，當然也是同樣具足法智、類智）。這時可以離開第十行位了嗎？還不行！所以《大般若經》裡面就告訴大家，在「內遣有情假緣智」之後，告訴你四念處、四正勤、七覺支、五根、五力、八正道、十二因緣等等法，全都告訴你，要把這一些法來跟你的六根、六塵、六識以及種種心所法加以觀察；觀察的結果確定都是假緣而有。

那你觀察自己完了，也觀察有情完了，這個智慧的最後，你還要用眞如來作觀察；在眞如的境界中，沒有這一些智慧可說，於是你就不再記掛著這個智慧；當你不再記掛這個智慧，你已經把這個智慧遣除了，轉依眞如來看時都沒有智慧可說，這時叫作「內遣諸法假緣智」。這時表示說，你對十行位所應該有的智慧，轉依眞如來看的時候，你的十行位眞如跟這個智慧已經平等平等，不一不異，完全無二了，這時才算第十行位滿心了。

可是《般若經》後面還有一大段，它更說到其他諸地的無生法忍等等，然後還談到一切山河大地器世間、三界世間等等，這些都是從哪裡生出來的？都是從有情的眞如心第八識來的。眞如就是「此經」妙法蓮華——第八識如來藏。這在告訴你說：其實一切諸法，包括三世十方世界的所有一切諸法，莫非假緣而有，都是依眾生的眞如心而有；那麼你這樣去觀察，全部遍觀完成了，這時你再回頭檢查：「那我修學成佛之道，學了這四念住、四正勤、五根、五力等等三十七道品等等，包括十地修的十度波羅蜜；再回溯到三賢位的六度波羅蜜來看，一切諸法都是假緣而有，離開眞如就沒有一法可說了。」那你這時有了「一切有情諸法假緣智」，但你還沒有辦法入地；因爲菩薩的修行到這個階段爲止——到第十迴向位爲止，解脫果上的修證還只是初果、二果而已，並沒有在解脫果上面去努力修行；這時你想要入地，先要把這個第三個智慧給遣除，讓你這第三個智慧——也就是十迴向位的「一切有情諸法假緣智」也要遣除，然後歸依於眞如來看待這個智慧；這時你可以爲人說法都沒有問題，但是你說法的時候不能對這個智慧有所執著，一絲一毫都不行。所以你得要再遣除一遍，遣除以後讓你的眞如、跟你依止眞如所證的「一切有情諸法假緣智」平等平等，這時你具足了第十迴向位的般若智慧了。這是說，當你把它遣除，使這個智慧回歸眞如，這個智慧與眞如平等平等時，便叫作「遍遣一切有情諸法假緣智」。

那麼這時能入地了沒？還不行！你看！入地這麼困難啊！這時還不行啊！這時你要修什麼？你要把大乘法中的四聖諦撿回來，開始去觀察。爲什麼要你觀察大乘法中的四聖諦呢？因爲這時必須要依眞如來證得阿羅漢果，也就是通教菩薩的阿羅漢果。你得要依苦聖諦先來作觀，但不是二乘人的那種觀行法，而是要依眞如來現觀苦聖諦。這時把自己的五陰拿來觀察：由於五陰的存在，所以有八苦、三苦，八苦的一一內容現前觀察而比對五陰；三苦的內容也現前觀察來一一比對五陰，這樣子觀察完了，能不能安忍？先要問能不能忍？有忍才有果，沒有忍就無果。

大師們或者很多學人讀過我的《阿含正義》，爲什麼還不能證初果？一方面因爲他們沒有定力，第二方面因爲不能忍。我說五陰假的，六入假的，十二處假的，十八界都是假的，他們心中不能安忍，不能安忍就是不接受，不接受就沒有初果可得。同樣的道理，你依大乘四聖諦從眞如來觀察，五陰十八界的所在就是八苦與三苦；觀察完了，一一具足都沒有遺漏而能安忍，那你就有「苦法智忍」。有這個苦法智忍了，你的苦法智才能生起，這樣就是兩品心了；第一品心是「苦法智忍」，第二品心是「苦法智」。可是這部分只是觀察自己，你接著還要用觀察自己所得的這兩品心，來觀察身邊的親屬好友、觀察人類、觀察動物，乃至以比類去觀察鬼道眾生、天人、地獄眾生，這個比量觀察如果是正確的，就變成現量，不是非量、比量。

你這樣遍一切有情都加以觀察，從地獄往上觀察到非非想天，這一些有情你全部觀察完的時候，能不能接受說：這一切有情全部都是有八苦、三苦？智慧不夠的人說：「欲界天怎麼會有八苦、三苦？欲界天好快樂呢！特別是去當天人而不是當天女的時候，五百個天女都陪著我呢！哪有苦？」那表示他對八苦不瞭解，他對三苦也不瞭解；所以我強調說一定要具足觀察。那麼這個具足觀察可不單是如此，還要觀色界，要觀無色界啊！這些如果不能觀察，那麼苦法智忍的「類智忍」即不能成就；也就是說，在修證這個部分之前，必須要先有次法上的修學。

次法的修學是什麼內涵？是「施論、戒論、生天之論」。後面還有三個，且先不談，先談「生天之論」，生天之論是告訴你說：怎麼樣修行可以生到欲界天，怎麼樣修行能生到色界，怎麼樣修行生到無色界；也就是瞭解色界、無色界的那些五陰、四陰的內涵。能夠瞭解這個部分才有辦法去遍觀三界一切有情：當天人們的五陰或四陰存在的時候，是不是遍有三苦與八苦？如果具足觀察，可以生忍時就有「苦類智忍」。有了苦類智忍以後，就有了第三品心。接著你在這個智慧上面就能夠有更深細的觀察出現，就有「苦類智」。這樣子大乘四聖諦的苦聖諦之中，「苦法智忍、苦法智，苦類智忍、苦類智」共有四品心。

同樣的道理，還要再觀察「集諦」。「集諦」同樣要有這四品心：也就是說，爲什麼會有人類五陰的集？爲什麼會有欲界天、色界天以及無色界無身而只有「名」的集？是同樣要如此去作觀察的，而且法智的觀察，類智的觀察全都要有。同樣的，「道諦」、「滅諦」也同樣各有四品心，都像這樣觀行完了，有了大乘四聖諦的十六品心。而你是依眞如來觀察這四聖諦，不是依二乘法中說的緣起性空來觀察。但這樣就能入地了嗎？還沒有、還沒有！因爲如果他的根性是很聰睿的，往世多劫早就修過了，那他只要再發個十大願就入地了；但有的人不夠聰睿，還得要修大乘四聖諦的九品心。

也就是說，這大乘的苦聖諦、集聖諦、滅聖諦、道聖諦，都各有法智以及類智：苦法智、苦類智、集法智、集類智，乃至最後道法智、道類智，這八品心全都是智慧。智慧是什麼？就是觀行之所得。這個智慧是觀行之所得，那麼有這八個智慧時是不是已有八智觀心？就是八種智觀的心，這就有八品心了。可是這八種智慧的所觀，前面都各有一個忍；類智前面一定有類智忍，法智前面一定有法智忍。忍需不需要作觀？忍，當你有「忍」以後還需不需要作觀？不需要，你只要接受而安住下來。不管哪一種忍，同樣都叫作忍。可是這八種不同的觀行，所觀的內容不一樣，不能把它合併爲一，所以要建立八觀這八品心。可是這八觀前面各有一個忍，但是忍永遠都是制心一處，沒有第二種，所以這八個忍就合爲一品而說是忍，合起來總共是九品心。

那麼這樣詳細再把它思惟整理清楚以後，你得到九品心了，因爲八個忍合爲一忍就是一品心，八種智觀就是八品心，合起來總共就是九品心。這時你以前沒有初禪的證量，現在也會因爲離開欲界愛而發起初禪了。絕對會發起的，沒有不得初禪者；因爲你這個解脫是遠遠超過聲聞阿羅漢，當然同樣會有初禪發起。你本來有深厚的未到地定，這時藉著十六品心、八品心的現觀，具足第九心的忍，能把三界中八萬四千塵勞斷除，不再有八萬四千塵勞了；你的心境是出離三界之外的，就是這一句講的「於八萬四千歲，常勤精進修行《妙法華經》」，八萬四千歲中要斷除八萬四千塵勞，「常勤精進修行《妙法華經》」，就是修學非安立諦的三品心，以及最後入地前那個加行——安立諦的十六品心、九品心。

那麼前面那三個「內遣有情假緣智」、「內遣諸法假緣智」、「遍遣一切有情諸法假緣智」等三品心，爲什麼要稱爲非安立諦？因爲它是依眞如而觀，而眞如不是安立之法。眞如不可能被誰安立，也不可能被誰破壞，古今沒有人能安立祂，因爲祂是法界中的事實，所以這三品心都叫作「非安立諦」。後面這十六品心跟九品心，是觀察四聖諦，四聖諦是「安立諦」，也就是說你要依於 佛所安立的大乘四聖諦，從眞如的立場來觀這四聖諦，才能夠把八萬四千塵勞斷盡而成爲阿羅漢。成阿羅漢的時候，你經由非安立諦那三品心，以及安立諦的十六品心、九品心，表示這時你已經貫通了《般若經》。

整部《大般若經》六百卷，講的就是這個道理，可是有多少人讀懂了？有沒有誰讀懂了？沒有！以前有人私下說：「**老師沒有讀《般若經》，他一定不懂。**」但我往世親耳聽過 佛陀講《般若經》，我還會不懂？那我這一世老實告訴諸位，《般若經》我讀不到十分之一，我明著跟諸位講：「**眞的如此啦！**」但是我知道它在講什麼，因爲我的時間要用來利樂眾生，要作很多事，我覺得花半年去把它讀完，不是很必要，因爲這半年我可以作多少事了！而我往世聽過而且實證了，不必再這樣重讀。

並且我有一次，那是很多、很多年前，有一次夢見過去有一尊佛，（唉呀！我把那一尊佛的聖號給忘了，眞糟糕！）那一尊佛講《般若經》，跟 釋迦世尊講的又有一點不同，祂是以另一種方式來講的，但道理都是一樣的。我就說：「欸！《般若經》怎麼也可以這樣講？」但就是有　佛曾經是那樣講的，所以才說「法無定法」。那麼《大品般若》，我把它濃縮下來說給諸位，也就是上面說的這個道理。有人說這個《大般若經》濃縮成《小品般若經》，《小品般若經》再濃縮成《金剛經》，《金剛經》再濃縮是《心經》，可是有沒有函蓋了《大般若經》所講的那些道理？其實並沒有，只是把簡潔扼要的部分──重要的部分──拿出來講而已，其實不能函蓋整部《大般若經》。

你看《金剛經》有哪個地方講到這「非安立諦」的三品心？什麼地方講到「安立諦」的四聖諦十六品心、九品心？都沒啊！全都在《大般若經》條分縷析來講解的，但一般的大師們縱使偶有一人是眞悟的人，卻又是見樹而不見林，無法讀出這個內涵，何況是末法時代的大師們都屬於未悟者，所以《大般若經》眞的不容易懂！可是如果你有道種智，就會知道它在講什麼？你不必全部讀完，概略讀一下就知道原來整部經是在講什麼。所以當你如果有道種智，把《大品般若經》請出來讀時，那六百卷就每天用課誦的方式很快把它「讀誦」完了，可以同時隨讀入觀，你就全部懂了。這樣，到底是課誦快、還是讀比較快？會誦經的人是課誦比閱讀還快。舉個現成的例子，我

們那天供養 佛陀骨舍利和 觀世音菩薩血舍利的法會，疏文是那麼長，但我用唱的比唸的還快，可以省下許多時間給大眾瞻仰。所以「常勤精進修行《妙法華經》」的內涵到底是什麼？末法時際的現在已經沒有人知道了，但我公開告訴大家就是這個道理。

那麼講到現在，已經有三賢位應該具足的、想要入地所應該有的第一分的無生法忍；因爲三賢位的這一些智慧與心境，你都修學完成了，廣大福德也有了，又是永伏性障如阿羅漢；因爲你的解脫道都已實證阿羅漢了，這時可以入地了嗎？還不行！這時得要在佛前發十大願。我們常常說的十無盡願，這十個大願是永無窮盡的，依這十個大願一一去作，盡未來際；所以入地之後不能休止，將來成佛之後一樣不能休止，要繼續作下去而無止盡；所以成佛具足四種涅槃以後卻不能入無餘涅槃，不是一走了之，成佛以後要陪著眾生修道而永無窮盡。

一般大師與學人都沒想到這一點，才一聽說就想：「唉喲！腳底好涼喔！」爲什麼？因爲這一看：「是永無窮盡，想一想，我這一世都這麼痛苦了，還要盡未來際不斷地陪著眾生，那個苦有多少？」心涼了，腳底也就跟著涼了！所以這個增上心眞的不容易發起來。當你都有這一些條件了，特別是已有解脫道第四果實證的時候，你還願意發這個十大願，才是眞正的摩訶薩。這時如果人間還有地上菩薩，就邀請地上菩薩來佛前見證你發願，請地上菩薩作證。如果人間沒有地上菩薩了，就自己在佛前發願，請同修們作證。這樣才是眞的對十大願有增上意樂（讀作要）了。不是增上意樂（讀作樂），而是增上意樂（讀作要）；因爲那沒有快樂。接受這十大願的時候沒有快樂，只有把無比沉重的重擔挑起來，眞的開始挑在自己肩上。

因此，初地菩薩叫作「極喜地」，可是你卻看不到他臉上有什麼快樂歡喜的模樣。他心中很歡喜說：「我有這個增上意樂，我眞的入地了。」可是他不會快樂到給你看得見，顯示不出來；因爲一方面心中很快樂說：「我終於入地了。」可是另一方面那個擔子好重喔！心情是沈重的。所以你不能夠哪一世突然間起個念頭說：「唉呀！我不要留在這個娑婆世界了！這裡的眾生好惡劣，總是對我忘恩負義，好苦，我要去極樂世界了。」那你往世發的增上意樂哪裡去了？所以當你想起來說：「唉呀！我以前發過十大願呢！那麼這一世可不能逃避了。」那你就不能去極樂世界，就得留在這裡陪著眾生；

有智的眾生是吃苦當吃補，因爲眞的是大補帖啊！而你吃了這個苦，那道業的增上非常之快。你在這裡攝受眾生、利樂眾生一天，功德、福德不只是超過極樂世界時間的一百年累積；因爲只要凡夫在這裡持八關齋戒一天，就超過那邊一百年的修行了；那你入地之後來利樂眾生一天，功德會超過極樂世界多久的修行？那你想，這樣子成佛之道走得快不快？這一下可就分曉了。

所以說，妙莊嚴王爲什麼修行八萬四千歲一生就到初地？這當然要有下文來分解才行。所以他在佛法中出家修道八萬四千歲，就這麼修行——全都以「**妙法華經**」作爲中心來修學一切法；並且在修行八萬四千歲的過程中，斷除了八萬四千塵勞；所以經過這八萬四千歲以後，他得到了「**一切淨功德莊嚴三昧**」，也就是入地了。

他入地以後就「**即昇虛空，高七多羅樹**」，爲什麼他這時可以這樣子？一般初地菩薩都沒有這個功德，爲什麼他行？大家回想一下：他在婆羅門法裡面修什麼？修種種世間法、修四禪八定、修五神通。婆羅門法裡面最重要的修行就是禪定跟五神通，這是絕對不能免掉的，一定要修。那他在佛法中出家之前已經修學很久了，也很執著，只是他的神通遠不如兩個兒子，而他的兩個兒子也從來不示現，所以他認爲自己很行呀！因此兩個兒子跟他的夫人想要跟他講什麼話，大約是講不上話的，因爲他覺得自己很行。好！現在修學佛法八萬四千歲以後，得到了第一分的無生法忍，他也已經證得阿羅漢果了。這時候就會經由這個無生法忍與阿羅漢果的清淨心，增益了他本來沒什麼的神通，現在變成也很厲害了，所以他「**即昇虛空，高七多羅樹**」來示現。

這時他也知道自己的來歷了，因爲他的宿命通現在很厲害了。經由無生法忍增益，也經由證得通教阿羅漢的清淨心來增益，如今他的宿命通已經很厲害了，五通功能都提升很多倍了。你們玩電腦說升級，不過是一版又一版慢慢提升，都是好幾年升一次，而他現在已經升級很多倍了。所以他這時在虛空中向 **雲雷音宿王華智如來稟白**：「**世尊！這是由於我兩個兒子已經爲我作了佛事，用神通變化來吸引我轉入佛法中，把我原來的邪心轉掉了；讓我可以安住於佛法中，才能夠來面見世尊。這兩個兒子是我的善知識，爲了想要發起我往昔很多世以來所修集的善根，爲了要饒益我的緣故，而來出生在我家。**」所以他已經知道自己的來歷了，因爲他這時的宿命通已經很厲害了，看見自己的「宿世善根」。

「宿」表示他不是只有一世、兩世的修學，而是很多世，很難計算；這表示他在晉見雲雷音宿王華智如來之前，很多劫以來就已經修過菩薩道了；只是因爲他喜愛世間法，這一世才會當國王而繼續喜愛世間法。而他特別喜愛世間有爲神通，才會去當王。可是諸位有沒有注意到？人家當國王的時候，一后二妃三宮六院七十二嬪妃，還加上很多的侍女，對不對？那麼兒子會只有兩個嗎？不會如此呀！同理，他的後宮連同傭人共有八萬四千人，只生兩個兒子。那你想想，他是不是往世已經勤修菩薩道的人？否則他當轉輪聖王時有很多妃子，兒子一定是很多的。

你們看過去很多劫來所記載，當過大國王的菩薩，兒子都生很多啊！最多的有高達一千個兒子；女兒還不算喔！光是兒子就有一千個。可是他只有一位淨德夫人，妃子不知有多少人，只生兩個兒子，那你想，他是不是有「宿世善根」？是啊！只是因爲他有胎昧而遮障住了，所以這一世忘了過去世的所修。也因爲過去世修菩薩道時，他都很喜愛神通等有爲法，也喜愛禪定有爲法，是因爲這一些修學完成時會讓人家很恭敬啊！人家很恭敬他的時候，他的眷屬就會越來越多。

假使今天晚上我不用魔術道具，純粹用神通，我就這樣子：「起——」然後身體就飛上來，坐在空中爲大家說法；明天宣揚出去以後，下個週二講經時保證爆滿，（大眾笑⋯⋯）一定爆滿。可是爆滿以後，我度得來的人是什麼樣的人？只是俗人，不是像諸位這樣叫作學人。諸位是學人，那麼用神通度來的可就是俗人。那你想，他有大神通而且喜愛示現，會不會度來很多俗人？會呀！而他過去無量劫來就是度了很多俗人，因爲他自己本身就是個俗人；那他修菩薩道的時候都愛樂世間法，愛有爲神通也愛世間禪定；這些他最喜歡了，那麼跟他同聚的人也會是同一類的人。這跟他將來成佛快慢有關，留著等到後文再分解吧。

可是這裡已經說過，由於他這時的宿命通很厲害了，所以他知道自己的「宿世善根」。不是沒道理就說才一得到初地就可以這樣子，而是有他的往昔和今世原因的。可是他這個神通會不會一直保持著？他如果未來世有佛菩薩安排，因爲現在住持正法很重要，就指派他去當國王，否則正法會被消滅掉，那他出家弘揚正法也沒有用了。於是他去當國王，有胎昧的緣故，他的國王是怎麼樣當的？每天爲了要穩住政權得要勾心鬥角，行有餘力就來護持正法。到了晚上是三宮六院的時間，他的神通還保不保得住？保不住了。但沒有關係，他未來世繼續修行，因爲他當國王是這方面有損失，可是在福德方面的累積非常大，未來世出家以後再修回來就可以。所以菩薩道在長劫的過程中，某一個部分有退失，就在另一個部分大大增長；這是必然的，我們都應該要瞭解這個道理。

那麼他因爲兩個兒子——也就是淨眼、淨藏，以及他的夫人淨德夫人，來攝受度化而使他得見 雲雷音宿王華智如來，而 如來有大智慧，看見他往昔的「宿世善根」，爲了度他那一大群眷屬，以及爲了攝受整個國度的有情，就先當眾爲他授記。所以說 如來手段出諸方，善巧智慧無與倫比，方便善巧不可思議，就這樣子當眾爲他作了授記。授記以後，他當然是龍心大悅，於是就出家了。這種菩薩最需要的就是褒獎，因爲這等於公開褒獎，而且是特大號的褒獎，已經預記他將來會成佛，而成佛時是怎麼樣的景況，全都當眾爲他授記了。可是 如來的授記裡面有一樣諸位可能都沒注意到：什麼時候成佛？如來爲他授記時，有沒有說明他會在什麼時候成佛？（大眾回答：沒有。)喔?這就是　如來的方便善巧,不需要給他知道的就不必告訴他。對眾生有利的部分,卻可以拿出來告訴他,然後他就馬上出家了,因此一大票人、整個國家人民都修學佛法了;所以這就幫助他未來成佛時,座下有無量眾生、有無量聲聞、有無量的菩薩,這就是　雲雷音宿王華智如來的方便善巧。好!今天講到這裡。

《妙法蓮華經》上週講完二〇一頁,今天要從二〇二頁第一段開始講。上週說的是:妙莊嚴王稱讚二個兒子是他的善知識,是為了要發起他多生多劫以來所修集的善根,是為了饒益他,因此來出生在妙莊嚴王的家裡。有時我們看某些事情時,發覺到底是誰利益了誰?還眞的難以定論。從表面上看來,這二個兒子是妙莊嚴王養大的,他可以倚老賣老說:「**都是老子我推乾就濕,才把你們扶養長大,恩德比天大。**」但是背地裡的眞相,一般人是不知道的。直到這二個兒子示現了大神通,他才警覺到,才知道這二個兒子不是簡單的人物,若不是為了要利益他而來受生,他才生不到這兩個兒子呢!

這就好像在行道的過程中,看來往往是師父攝受了徒弟,但實際理地到底是誰攝受了誰?往往也很難說。有時往往是一位看來證量很高的人,而他的徒弟沒讀什麼書，可是他的徒弟見地倒反而比師父高很多。就好像我這一世也是一個示現，因爲我這一世的師父至少是日本立正大學的文學博士，可我這個人只不過高中畢業；而且讀的還是高商，不是眞正的高級中學。我在學校時向來不讀課本，都只讀一些雜七雜八的課外讀物，都是老師們嚴禁的讀物。結果到了社會上行走時，我倒也還好，總算有一點小成績，能夠白手起家；然後就急流勇退不想賺錢了，以修道爲重。沒想到進入佛門才不過五年，自己建立參禪功夫又自己破了參，從被師父所誤導而產生的無明中走了出來。結果師父對我看不上眼，我這最勝妙的法想要送給他，他當年還看不上眼；然後就有一些轉變的過程，咱們就不必細述了。

但是後來發覺，他這一世臨走前也不得不作了一些改變，所以最後那幾年，他還是把默照禪丟了，也開始搞起看話禪來。只可惜他的看話禪所講的看話頭功夫，跟祖師們的看話頭不一樣，他是把看話尾當作看話頭。你們如果讀了《正覺電子報》，裡面黃老師寫的《見性與看話頭》（編案：已連載完畢而結集成書，於二〇一四年二月出版了），大概都會知道他的層次了。所以有時到底是誰攝受了誰？還眞的難講。但是不要因爲我講了這話，就說：「我暗地裡攝受蕭老師你。」因爲這要叫作不知天高地厚。不是我誇大，而是說，我弘法二十來年，經歷過幾次法難，也有人再三拿《成唯識論》的內容來質疑我；但是我說句老實話，當代之世沒有人眞能自己讀懂《成唯識論》，縱使悟後也無法拿來質疑我；當代之世，眞能前後貫通的只有一個人，（平實導師指著身後佛龕的玄奘菩薩雕像說：）就是坐在這裡這個人。（大眾笑⋯⋯）所以任何人都別妄想用《成唯識論》來指導我。

以前佛教界有一個傳說：「窺基大師的《唯識述記》，是奘師口述，基師手記。」有這麼一個傳說。但是我要告訴大家，那個傳說是錯誤的；因爲《述記》裡面對《成唯識論》的註解，有一些是有很重大的錯誤。玄奘寫了《成唯識論》以後，假使眞的有指導窺基大師當場寫作《述記》的話，那麼玄奘會把自己寫的《成唯識論》作出錯誤的開示嗎？諸位想想看：會不會有這個可能？而且還不是小錯誤，是一些嚴重的錯誤。所以《成唯識論述記》，我倒覺得這「述記」二個字應該要修改：應該是玄奘口述了以後，窺基法師後時或次日才自己去記載下來；表面上還是述記，但他記載時跟他所聽聞的已經有出入了，應該是這樣才對。

《成唯識論》的內容很深，不但斷句困難，因爲得要如實理解，斷句才不會錯誤；而且又加上講得太簡略，文字也太精簡，所以表面上看起來，後面那一句好像是在推翻前面那一句。其實並不是，是推翻前面那個人的說法，而講出了理由。但窺基的《述記》中，有時卻當作是推翻了前句的道理，這就表示說，窺基對於《成唯識論》仍然有許多的誤解。就好像我們以前講《成唯識論》時，有的老師們——現在也當上老師了——以前也是學員，上課時自認爲說：「嗯！懂！這樣我懂了！沒有錯！懂了。」回去以後自己再請出來重讀時，又不懂了。因爲那個道理太深，不是勝解之後就一定能夠記得住，是因爲他們當時的勝解不很充分、不很完整。

所以說，師徒之間的互相攝受，眞是很難說的，總是要看雙方的本質。所以從妙莊嚴王這個事情來看，其實是他的二個兒子攝受了他。那麼現在去見了　雲雷音宿王華智如來之後被公開授記，又經過出家後八萬四千歲的修行，使他發起了「宿世善根」，因此證得了「一切淨功德莊嚴三昧」而入地了。這時他在婆羅門道中所修的神通就被增益了，所以「即昇虛空，高七多羅樹」，來到　雲雷音宿王華智如來面前報告。當他報告完了，雲雷音宿王華智如來就告訴妙莊嚴王說：「就像是你講的這樣子，你所說是正確的。如果善男子、善女人種下善根的緣故，一世又一世都可以得到善知識。他得到了善知識的時候，善知識能爲他作佛事、爲他開示、爲他教導來利益他，令他對佛菩提道心生歡喜，可以使他進入無上正等正覺。」

這個種善根，對世間聰明人來講其實並不容易，對老實人而言反而很容易。老實人只要看見人家有一點點勝善之處，就願意跟隨對方而結下好緣，這就是種善根；看到另外一個人又有一點點勝善之處，他又跟那一個人也結了善緣。可是聰明人不容易種善根，因爲聰明人如果想要跟人家結善緣時，他的腦袋要先轉到背後去，背後是揹著一個算盤，凡事先算一算；等到算過，覺得划算了，才回到前面腦袋來，口中再講出來讚歎。這也算是種善根，但已經失去一些隨喜的功德了。

讚歎也是種善根，也許進一步又作了一點供養。聰明人會對什麼樣的人供養和讚歎而種善根呢？會對穿著僧衣、出了家，根本道場一、二百公頃，徒眾幾百萬、一二千萬、三四千萬人，出家弟子也有幾百個人的大師而作供養。他覺得說：「這就是眞正的大師，因爲人家大學教授、大學校長都在追隨他；這不是大師，又是什麼？」他就願意供養而種善根，也願意讚歎與追隨了。可是後來聽說有個正覺同修會蕭平實在弘法，人家介紹給他一本《無相念佛》，一看封面黑黑的，又是薄薄的一本，就說：「好啦！你放著，我改天再看。」這一放，整整放了五年。爲什麼呢？因爲蕭平實名不見經傳，道場又沒有一、二百公頃，其他的也就不必說了。過了五年讀了以後覺得很不錯，後來又請問說：「他是不是法師？」「不是，是個在家人。」「在家人呵？」口氣就輕蔑起來了。甚至還有法師打電話來同修會，或打去正智出版社問：「請問蕭老師有沒有吃素？」也有這樣問的，連這種疑問也會出現！讀了書以後都沒能力推測作者的證量。所以說，聰明人的想法眞是百多樣。但老實人的想法只有一種，就是想：「人家這個部分有勝過我，值得我對他供養恭敬。」所以老實人跟很多善知識都結了好緣。

可是聰明人只對大名氣的出家法師去結好緣，對於眞正的善知識往往不屑一顧；由於這個緣故，他們想要好好種善根就非常困難。那麼話說回來，諸位跟我結了善緣，諸位是老實人？還是聰明人？（眾答：老實人。）不聰明喔？不！這樣的老實人才是眞正的聰明人，因爲知道把表相撥開捨棄，完全從實際理地去瞭解說：這個人講的法義有沒有道理？有沒有違背三量？老實人應該是這樣的呵！「假使蕭平實只是個騙子，我又被蕭平實騙了，可能被騙個一次、二次，但不會有第三次。」最多被騙二次，不會被騙到底而發覺不到其中的過失，這就是老實人。可是老實人看來都好像笨笨的，其實有一句成語剛好形容，叫作「大——」什麼？（眾答：大智若愚。）對了！就是大智若愚。

以前也曾經有同修騙我說：「某某老菩薩是八地的菩薩，」如何、若何講上一大堆，努力向我推薦了整整兩年。當年因爲我不想先懷疑別人，我心裡想：「他們推薦了這麼久，一直沒有改變，或許是眞的吧？我就姑妄信之，姑妄學之。」可是信了以後，學不到任何一個法；他們說的可以自力往來極樂世界……等事情，後來我證明出來全都是無中生有。後來又發覺他講的法義都是從別人書中抄來的，而且是從大陸一個沒有開悟的、大妄語的佛弟子寫的書中抄出來爲我說的。那我還要不要再被騙一次？不要！一次就夠了。自從那次以後，不管誰再跟我推薦說某人是八地、九地的菩薩，我都先不理會，我都說：「先看看他有沒有斷我見再講。」這叫作上一次當、學一次乖。

就這樣子，我現在學乖了，雖然依舊心存善念，但已不輕易再信任別人的表相推薦，我要先看看有什麼地方可以證明對方已經斷了我見；如果我見有斷了，再來看他什麼地方有證眞如；如果有證眞如，再來看他是什麼地方顯示眞的有眼見佛性，才能談到諸地的證量。我都要一關一關往上查驗，要從最低的層次開始檢驗，不再隨便相信別人的推薦了。

可是聰明人不會像我這樣，聰明人都是先否定了再說，也都先看人家有沒有大道場？徒眾是否廣大？有沒有大名氣？最重要的一點是看對方有沒有披著僧衣？這就是一般聰明人的作爲。可是在佛法中說，這種聰明人其實並不聰明；而老實人是寧可信以爲眞，試著去理解看看，先接觸一下，瞭解對方的實證內涵如何；縱使被騙，不過是一次被騙，或是被騙上二次，損失也不大。但如果一萬次中有一次遇到了個初地或八地菩薩，結果失之交臂，那可就悔恨無已。所以老實人才是眞聰明，每一個機會都不放棄，都先去接觸嘗試看看；因此都是先把對方的著作拿來讀一讀，看有沒有道理？然後再來比對聖教量，也比對現量，再來看比量上面能不能通得過考驗。這樣的老實人，才是眞正的聰明人。

那麼妙莊嚴王當時是聰明人，老實則是不太夠，因爲他看表相，所以愛樂婆羅門法，經年累月所修學的都是有爲法；那些禪定與神通全都是有爲法。終於有這個夫人勸導二個兒子，特地來爲他示現大神通，讓他知道自己的神通遠不能及，終於有了信心願意聽受，才能去面見 雲雷音宿王華智如來，否則他也是把大善知識、中善知識，全部都給錯過了。所以 雲雷音宿王華智如來特地告訴他這一點：「**假使有善男子、善女人種善根的緣故，世世都可以遇到善知識。**」由此可見種善根的重要。

善知識的出世並不是世世有，所以善知識很寶貴。即使在世間法中也有類似的比喻：「**一將功成萬骨枯。**」也代表這個將軍是成功的，才能殺敵上萬，因爲我們可以殺死煩惱上萬。又有話說：「**得百萬兵，不如得一個上將。**」因爲他能夠以少勝多，並且可以制敵機先。如果遇到一個無能的將軍，那就是累死百萬兵；給他一百萬的雄兵也沒用，全部都會被他累死。所以說，得一個善知識，遠勝過幾十萬、幾百萬個凡夫大師。因爲現在大師的定義跟古時候不同，古時大師的定義是實證者，並且證量很高，可是現在大師都是凡夫在當。因此，未來我如果走了，不許爲我寫什麼「平實大師」，因爲大師現在都是凡夫在當的；而古時大師是只用來讚歎如來的，所以不論究古或論今，我都不能用這名稱。但是可以稱呼爲平實老師，因爲「老師」才是尊貴的。古來禪門裡面沒有幾個禪師敢自稱老師的，自古以來不過就那麼十幾位、二十幾位，被禪門大眾稱爲「老師」，他們也因爲證量之高才敢自稱老師。由以上所說，以後我們都不能再用大師來稱呼證悟者了。

那麼實證了以後，並且可以教導大眾悟後次第進修，這才是眞正的善知識。可是想要親遇善知識也有八難，前些時候說，要修學佛法的人有八難，可是我說想要遇到善知識而得到法利，也會有八難；我唸給諸位聽，這是我從《華嚴經》抄下來的：「善知識者，出興世難，至其所難，得值遇難，得見知難，得親近難，得共住難，得其意難，得隨順難。」剛好八個，也是八難。也就是說，要有善知識出興在世間並不容易，你們可不要說：「那蕭老師！您不是一千多年來，一直都在中國嗎？您又沒有離開。」是啊！是沒離開過，但是能不能出世弘法，可就不一定了，機會其實不多。

特別是自從元朝以後，在天竺把正統佛教滅亡的譚崔假佛教——學術界稱之爲晚期坦特羅佛教——左道密宗，傳到中國被元朝的皇帝拱上天，然後就禁止弘揚如來藏妙法的善知識弘法；一直到明朝初葉稍微有一點改善，是因爲朱元璋小時候藉著正統佛門的庇護，他才能夠長大，乃至後來成功立國。可是明朝中葉以後，那些皇帝又開始搞起雙身法來。至於整個清朝皇帝，幾乎全部都是精修雙身法，全都是喇嘛教的天下；因爲清朝除了開基立國的順治皇帝以外，每一代皇帝都在搞雙身法；搞得最有名、最轟轟烈烈的就是雍正，尤其是他在晚年時。

雍正這個人刻薄寡恩、不容異己，又加上好大喜功，所以他當了人王還不滿足，還要當法王。因此，他在當王爺的時候，在他的「潛邸」裡面常常在打禪七；看哪一些人打坐時能坐到一念不生，不會再起心動念了，他就爲對方印證開悟了，就蓋上他的冬瓜印。他當了皇帝以後也還在爲大臣們舉辦禪七，從他的軍機大臣張廷玉那一些人開始，下至各部大臣，都曾打過他的禪七。這些大臣們一方面拜他爲師父，一方面又是他的臣子，關係非比尋常，他就以這樣的手段掌控整個清朝。

雍正這個人不容異己，他寫了一本書叫作《揀魔辨異錄》，在書中，他所說的魔、所說的異法，全都是證悟的祖師和證悟者所講的法。他自稱是法王，就是要把所有佛門中的魔說都揀擇出來，書名才叫作《揀魔辨異錄》；結果被他揀擇的大部分魔師魔法，都是證悟「**此經**」如來藏的祖師。他還有一部書，現在還有人印行精裝本，有這麼厚，總共四巨冊，叫作《雍正御選語錄》。他在裡面怎麼說呢？他選錄了許多禪宗祖師們所謂開悟後的開示；因爲是皇帝所選錄出來的，所以叫作「御選」；可是眞悟祖師寫的東西或開示，他都不選錄。他還特別指名斥責說：「**就像大慧宗杲所講的東西，一無可取。**」他認爲大慧宗杲所講的法義或開示，沒有一件是可以選錄進來的。

雍正不斷地否定法藏比丘等人所講的如來藏法，所以有清歷朝的佛教界，都是常見外道密宗喇嘛們的天下；特別是在雍正那個朝代，只要誰敢弘揚如來藏妙法，被他知道了就剝奪那個法師的僧籍，把戒牒沒收焚毀，然後把他寺裡面的鐘、鼓、磬全部沒收，連早晚課都不許作，他是這樣蠻幹的。其餘的皇帝，例如以後的乾隆等，那就對雍正依教奉行。所以有清將近三百年，如來藏妙法根本沒有辦法弘揚；至於民國以後連年戰亂，善知識想要出世弘法，難不難？難啊！眞的不容易。看到這些皇帝們—自從元朝以來—這些皇帝們都在搞喇嘛教的邪法，學術界把它叫作「演揲兒法」，也就是雙身法；那我們當時眞的沒辦法，因爲皇帝們都信喇嘛教，夜夜與后妃們精修雙身法，那我們該怎麼辦？乾脆從根本下手，直接投胎去作西藏人，所以我也曾經是藏胞；當年想的是：就看能不能把它翻轉過來。結果後來還是功敗垂成，因爲當年藏胞的業力還是蠻重的。

所以善知識要出現在世間，眞的很困難。譬如上一世，其實我也很想出來弘法，但是能嗎？不能！因爲戰亂連連，幾乎沒有一年沒有戰亂。這些戰亂一直到什麼時候才結束呢？一直到我上一輩子死了才結束；我沒死，戰亂還不結束呢。然後我就轉生到臺灣來，佛菩薩安排好了我就來。那時生到臺灣來，老實講，臺灣當年是個鳥不生蛋的地方，眞的叫作一窮二白，因爲大部分資源都被日本人搜刮走了。我投胎的那個家庭還算好，在鄉鎮的街道上，一整棟的房子從前街透到後巷，是很長的一整棟。可是即使住在街道裡，房子是怎麼樣的呢？我小時候那個牆壁，都是用竹子一根一根立起來，然後用竹篾編在一個框又一個竹框裡面，再糊上牛糞。後來生活稍微有一點改善了，改用麻絲加上石灰攪拌了以後糊上去，然後再用抹刀把它抹平，那就漂亮多了。若是單用牛糞，再怎樣抹也不會平，所以麻絲加上石灰抹平的牆壁，在當時已經夠好了。後來再有一點錢時，才改建變為磚牆瓦屋。

那時的臺灣很窮，後來人家都說臺灣是寶島，我卻說臺灣無寶，臺灣只有一個寶，就是人民；因為當年臺灣人很節儉勤勞，沒日沒夜不斷地拚，才有今天的富裕。那麼你想，在大陸住的上一世，想要弘法都不可能，因為戰亂連連、烽火連天，沒辦法出世弘法，所以我上輩子在江蘇只度了幾個親隨弟子，只是私下教導大家，就這樣而已；也才不過十幾個人，因為不公開招收弟子。那時大家都能遇到善知識嗎？很難！我也就度了這麼十來個人。所以善知識要出興於世間，真的很困難，這是第一難。

第二難，善知識縱使出興於世間，「至其所難」。想要到達善知識所住的地方去，也真是不容易啊！現在倒是還好，有飛機可以搭乘。如果是古時候，聽到說臺灣蓬萊仙島有一個大仙叫作蕭平實，聽到時已經是過去很多年了。不像現在上網一搜尋：「喔！有！真的在臺灣。」以前可不是，連電話都沒有；那時是連電報都還沒有的，想要聽到人家說善知識出世了，真的很難，等你聽到時，往往已經是五、六年後的事了。你想要去蓬萊仙島見善知識也不容易，因為你要搭船，得安排行李。而且古時旅費很貴，所以有一句話說：

「腰纏萬貫上揚州。」眞的不容易！所以想去到善知識住的地方也很不容易。現在雖然好很多了，其實也不容易；所以你們看，大陸的同修們好不容易簽證辦下來，終於來到臺灣一趟了，相聚一週到了最後一天要走的時候，心情可不好受，大家不免哭得唏哩嘩啦。因爲這一離別，什麼時候才能再見？確實是不容易！所以要到善知識的所在去，也不容易。這是第二難：至其所難。

有的人聽到善知識的所在，就趕快前往，但前往的時候也不一定見得著。有時善知識正巧出遠門去了，因爲善知識都很忙，常常要出遠門，可不像我。我是忙著當什麼？（有人說：宅男。）不叫宅男，我都幾歲了，還宅？我忙著在家裡蹲，就只是坐在電腦前不斷地作事。古時又沒有電話可以預約，除非是很有錢的人，半年前先派人去投了名刺，預約一個時間去面見，如期前往才能相見；否則的話，去了以後往往善知識不在。古時世間法中有個很有名的典故，就是劉備三顧茅廬，也是到了第三回才遇見的，所以想要值遇善知識其實也不容易。有時明明善知識剛才在家，當他去到的時候善知識剛好前腳出門，在路上又正好對面不相逢；因爲善知識離家也許已經有

三、四里了，而他距離善知識的家正好三、四里地，他也沒有想到對面這一位就是善知識，就這麼錯過了。所以要值遇也不容易，這就是第三難。

假使有機會剛好值遇善知識，可是「得見知難」。有時聽人家說善知識現在剛好住在什麼地方，就趕快去。去了以後也許剛好善知識正在聽人家說法，他要作評論，看誰講得最好，善知識就正好坐在下面。上面說法的人，其實不是他要找的善知識，但他可能誤會而當作是眞的善知識。然後眞正的善知識評論完畢先走了，上面的人才剛講完，也被評定完了，正要下座，他就好整以暇在那邊等著。等對方下座了來，一問才知道原來不是善知識。「那，某某善知識呢？」「他剛剛走了。」又沒有辦法曉得到底是哪一位了。所以即使值遇了，同在一個場合，想要親見而知道誰是善知識，也不一定能圓滿心願。

往往有人到處去拜訪，到處都說那某某人才是眞的善知識，最後去問人家：「這蕭平實到底是住在哪裡？」人家回答說：「就住在你們家附近。」「我們家附近有這麼一號人物？」因爲他在住家附近問來問去，沒有問到蕭平實這個人。他只知道我的本名，並不知道蕭平實是何許人。最後終於知道：「啊！

原來蕭平實就是你，怎麼平常沒有聽你講過佛法？」善知識的佛法很寶貴，怎麼可以到處叫賣？眞的不能到處賣弄，要遇到知音時，那把好琴才會拿出來彈。不遇知音，可能會被叫作對牛彈琴，所以說善知識「得見知難」。

可是能見到善知識時，就容易親近嗎？有的善知識，譜擺得很大，不像咱家都沒譜。一般而言，往往要有知名大師的推薦函，或者一定要依照怎麼樣的規矩，善知識才願意相見。我可沒有譜，向來沒有這個規則，所以我們不擺譜。我連譜都沒有，能夠怎麼擺？也覺得那眞的沒意義。可是一般而言，特別是古時禪門的善知識，你想要求見還眞的不容易。

而他們晚上普說時也不讓外人聽，只有共住的弟子們才能聽。若是小參的時候，更不讓任何人進來聽。如果想要聽他說法，就只有一個時節，就是某某大官、大護法，邀請他來府衙或者來某某寺爲大眾宣揚妙法，那時才有機會聽聞他說法。可是聽聞完了以後，要跟他親近容易嗎？不行！沒辦法親近。爲什麼沒辦法親近？因爲那是大護法才能親近的。古時宗門裡面大多如此，所以你要親近他也是很難。除非有個大官介紹引薦，才有機會可以得見，這種事情在禪宗公案裡面也不少見。所以米和尚要見一個善知識，還得要憑大供養主引薦才能相見，那你說容易親近嗎？眞的不容易。

縱使有一天能夠親近了，可是善知識也不是閒著無聊可以每天陪他說話，所以眞正想要好好學法，最好能夠跟善知識共住。但是要跟善知識共住又更難了，因爲一定是他的眷屬才可能跟他共住。善知識如果是在家菩薩，就一定是他的父母、子女等人可以跟他共住。就好像你們不可以要求我說：「老師！我來您家住。」對不對？你來我家住，你家有麻煩，我家也有麻煩，所以共住很難哪！如果我是出家人呢？容易不容易？稍微容易一點，可是你一定得要在我座下剃度出家了，才能跟我共住；但那也要看寺院規模大或小，如果寺院規模很小，也沒辦法。像我們現在禪三道場就只能住這麼幾位常住，因爲那不是寺院，那叫作祖師堂，專供大眾來打禪三用的，並不是一般的寺院。所以就算我現在出家了，在正覺寺還沒蓋好以前，要跟我共住也是難。

就算能夠共住了，接著還有第七難：「得其意難。」你就算跟他共住了，想要得到他的意旨卻不容易；特別是你們看禪宗祖師座下幾十個弟子，能夠證悟的不過一個、兩個。甚至你看天童宏智好了，天童山的宏智正覺禪師，他的默照禪鼎鼎有名，可是他的法傳了給誰？一個也沒有。又譬如現代廣欽老和尚好了，他的法傳了給誰？一個也沒有。所以說，縱使能與善知識共住，也還有「得其意難」的狀況。古來手頭最寬鬆的就只有二個人，一個是大慧宗杲，另一個是雪峰義存，再也沒有了。若說現在，大概我的手頭最寬鬆，如今增上班有四百來人，還企圖要繼續增加，因爲要有更多的證悟菩薩來作事。

所以說，遇到善知識後，即使能共住了，「得其意」也是不容易。即使我手頭這麼寬鬆，現在得到我的實相意旨的人數，也就是悟得祖師西來意的人，也不過這麼四百來人。如果要得到我更多的法，那更不容易了，得要打從一開始就一直跟著我，悟後還得緊緊跟著，一步一步聞法而修學上來，所以眞是「得其意難」，這是第七難。所以跟善知識共住了，就一定開悟嗎？不見得啦！古時候這種情形是很平常的。

最後一難是「得隨順難」。當你遇到善知識，然後跟他共住，也得到他的意旨了，你就能隨順於善知識的妙法嗎？也不見得！因爲這一難，是自己方面有難，不是善知識方面有難。也就是說，入了門以後往往會自作聰明，然後就對善知識的法義隨意提出質疑，又或相信古人寫的錯誤註解，拿來質疑善知識所講的法義，他就沒有辦法隨順善知識的深妙法了。這種情形不是現代才有，而是古時就已經有了；所以禪門中才會有現世報的一些記錄流傳下來，至今存在。這表示說，得到善知識的意旨以後，最重要的是先要反觀自己在次法上面有沒有修好。如果在得到善知識放手給法以前，沒有先修好次法，這時要趕快把次法補足，否則就不可能隨順於善知識。不能隨順的結果，就是自己一不小心便走入岔路，被善知識拉回來不久又會再度走入岔路，不斷往岔路上走；這是很平常的事，所以第八難就是「得隨順難」。

所以聽到有善知識出世時，先別高興，後面還有七難。終於讓你這一些都完成了，譬如禪三的四天三夜；你們去了山上，不就是跟善知識共住了嗎？所以，有的人解三時還沒有被印證，他很歡喜說：「不錯！不錯！我還有機會再上山來跟善知識共住。」這也可以成爲高興的原因，可見他還眞的有智慧。禪三的四天三夜共住以後，比較能夠得到善知識的意旨；但得到善知識的意旨以後，要如何隨順？這就是一個大問題。所以能夠隨順的人，表示他次法上面有好好用功，性障輕微而不會剛愎自用，他就可以隨著善知識的教導，一次又一次不斷地提升自己的見地，最後貫通的時候就發覺說：「原來善知識講的沒有問題，是以前自己誤會了。」那他根本就不需要橫生煩惱，修道就會很快速。所以「世世得善知識」，這是不得了的大事；如果沒有很好的因緣——過去世沒有種下很好的善根，想要「世世得善知識」，確實很困難。

有很多人，在我這一世初學佛時是我的同修，可是他們有誰能夠跟著我走上這一條實證之路？都沒有。以前我在農禪寺的那一些同修，沒有一個人過來；當然這跟我的預設立場也有關係，因爲我不想要度他們。不是我心量狹窄，是因爲農禪寺法師們老是擔心我吸收了他們的徒眾，所以我故意要求同修們，不要去度他們的人。這也是原因之一。但是如果對法眞的有認知，才不管凡夫師父怎麼限制：「我好不容易遇到眞正的法，爲什麼不跟過去？」所以他們沒有人跟過來，表示他們這一世沒有「得善知識」。沒有得善知識的原因，往上推是什麼原因？是過去世沒有好好種善根。是因爲過去世都在表相法上種善根，沒有在了義正法上面去跟眞正的善知識種善根。

可是遇到善知識以後最重要的事情，就是 世尊說的「其善知識能作佛事」，不管什麼樣的事情來到善知識手裡都變成佛事了。所以人家誹謗我們，我們就用他們的誹謗內容，寫出更深妙的法，就完成一場佛事了。人家寫書來質疑，我們就回應而寫一本書出來，講出更勝妙的法，又變成佛事了。這就是善知識「能作佛事」，不管誰作了什麼，善知識的回應都是佛事。這個作佛事，眞正作起來時，其實就是這四個字：「示教利喜。」善知識可以開示清楚：什麼樣才是正法，什麼樣的法是有過失的，過失何在，那個過失的原因是什麼，最後作出結論來說：不應該去犯這個過失。

善知識可以這樣子把它開示出來，然後再作教導：應該要怎麼樣去觀行，怎麼樣去實修，怎麼樣去取證。作這些教導以後，學人的知見被開示導正了，方法也被教導了，接著還有一些因緣上的安排來利益學人。不但如此，而且要在學人悟後不斷開示教導利益他們，使他們心生歡喜而可以常住不退，繼續在菩薩道中走下去，這就是「示教利喜」。如果往世好好種了善根，世世都得到善知識，這善知識能以佛事對他「示教利喜」，那麼他一定很快就會進入無上正等正覺中，也就是實證佛菩提。

雲雷音宿王華智如來又開示說：「大王！當知善知識者是大因緣，所謂化導令得見佛，發阿耨多羅三藐三菩提心。」也就是說，善知識是每一個學佛人的大因緣。不管是誰，學佛一定有很多的層次，但是眞正的善知識，是每一個人在佛道上的大因緣；因爲眞正的善知識，可以把人天乘和三乘菩提都具足演述，因此能攝受很多的有緣人。善知識並且還可以有方便造作，對某一些福德比較欠缺的人，開闢福田給他們來種善根；當大家種了福田以後，福德就夠了；有福德作支撐，要實證無上正等正覺—開悟明心證眞如—也就有機會了。如果善知識不肯開闢福田，那你就知道，他一定是不太想度人，所以他會墨守成規：原有的寺院這麼大就這麼大，常住眾這麼多就這麼多，佛法弘傳這麼狹窄就這麼狹窄，那麼有誰能夠得度呢？二人就二個人，三人就三個人，他不想要增加證悟者的人數來住持正法；因爲他認爲有這幾個人開悟就夠了，不需要那麼多人開悟。

人多了會怎麼樣？事情就更雜了，弄得他連睡覺都睡不安穩，所以就不肯多開闢福田；他很清楚知道，多開闢幾方福田讓大家去種，種完了福德不就夠了嗎？因爲他有正法，而那是正法的道場，是了義、實證的道場；在那裡種福田，那福德很大，他只要開闢了一方、二方、三方的福田給大家種，種了以後就有福德，他就應該幫弟子們開悟。可是他就不肯開闢福田，所以大家絞盡了腦汁，也沒有辦法增加福德，自然證悟無門。後來想一想：「那不如我來供養師父好了，因爲師父沒有開闢福田，但師父本身就是福田。」好了！送上幾百萬元供養，例如古時候的幾百兩白銀，甚至於也有上千兩、二千兩的拿來供養師父。結果送到寺院來，師父竟然也不收。他不想要，因爲對他來講，這是燙手的東西；他收了就得要作事，不能擺著。收了錢財而不作事，就得要挑起這個因果，也就損了自己的大福德；所以他若不收，你就拿他無可奈何了。古來就有很多這種禪師，像這樣的善知識，你若是遇到了，只能自嘆倒楣說：「我遇到了這個善知識，卻不是好因緣、大因緣。」你想要在他身上得法，幾乎沒有機會。

可是眞正久行菩薩道的善知識，眞的是大眾們的大因緣；雖然他本身沒有什麼企圖，可是他看眾生走到這步田地，非要自己來救不行，把這擔子一旦挑起來，他就會想辦法了：「眾生福德不夠？沒關係，我開出這一方福田讓大家來種。」開了以後，有一些人沒有辦法種這一類福田，怎麼辦？「沒關係！我再開另外一種福田。」就這樣子廣開福田，讓大部分人都有機會種。

那麼福田種多了，大家的福德夠了，有福德作支撐時，證悟了以後就不會有問題；這時善知識可以轉個方向：「這麼多人證悟了，可以作大事。」就像咱們正覺如今作什麼大事？復興中國佛教啊！中國佛教早被喇嘛教搞得烏煙瘴氣了，前些時候還報導麗江那個古城，風景絕美的地方，竟然被喇嘛教弄了二十幾座寺廟在那裡；而且座座喇嘛廟供的都是雙身佛，結果風氣已成，導致酒店也仿冒而弄了一尊更大的雙身佛像在那裡招徠生意，他們叫作「豔遇佛」，說那個雙身像叫作豔遇佛。

那你說，像這樣子弄下去，未來中國佛教還得了？可是，事實上是中國佛教密宗到處都有，不是只有麗江。麗江還是最近這二十年才開始興盛起來的，其實幾十年來的中國大部分所謂的佛教，全都是密宗。且不說中國，只說臺灣好了，五、六年前的臺灣，不也到處都是密宗嗎？在宗教臺上說法的那些法師們，有一半以上夜裡都在修雙身法，你說怎麼辦？還有個老和尚，我們當年已經破密破三年了，他有一次竟然還刻意戴起五方佛帽上臺說法，還講唯識呢！聽說他也暗地裡修密宗。所以你看，如果福田開多了，證悟的人多了，可以作什麼？可以復興中國佛教，紹繼　釋迦如來的家業。所以我們不但把臺灣佛教復興起來，中國佛教也要復興起來，因爲中國佛教徒比臺灣多很多倍。如果能這樣的話，正統佛教勢力廣大了以後，密宗再要來搞鬼可就搞不起來了，我們這一世就把它作徹底一點。

這樣一來，這個善知識才能說是「大因緣」，因爲有很多人可以因此而被他「化導令得見佛」。見哪尊佛？見自性佛。自性佛又名「釋迦牟尼佛」，就是第八識「妙法蓮華經」；又名「多寶佛」，又名「妙音菩薩」，又名「觀世音菩薩」，在下一品中又名「普賢菩薩」，這樣實證了才是眞正的「見佛」。那麼在這裡，雲雷音宿王華智如來爲妙莊嚴王講的，當然也是一語雙關。二位王子幫助他可以來面見雲雷音宿王華智如來，這當然是見佛；然而見佛以後如來爲他授記將來成佛，他就出家了；出家以後修道，八萬四千煩惱斷除了，證得初地了，這才是眞正具足的「見佛」，是從第七住位的明心開始就稱爲眞的「見佛」了。所以這個叫作「所謂化導令得見佛」。這時發起無上正等正覺之心，可就是名實相符，一點點偷工減料都沒有——是眞正的發起無上正等正覺之心。

可是這兩個兒子能夠爲他這樣作，一定有來由。不管什麼樣的證量，都一定有個原由，不可能無中生有。如果有人說他是幾地、幾地的菩薩，可是沒有那個次第的過程去完成，忽然間就是幾地的菩薩了，那我告訴你，那個地都是土地的地，只能埋到大地裡面去，因爲那是死人而不是活人；他將來還眞的要入地——死後一定下墮而入地獄，除非他此世出生時都沒有胎昧。所以那一種人都是沒來由，就突然間說：「**我證阿羅漢果了。**」或是突然間成爲幾地菩薩了，那都是有問題的。爲了救這些人的緣故，我快要完成的那本書叫作《涅槃》，今天寫到三十二萬五千字了，希望三十六萬字可以把它圓滿，想要在這次禪三前圓滿是不可能的；我沒日沒夜地趕還是來不及，那我乾脆就特地在這方面多作了一些著墨。

也就是說，現代的人好高騖遠、聰明伶俐、世智辯聰，都沒有一個修學的過程，也沒有次法的基礎，讀了我的幾本書，動不動就宣稱自己是阿羅漢、是四地菩薩。像這樣的阿羅漢，竟然還在抽菸喝酒。佛法中有這樣的阿羅漢呵？可是，他也敢自稱阿羅漢。所以，我這回《涅槃》書中，在次法這方面只好多著墨一些，因此這本書在次法上寫了不少，希望可以警醒一些人趕快滅除大妄語業。然後我在大乘菩提、大乘涅槃的部分，在見道的相關內容也著墨得不少，是爲了避免日後以及未來世，有人在這上面像這一世有人又繼續弄不清楚而誤會了《成唯識論》，還說咱們的法跟《成唯識論》不一樣，眞要叫作「天哉！枉也！」所以這方面我也著墨不少。這就是說，凡是善知識，一定有個來由，不可能無因無緣就成爲善知識。所以凡是入地的善知識，一定有如夢觀的現量，這個現量讓他看見過去多劫以前的哪一些事情，看多了以後連貫起來，他就可以知道自己的來歷；雖然不能公開講出來，但是他自己已經知道了，一定有個來由。

同樣的道理，妙莊嚴王這二個兒子，突然間示現了大神通給他父親看，但妙莊嚴王並不知道他們的來歷，雲雷音宿王華智如來可都清楚，這時當然要告訴他；否則他那二個兒子的證量，就變成無中生有，那就沒有來由了，所以就告訴他說：「大王啊！你看見這二個兒子沒有？這二個兒子已曾經供養過六十五百千萬億那由他恆河沙諸佛。」諸位體會一下，而我的頭髮這時可都豎起來了，我都感覺到了；你們看不到我豎髮，是因爲我的頭髮太短了。這是供養了多少佛呀！已經是多久以前的事了！也許現在諸位之中，有人心裡面生起一個念頭，出現了一個斗大的問號：「他們爲什麼還沒有成佛？」

這就等我們這一品講完了，留到最後再來補充說明。

他們已經供養過「六十五百千萬億那由他恒河沙諸佛」，一一佛都去受學、親近、供養，一一去恭敬、禮拜。但是一一受學、親近、供養、禮拜之中，最主要的還是受持「法華經」，這才是最重要的。換句話說，十方三世一切如來都必須受持「妙法蓮華經」。可是「妙法蓮華經」究竟是什麼？就是第八識如來藏，含藏了七轉識等等妙法；《阿含經》中說這個識叫作入胎之識，說是「名色緣識生」的識，說爲「諸法本母」。可是這二位大菩薩——淨眼跟淨藏，到現在都還沒有成佛，是因爲他們「愍念邪見眾生，令住正見」。不成佛的目的是因爲眾生都住在邪見裡面，他們覺得可悲而憐愍，所以常常憶念著邪見眾生，希望他們可以改邪歸正。

當 雲雷音宿王華智如來交代了這二個兒子的來歷以後，妙莊嚴王聽清楚了，知道這不是虛構的，就從虛空中下到地上來，向 雲雷音宿王華智如來稟白說：「世尊！如來實在是非常的希有，因爲有種種功德及深妙智慧的緣故，而頂上又有肉髻光明顯發照耀一切，而如來猶如青蓮之眼既長又廣，而且呈現了紺青色，雙眉之間的毫毛相，純白猶如珂月一樣，牙齒潔白整齊而且沒有隙縫，常常從口中放出光明；而嘴脣的顏色鮮紅而美好，猶如頻婆果一般。」這就是說 如來很希有，如來可以隨念而知每一個人的來歷；所以如來就告訴了妙莊嚴王，這二個兒子以前是怎麼樣的來歷。那妙莊嚴王這一聽，當然知道自己遠不如這二個兒子。

想想看，他們供養過的佛陀，數目之多難以想像，可見他們的證量已經是高不可測的；所以當 雲雷音宿王華智如來交代了這二個兒子的來歷以後，他當然得要趕快從虛空中下來，總不能繼續高高地停在那邊講話，所以趕快下來讚歎 世尊。諸佛如來有非常多的功德，且不說其他的，例如四無礙法、十八不共法、十力等等。那一些也就不談，單說如來的十號就好，十號所代表的功德就已經夠偉大了，所以如來的全部功德很難可思議。最主要的大功德就是智慧——世間、出世間、世出世間一切法的智慧，以及伴隨這些智慧成就的過程中同時修集成就的大福德，因此顯現出來諸佛如來都有三十二種大人相，八十種隨形好；這些全部都經由智慧與福德而累積成就，不是可以隨意而得或無因而得。那麼，他作了這樣的讚歎，這些讚歎之語，我們就不必多作解釋。

（〈妙莊嚴王本事品〉未完，詳第二十五輯續說。）

佛教正覺同修會〈修學佛道次第表〉

第一階段

* 以憶佛及拜佛方式修習動中定力。
* 學第一義佛法及禪法知見。
* 無相拜佛功夫成就。
* 具備一念相續功夫—動靜中皆能看話頭。
* 努力培植福德資糧，勤修三福淨業。

第二階段

* 參話頭，參公案。
* 開悟明心，一片悟境。
* 鍛鍊功夫求見佛性。
* 眼見佛性〈餘五根亦如是〉親見世界如幻，成就如幻觀。
* 學習禪門差別智。
* 深入第一義經典。
* 修除性障及隨分修學禪定。
* 修證十行位陽焰觀。

第三階段

* 學一切種智真實正理—楞伽經、解深密經、成唯識論…。
* 參究末後句。
* 解悟末後句。
* 透牢關—親自體驗所悟末後句境界，親見實相，無得無失。
* 救護一切眾生迴向正道。護持了義正法，修證十迴向位如夢觀。
* 發十無盡願，修習百法明門，親證猶如鏡像現觀。
* 修除五蓋，發起禪定。持一切善法戒。親證猶如光影現觀。
* 進修四禪八定、四無量心、五神通。進修大乘種智，求證猶如谷響現觀。

佛菩提二主要道次第概要表——二道並修，以外無別佛法

佛菩提道——大菩提道

十信位修集信心——一劫乃至一萬劫

資糧位

初住位修集布施功德（以財施爲主）。
二住位修集持戒功德。
三住位修集忍辱功德。
四住位修集精進功德。
五住位修集禪定功德。
六住位修集般若功德（熏習般若中觀及斷我見，加行位也）。

外門廣修六度萬行

見道位

七住位明心般若正觀現前，親證本來自性清淨涅槃。
八住位起於一切法現觀般若中道。漸除性障。
十住位眼見佛性，世界如幻觀成就。

一至十行位，於廣行六度萬行中，依般若中道慧，現觀陰處界猶如陽焰，至第十行滿心位，陽焰觀成就。

一至十迴向位熏習一切種智；修除性障，唯留最後一分思惑不斷。第十迴向滿心位成就菩薩道如夢觀。

內門廣修六度萬行

遠波羅蜜多

初地：第十迴向位滿心時，成就道種智一分（八識心王一一親證後，領受五法、三自性、七種第一義、七種性自性、二種無我法）復由勇發十無盡願，成通達位菩薩。復又永伏性障而不具斷，能證慧解脫而不取證，由大願故留惑潤生。此地主修法施波羅蜜多及百法明門。證「猶如鏡像」現觀，故滿初地心。

二地：初地功德滿足以後，再成就道種智一分而入二地；主修戒波羅蜜多及一切種智。滿心位成就「猶如光影」現觀，戒行自然清淨。

解脫道：二乘菩提

→ 斷三縛結，成初果解脫
→ 薄貪瞋癡，成二果解脫
→ 斷五下分結，成三果解脫

入地前的四加行令煩惱障現行悉斷，成四果解脫，留惑潤生。分段生死已斷，煩惱障習氣種子開始斷除，兼斷無始無明上煩惱。

圓滿成就究竟佛果

佛子蕭平實 謹製
（二〇〇九、〇二 修訂）
（二〇一二、〇二 增補）

近波羅蜜多

三地：二地滿心再證道種智一分，故入三地。此地主修忍波羅蜜多及四禪八定、四無量心、五神通。能成就俱解脫果而不取證，留惑潤生。滿心位成就「猶如谷響」現觀及無漏妙定意生身。

四地：由三地再證道種智一分故入四地。主修精進波羅蜜多，於此土及他方世界廣度有緣，無有疲倦。進修一切種智，滿心位成就「如水中月」現觀。

五地：由四地再證道種智一分故入五地。主修禪定波羅蜜多及一切種智，斷除下乘涅槃貪。滿心位成就「變化所成」現觀。

修道位

六地：由五地再證道種智一分故入六地。此地主修般若波羅蜜多——依道種智現觀十二因緣一一有支及意生身化身，皆自心眞如變化所現，「非有似有」，成就細相觀，不由加行而自然證得滅盡定，成俱解脫大乘無學。

七地：由六地「非有似有」現觀，再證道種智一分故入七地。此地主修一切種智及方便波羅蜜多，由重觀十二有支一一支中之流轉門及還滅門一切細相，成就方便善巧，念念隨入滅盡定。滿心位證得「如犍闥婆城」現觀。

七地滿心斷除故意保留之最後一分思惑時，煩惱障所攝色、受、想三陰有漏習氣種子全部斷盡。

大波羅蜜多

八地：由七地極細相觀成就故再證道種智一分而入八地。此地主修一切種智及願波羅蜜多。至滿心位純無相觀任運恆起，故於相土自在，滿心位復證「如實覺知諸法相意生身」故。

九地：由八地再證道種智一分故入九地。主修力波羅蜜多及一切種智，成就四無礙，滿心位證得「種類俱生無行作意生身」。

十地：由九地再證道種智一分故入此地。此地主修一切種智——智波羅蜜多。滿心位起大法智雲，及現起大法智雲所含藏種種功德，成受職菩薩。

等覺：由十地道種智成就故入此地。此地應修一切種智，圓滿等覺地無生法忍；於百劫中修集極廣大福德，以之圓滿三十二大人相及無量隨形好。

煩惱障所攝行、識二陰無漏習氣種子任運漸斷，所知障所攝上煩惱任運漸斷。

圓滿波羅蜜多

究竟位

妙覺：示現受生人間已斷盡煩惱障一切習氣種子，並斷盡所知障一切隨眠，永斷變易生死無明，成就大般涅槃，四智圓明。人間捨壽後，報身常住色究竟天利樂十方地上菩薩；以諸化身利樂有情，永無盡期，成就究竟佛道。

斷盡變易生死
成就大般涅槃

佛教正覺同修會 共修現況 及 招生公告 2019/02/18

一、共修現況：（請在共修時間來電，以免無人接聽。）

台北正覺講堂 103 台北市承德路三段 277 號九樓 捷運淡水線圓山站旁
Tel..**總機** 02-25957295（晚上）（**分機：九樓**辦公室 10、11；知客櫃檯 12、13。 **十樓**知客櫃檯 15、16；書局櫃檯 14。 **五樓**辦公室 18；知客櫃檯 19。**二樓**辦公室 20；知客櫃檯 21。）
Fax..25954493

第一講堂 台北市承德路三段 277 號九樓

禪淨班：週一晚班、週三晚班、週四晚班、週五晚班、週六下午班、週六上午班（共修期間二年半，全程免費。皆須報名建立學籍後始可參加共修，欲報名者詳見本公告末頁。）

進階班：週一晚班、週三晚班、週四晚班、週五晚班（禪淨班結業後轉入共修）。

增上班：瑜伽師地論詳解：每月單數週之週末 17.50～20.50。平實導師講解，2003 年 2 月開講至今，預計 2019 年圓滿，僅限已明心之會員參加。

禪門差別智：每月第一週日全天 平實導師主講（事冗暫停）。

不退轉法輪經詳解 本經所說妙法極爲甚深難解，時至末法，已然無有知者；而其甚深絕妙之法，流傳至今依舊多人可證，顯示佛法眞是義學而非玄談，其中甚深極妙令人拍案稱絕之第一義諦妙義。已於 2019 年元月底開講，由平實導師詳解。每逢周二晚上開講，第一至第六講堂都可同時聽聞，歡迎菩薩種性學人，攜眷共同參與此殊勝法會現場聞法，不限制聽講資格。本會學員憑上課證進入第一至第四講堂聽講，會外學人請以身分證件換證進入聽講（此爲大樓管理處安全管理規定之要求，敬請諒解）；第五及第六講堂（B1、B2）對外開放，不需出示任何證件，請由大樓側門直接進入。

第二講堂 台北市承德路三段 267 號十樓。

禪淨班：週一晚上班。

進階班：週三晚班、週四晚班、週五晚班、週六下午班。禪淨班結業後轉入共修。

不退轉法輪經詳解：平實導師講解。每週二 18.50~20.50 影像音聲即時傳輸

第三講堂 台北市承德路三段 277 號五樓。

禪淨班：週六下午班。

進階班：週一晚班、週三晚班、週四晚班、週五晚班。

不退轉法輪經詳解：平實導師講解。每週二 18.50~20.50 影像音聲即時傳輸

第四講堂 台北市承德路三段 267 號二樓。

進階班：週一晚上班、週三晚上班、週四晚上班（禪淨班結業後轉入共修）。

不退轉法輪經詳解：平實導師講解。每週二 18.50~20.50 影像音聲即時傳輸

第五、第六講堂

念佛班 每週日晚上，第六講堂共修（B2），一切求生極樂世界的三寶弟子皆可參加，不限制共修資格。

進階班：週一晚班、週三晚班、週四晚班。

不退轉法輪經詳解：平實導師講解。每週二 18.50~20.50 影像音聲即時傳輸。第五、第六講堂為**開放式講堂**，不需以身分證件換證即可進入聽講，台北市承德路三段 267 號地下一樓、地下二樓。每逢週二晚上講經時段開放給會外人士自由聽經，請由大樓側面梯階逕行進入聽講。**聽講者請尊重講者的著作權及肖像權，請勿錄音錄影，以免違法；若有錄音錄影被查獲者，將依法處理。**

正覺祖師堂 大溪區美華里信義路 650 巷坑底 5 之 6 號（台 3 號省道 34 公里處 妙法寺對面斜坡道進入）電話 03-3886110 傳真 03-3881692 本堂供奉 克勤圓悟大師，專供會員每年四月、十月各三次精進禪三共修，兼作本會出家菩薩掛單常住之用。除禪三時間以外，公元 2018 年前每逢單月第一週之週日 9:00~17:00 開放會內、外人士參訪，當天並提供午齋結緣，自公元 2019 年後開放參訪日期請參見本會公告。教內共修團體或道場，得另申請其餘時間作團體參訪，務請事先與常住確定日期，以便安排常住菩薩接引導覽，亦免妨礙常住菩薩之日常作息及修行。

桃園正覺講堂（第一、第二講堂）：桃園市介壽路 286、288 號 10 樓（陽明運動公園對面）電話：03-3749363(請於共修時聯繫，或與台北聯繫)

禪淨班：週一晚上班（1)、週一晚上班（2)、週三晚上班、週四晚上班、週五晚上班。

進階班：週四晚班、週五晚班、週六上午班。

增上班：雙週六晚上班（增上重播班）。

不退轉法輪經詳解：平實導師講解。每週二晚上，以台北正覺講堂所錄 DVD 放映；歡迎會外學人共同聽講，不需出示身分證件。

新竹正覺講堂 新竹市東光路 55 號二樓之一 電話 03-5724297（晚上）

第一講堂：

禪淨班：週一晚上班、週五晚上班、週六上午班。

進階班：週三晚上班、週四晚上班（由禪淨班結業後轉入共修）。

增上班：單週六晚上班。雙週六晚上班（重播班）。

不退轉法輪經詳解：平實導師講解。每週二晚上，以台北正覺講堂所錄 DVD 放映。歡迎會外學人共同聽講，不需出示身分證件。

第二講堂：

禪淨班：週三晚上班、週四晚上班。

不退轉法輪經詳解：每週二晚上與第一講堂同步播放講經 DVD。

第三、第四講堂：裝修完畢，即將開放。

台中正覺講堂　04-23816090（晚上）

第一講堂　台中市南屯區五權西路二段 666 號 13 樓之四（國泰世華銀行樓上。鄰近縣市經第一高速公路前來者，由五權西路交流道可以快速到達，大樓旁有停車場，對面有素食館）。

禪淨班：週三晚上班、週四晚上班。

進階班：週一晚上班、週六上午班（由禪淨班結業後轉入共修）。

增上班：**增上班**：單週六晚上班。雙週六晚上班（重播班）。

不退轉法輪經詳解：平實導師講解。每週二晚上，以台北正覺講堂所錄 DVD 放映。歡迎會外學人共同聽講，不需出示身分證件。

第二講堂　台中市南屯區五權西路二段 666 號 4 樓

禪淨班：週一晚上班、週三晚上班、週六上午班。

進階班：週五晚上班（由禪淨班結業後轉入共修）。

不退轉法輪經詳解：每週二晚上與第一講堂同步播放講經 DVD。

第三講堂、第四講堂：台中市南屯區五權西路二段 666 號 4 樓。

嘉義正覺講堂　嘉義市友愛路 288 號八樓之一　電話：05–2318228

第一講堂：

禪淨班：週一晚上班、週四晚上班、週五晚上班、週六上午班。

進階班：週三晚上班（由禪淨班結業後轉入共修）。

增上班：單週六晚上班。雙週六晚上班（重播班）。

不退轉法輪經詳解：平實導師講解。每週二晚上，以台北正覺講堂所錄 DVD 放映。歡迎會外學人共同聽講，不需出示身分證件。

第二講堂　嘉義市友愛路 288 號八樓之二。

台南正覺講堂

第一講堂　台南市西門路四段 15 號 4 樓。06-2820541（晚上）

禪淨班：週一晚上班、週三晚上班、週四晚上班、週五晚上班、週六下午班。

增上班：**增上班**：單週六晚上班。雙週六晚上班（重播班）。

不退轉法輪經詳解：平實導師講解。每週二晚上，以台北正覺講堂所錄 DVD 放映。歡迎會外學人共同聽講，不需出示身分證件。

第二講堂　台南市西門路四段 15 號 3 樓。

不退轉法輪經詳解：每週二晚上與第一講堂同步播放講經 DVD。

第三講堂　台南市西門路四段 15 號 3 樓。

進階班：週三晚上班、週四晚上班、週六上午班（由禪淨班結業後轉入共修）。

不退轉法輪經詳解：每週二晚上與第一講堂同步播放講經 DVD。

高雄正覺講堂　高雄市新興區中正三路 45 號五樓 07-2234248（晚上）

第一講堂（五樓）：

禪淨班：週一晚班、週三晚班、週四晚班、週五晚班、週六上午班。

增上班：單週週末下午，以台北增上班課程錄成 DVD 放映之，限已明心之會員參加。

不退轉法輪經詳解：平實導師講解。每週二晚上，以台北正覺講堂所錄 DVD 放映。歡迎會外學人共同聽講，不需出示身分證件。

第二講堂（四樓）：

進階班：週三晚上班、週四晚上班、週六上午班（由禪淨班結業後轉入共修）。

不退轉法輪經詳解：每週二晚上與第一講堂同步播放講經 DVD。

第三講堂（三樓）：

進階班：週四晚班（由禪淨班結業後轉入共修）。

香港正覺講堂　☆**已遷移新址**☆

九龍觀塘，成業街 10 號，電訊一代廣場 27 樓 E 室。

（觀塘地鐵站 B1 出口，步行約 4 分鐘）。電話：(852) 23262231

英文地址：Unit E，27th Floor, TG Place, 10 Shing Yip Street, Kwun Tong, Kowloon

禪淨班：雙週六下午班 14:30-17:30，已經額滿。
雙週日下午班 14:30-17:30。
單週六下午班 14:30-17:30，已經額滿。

進階班：雙週五晚上班（由禪淨班結業後轉入共修）。

增上班：單週週末上午，以台北增上班課程錄成 DVD 放映之。

增上重播班：雙週週末上午，以台北增上班課程錄成 DVD 放映之。

不退轉法輪經詳解：平實導師講解。雙週六 19:00-21:00，以台北正覺講堂所錄 DVD 放映；歡迎會外學人共同聽講，不需出示身分證件。

美國洛杉磯正覺講堂　☆**已遷移新址**☆

825 S. Lemon Ave Diamond Bar, CA 91789 U.S.A.

Tel. (909) 595-5222（請於週六 9:00~18:00 之間聯繫）

Cell. (626) 454-0607

禪淨班：每逢週末 15：30~17：30 上課。

進階班：每逢週末上午 10：00~12：00 上課。

不退轉法輪經詳解：平實導師講解。每週六下午 13：00~15：00 以台北所錄 DVD 放映。歡迎各界人士共享第一義諦無上法益，不需報名。

二、招生公告　本會台北講堂及全省各講堂、香港講堂，每逢四月、十月下旬開新班，每週共修一次（每次二小時。開課日起三個月內仍可插班）；但美國洛杉磯共修處之禪淨班得隨時插班共修。各班共修期間皆為二年半，全程免費，欲參加者請向本會函索報名表（各共修處皆於共修時間方有人執事，非共修時間請勿電詢或前來洽詢、請書），或直接從本會官方網站(http://www.enlighten.org.tw/newsflash/class)或成佛之道網站下載報名表。共修期滿時，若經報名禪三審核通過者，可參加四天三夜之禪三精進共修，有機會明心、取證如來藏，發起般若實相智慧，成為實義菩薩，脫離凡夫菩薩位。

三、新春禮佛祈福　農曆年假期間停止共修：自農曆新年前七天起停止共修與弘法，正月 8 日起回復共修、弘法事務。新春期間正月初一～初七 9.00～17.00 開放台北講堂、正月初一~初三開放桃園、新竹、台中、嘉義、台南、高雄講堂，以及大溪禪三道場（正覺祖師堂），方便會員供佛、祈福及會外人士請書。美國洛杉磯共修處之休假時間，請逕詢該共修處。

密宗四大派修雙身法，是外道性力派的邪法；又以生滅的識陰作為常住法，是常見外道，是假的藏傳佛教。

西藏覺囊巴以他空見弘揚第八識如來藏勝法，才是真藏傳佛教

佛教正覺同修會　弘法行事表　2019/02/18

1、**禪淨班**　以無相念佛及拜佛方式修習動中定力，實證一心不亂功夫。傳授解脫道正理及第一義諦佛法，以及參禪知見。共修期間：二年六個月。每逢四月、十月開新班，詳見招生公告表。

2、**進階班**　禪淨班畢業後得轉入此班，進修更深入的佛法，期能證悟明心。各地講堂各有多班，繼續深入佛法、增長定力，悟後得轉入增上班修學道種智，期能證得無生法忍。

3、**增上班 瑜伽師地論**詳解　詳解論中所言凡夫地至佛地等 17 師之修證境界與理論，從凡夫地、聲聞地……宣演到諸地所證無生法忍、一切種智之眞實正理。由平實導師開講，每逢一、三、五週之週末晚上開示，僅限已明心之會員參加。2003 年二月開講至今，預定 2019 年講畢。

4、**不退轉法輪經**詳解　本經所說妙法極爲甚深難解，時至末法，已然無有知者；而其甚深絕妙之法，流傳至今依舊多人可證，顯示佛法眞是義學而非玄談，其中甚深極妙令人拍案稱絕之第一義諦妙義。已於 2019 年元月底開講，由平實導師詳解。不限制聽講資格。

5、**精進禪三**　主三和尙：平實導師。於四天三夜中，以克勤圓悟大師及大慧宗杲之禪風，施設機鋒與小參、公案密意之開示，幫助會員剋期取證，親證不生不滅之眞實心——人人本有之如來藏。每年四月、十月各舉辦三個梯次；平實導師主持。僅限本會會員參加禪淨班共修期滿，報名審核通過者，方可參加。並選擇會中定力、慧力、福德三條件皆已具足之已明心會員，給以指引，令得眼見自己無形無相之佛性遍佈山河大地，眞實而無障礙，得以肉眼現觀世界身心悉皆如幻，具足成就如幻觀，圓滿十住菩薩之證境。

6、**阿含經**詳解　選擇重要之阿含部經典，依無餘涅槃之實際而加以詳解，令大眾得以現觀諸法緣起性空，亦復不墮斷滅見中，顯示經中所隱說之涅槃實際—如來藏—確實已於四阿含中隱說；令大眾得以聞後觀行，確實斷除我見乃至我執，證得**見到**眞現觀，乃至**身證**……等眞現觀；已得大乘或二乘見道者，亦可由此聞熏及聞後之觀行，除斷我所之貪著，成就慧解脫果。由平實導師詳解。不限制聽講資格。

7、**解深密經**詳解　重講本經之目的，在於令諸已悟之人明解大乘法道之成佛次第，以及悟後進修一切種智之內涵，確實證知三種自性性，並得據此證解七眞如、十眞如等正理。每逢週二 18.50~20.50 開示，由平實導師詳解。將於《**不退轉法輪經**》講畢後開講。不限制聽講資格。

8、**成唯識論**詳解　詳解一切種智眞實正理，詳細剖析一切種智之微細深妙廣大正理；並加以舉例說明，使已悟之會員深入體驗所證如來藏之微密行相；及證驗見分相分與所生一切法，皆由如來藏—阿賴耶識—直接或展轉而生，因此證知一切法無我，證知無餘涅槃之本際。將於增上班《瑜伽師地論》講畢後，由平實導師重講。僅限已明心之會員參加。

9、**精選如來藏系經典**詳解　精選如來藏系經典一部，詳細解說，以此完全印證會員所悟如來藏之眞實，得入不退轉住。另行擇期詳細解說之，由平實導師講解。僅限已明心之會員參加。

10、**禪門差別智**　藉禪宗公案之微細淆訛難知難解之處，加以宣說及剖析，以增進明心、見性之功德，啓發差別智，建立擇法眼。每月第一週日全天，由平實導師開示，僅限破參明心後，復又眼見佛性者參加（事冗暫停）。

11、**枯木禪**　先講智者大師的《小止觀》，後說《釋禪波羅蜜》，詳解四禪八定之修證理論與實修方法，細述一般學人修定之邪見與岔路，及對禪定證境之誤會，消除枉用功夫、浪費生命之現象。已悟般若者，可以藉此而實修初禪，進入大乘通教及聲聞教的三果心解脫境界，配合應有的大福德及後得無分別智、十無盡願，即可進入初地心中。親教師：平實導師。未來緣熟時將於正覺寺開講。不限制聽講資格。

註：本會例行年假，自 2004 年起，改爲每年農曆新年前七天開始停息弘法事務及共修課程，農曆正月 8 日回復所有共修及弘法事務。新春期間（每日 9.00~17.00）開放台北講堂，方便會員禮佛祈福及會外人士請書。大溪區的正覺祖師堂，開放參訪時間，詳見〈正覺電子報〉或成佛之道網站。本表得因時節因緣需要而隨時修改之，不另作通知。

佛教正覺同修會　贈閱書籍 目錄　　2018/10/20

1.**無相念佛**　平實導師著　回郵 36 元
2.**念佛三昧修學次第**　平實導師述著　回郵 52 元
3.**正法眼藏—護法集**　平實導師述著　回郵 76 元
4.**真假開悟簡易辨正法&佛子之省思**　平實導師著　回郵 26 元
5.**生命實相之辨正**　平實導師著　回郵 31 元
6.**如何契入念佛法門**（**附：印順法師否定極樂世界**）平實導師著　回郵 26 元
7.**平實書箋**—答元覽居士書　平實導師著　回郵 52 元
8.**三乘唯識**—如來藏系經律彙編　平實導師編　回郵 80 元
（精裝本　長 27 cm　寬 21 cm　高 7.5 cm　重 2.8 公斤）
9.**三時繫念全集**—修正本　回郵掛號 52 元（長 26.5 cm×寬 19 cm）
10.**明心與初地**　平實導師述　回郵 31 元
11.**邪見與佛法**　平實導師述著　回郵 36 元
12.**甘露法雨**　平實導師述　回郵 36 元
13.**我與無我**　平實導師述　回郵 36 元
14.**學佛之心態**—修正錯誤之學佛心態始能與正法相應　孫正德老師著　回郵52元
附錄：平實導師著《**略說八、九識並存…等之過失**》
15.**大乘無我觀**—《悟前與悟後》別說　平實導師述著　回郵 36 元
16.**佛教之危機**—中國台灣地區現代佛教之真相（附錄：公案拈提六則）
平實導師著　回郵 52 元
17.**燈 影**—燈下黑（覆「求教後學」來函等）　平實導師著　回郵 76 元
18.**護法與毀法**—覆上平居士與徐恒志居士網站毀法二文
張正圜老師著　回郵 76 元
19.**淨土聖道**—兼評**選擇本願念佛**　正德老師著　**由正覺同修會購贈**　回郵52元
20.**辨唯識性相**—對「紫蓮心海《辯唯識性相》書中否定阿賴耶識」之回應
正覺同修會 台南共修處法義組 著　回郵 52 元
21.**假如來藏**—對法蓮法師《如來藏與阿賴耶識》書中否定阿賴耶識之回應
正覺同修會 台南共修處法義組 著　回郵 76 元
22.**入不二門**—公案拈提集錦 第一輯（於平實導師公案拈提諸書中選錄約二十則，
合輯爲一冊流通之）平實導師著　回郵 52 元
23.**真假邪說**—西藏密宗索達吉喇嘛《破除邪說論》真是邪說
釋正安法師著　上、下冊回郵各 52 元
24.**真假開悟**—真如、如來藏、阿賴耶識間之關係　平實導師述著　回郵 76 元
25.**真假禪和**—辨正釋傳聖之謗法謬說　孫正德老師著　回郵 76 元
26.**眼見佛性**—駁慧廣法師**眼見佛性的含義**文中謬說
游正光老師著　回郵 52 元

27.**普門自在**—公案拈提集錦 第二輯（於平實導師公案拈提諸書中選錄約二十則，合輯爲一冊流通之）平實導師著 回郵 52 元

28.**印順法師的悲哀**—以現代禪的質疑為線索 恒毓博士著 回郵 52 元

29.**識蘊真義**—現觀識蘊內涵、取證初果、親斷三縛結之具體行門。
—依《成唯識論》及《惟識述記》正義，略顯安慧《大乘廣五蘊論》之邪謬
平實導師著 回郵 76 元

30.**正覺電子報** 各期紙版本 免附回郵 每次最多函索三期或三本。
（已無存書之較早各期，不另增印贈閱）

31.**現代人應有的宗教觀** 蔡正禮老師 著 回郵 31 元

32.**遠惑趣道**—正覺電子報般若信箱問答錄 第一輯 回郵 52 元

33.**遠惑趣道**—正覺電子報般若信箱問答錄 第二輯 回郵 52 元

34.**確保您的權益**—器官捐贈應注意自我保護 游正光老師 著 回郵 31 元

35.**正覺教團電視弘法三乘菩提 DVD 光碟（一）**
由正覺教團多位親教師共同講述錄製 DVD 8 片，MP3 一片，共 9 片。有二大講題：一爲「三乘菩提之意涵」，二爲「學佛的正知見」。內容精闢，深入淺出，精彩絕倫，幫助大眾快速建立三乘法道的正知見，免被外道邪見所誤導。有志修學三乘佛法之學人不可不看。（製作工本費 100 元，回郵 52 元）

36.**正覺教團電視弘法 DVD 專輯（二）**
總有二大講題：一爲「三乘菩提之念佛法門」，一爲「學佛正知見（第二篇）」，由正覺教團多位親教師輪番講述，內容詳細闡述如何修學念佛法門、實證念佛三昧，以及學佛應具有的正確知見，可以幫助發願往生西方極樂淨土之學人，得以把握往生，更可令學人快速建立三乘法道的正知見，免於被外道邪見所誤導。有志修學三乘佛法之學人不可不看。（一套 17 片，工本費 160 元。回郵 76 元）

37.**喇嘛性世界**—揭開假藏傳佛教譚崔瑜伽的面紗 張善思 等人合著
由正覺同修會購贈 回郵 52 元

38.**假藏傳佛教的神話**—性、謊言、喇嘛教 張正玄教授編著
由正覺同修會購贈 回郵 52 元

39.**隨 緣**—理隨緣與事隨緣 平實導師述 回郵 52 元。

40.**學佛的覺醒** 正枝居士 著 回郵 52 元

41.**導師之真實義** 蔡正禮老師 著 回郵 31 元

42.**淺談達賴喇嘛之雙身法**—兼論解讀「密續」之達文西密碼
吳明芷居士 著 回郵 31 元

43.**魔界轉世** 張正玄居士 著 回郵 31 元

44.**一貫道與開悟** 蔡正禮老師 著 回郵 31 元

45.**博愛**—愛盡天下女人 正覺教育基金會 編印 回郵 36 元

46.**意識虛妄經教彙編**—實證解脫道的關鍵經文 正覺同修會編印 回郵 36 元

47.**邪箭囈語**—破斥藏密外道多識仁波切《破魔金剛箭雨論》之邪說

陸正元老師著　上、下冊回郵各 52 元

48.**真假沙門**—依 佛聖教闡釋佛教僧寶之定義

蔡正禮老師著　俟正覺電子報連載後結集出版

49.**真假禪宗**—藉評論釋性廣《印順導師對變質禪法之批判

及對禪宗之肯定》以顯示真假禪宗

附論一：凡夫知見 無助於佛法之信解行證

附論二：世間與出世間一切法皆從如來藏實際而生而顯

余正偉老師著　俟正覺電子報連載後結集出版　回郵未定

★ 上列贈書之郵資，係台灣本島地區郵資，大陸、港、澳地區及外國地區，請另計酌增（大陸、港、澳、國外地區之郵票不許通用）。尚未出版之書，請勿先寄來郵資，以免增加作業煩擾。

★ 本目錄若有變動，唯於後印之書籍及「成佛之道」網站上修正公佈之，不另行個別通知。

函索書籍請寄：佛教正覺同修會　103 台北市承德路 3 段 277 號 9 樓
台灣地區函索書籍者請附寄郵票，無時間購買郵票者可以等值現金抵用，但不接受郵政劃撥、支票、匯票。大陸地區得以人民幣計算，國外地區請以美元計算（請勿寄來當地郵票，在台灣地區不能使用）。欲以掛號寄遞者，請另附掛號郵資。

親自索閱：正覺同修會各共修處。　★請於共修時間前往取書，餘時無人在道場，請勿前往索取；共修時間與地點，詳見書末正覺同修會共修現況表（以近期之共修現況表為準）。

註：正智出版社發售之局版書，請向各大書局購閱。若書局之書架上已經售出而無陳列者，請向書局櫃台指定洽購；若書局不便代購者，請於正覺同修會共修時間前往各共修處請購，正智出版社已派人於共修時間送書前往各共修處流通。 郵政劃撥購書及 大陸地區 購書，請詳別頁正智出版社發售書籍目錄最後頁之說明。

成佛之道 網站：http://www.a202.idv.tw　正覺同修會已出版之結緣書籍，多已登載於 成佛之道 網站，若住外國、或住處遙遠，不便取得正覺同修會贈閱書籍者，可以從本網站閱讀及下載。　書局版之《宗通與說通》亦已上網，台灣讀者可向書局洽購，售價 300 元。《狂密與眞密》第一輯~第四輯，亦於 2003.5.1.全部於本網站登載完畢；台灣地區讀者請向書局洽購，每輯約 400 頁，售價 300 元（網站下載紙張費用較貴，容易散失，難以保存，亦較不精美）。

＊＊假藏傳佛教修雙身法，非佛教＊＊

正智出版社 籌募弘法基金發售書籍目錄 2019/05/01

1.**宗門正眼**—公案拈提 第一輯 重拈 平實導師著 500 元

因重寫內容大幅度增加故，字體必須改小，並增爲 576 頁 主文 546 頁。比初版更精彩、更有內容。初版《禪門摩尼寶聚》之讀者，可寄回本公司免費調換新版書。免附回郵，亦無截止期限。（2007 年起，每冊附贈本公司精製公案拈提〈超意境〉CD 一片。市售價格 280 元，多購多贈。）

2.**禪淨圓融** 平實導師著 200 元（第一版舊書可換新版書。）

3.**真實如來藏** 平實導師著 400 元

4.**禪—悟前與悟後** 平實導師著 上、下冊，每冊 250 元

5.**宗門法眼**—公案拈提 第二輯 平實導師著 500 元
（2007 年起，每冊附贈本公司精製公案拈提〈超意境〉CD 一片）

6.**楞伽經詳解** 平實導師著 全套共 10 輯 每輯 250 元

7.**宗門道眼**—公案拈提 第三輯 平實導師著 500 元
（2007 年起，每冊附贈本公司精製公案拈提〈超意境〉CD 一片）

8.**宗門血脈**—公案拈提 第四輯 平實導師著 500 元
（2007 年起，每冊附贈本公司精製公案拈提〈超意境〉CD 一片）

9.**宗通與說通**—成佛之道 平實導師著 主文 381 頁 全書 400 頁售價 300 元

10.**宗門正道**—公案拈提 第五輯 平實導師著 500 元
（2007 年起，每冊附贈本公司精製公案拈提〈超意境〉CD 一片）

11.**狂密與真密 一～四輯** 平實導師著 西藏密宗是人間最邪淫的宗教，本質不是佛教，只是披著佛教外衣的印度教性力派流毒的喇嘛教。此書中將西藏密宗密傳之男女雙身合修樂空雙運所有祕密與修法，毫無保留完全公開，並將全部喇嘛們所不知道的部分也一併公開。內容比大辣出版社喧騰一時的《西藏慾經》更詳細。並且函蓋藏密的所有祕密及其錯誤的中觀見、如來藏見……等，藏密的所有法義都在書中詳述、分析、辨正。每輯主文三百餘頁 每輯全書約 400 頁 售價每輯 300 元

12.**宗門正義**—公案拈提 第六輯 平實導師著 500 元
（2007 年起，每冊附贈本公司精製公案拈提〈超意境〉CD 一片）

13.**心經密意**—心經與解脱道、佛菩提道、祖師公案之關係與密意 平實導師述 300 元

14.**宗門密意**—公案拈提 第七輯 平實導師著 500 元
（2007 年起，每冊附贈本公司精製公案拈提〈超意境〉CD 一片）

15.**淨土聖道**—兼評「選擇本願念佛」 正德老師著 200 元

16.**起信論講記** 平實導師述著 共六輯 每輯三百餘頁 售價各 250 元

17.**優婆塞戒經講記** 平實導師述著 共八輯 每輯三百餘頁 售價各 250 元

18.**真假活佛**—略論附佛外道盧勝彥之邪説（對前岳靈犀網站主張「盧勝彥是證悟者」之修正） 正犀居士（岳靈犀）著 流通價 140 元

19.**阿含正義**—唯識學探源 平實導師著 共七輯 每輯 300 元

20.**超意境** CD 以平實導師公案拈提書中超越意境之頌詞，加上曲風優美的旋律，錄成令人嚮往的超意境歌曲，其中包括正覺發願文及平實導師親自譜成的黃梅調歌曲一首。詞曲雋永，殊堪翫味，可供學禪者吟詠，有助於見道。內附設計精美的彩色小冊，解說每一首詞的背景本事。每片 280 元。【每購買公案拈提書籍一冊，即贈送一片。】

21.**菩薩底憂鬱** CD 將菩薩情懷及禪宗公案寫成新詞，並製作成超越意境的優美歌曲。 1.主題曲〈菩薩底憂鬱〉，描述地後菩薩能離三界生死而迴向繼續生在人間，但因尚未斷盡習氣種子而有極深沈之憂鬱，非三賢位菩薩及二乘聖者所知，此憂鬱在七地滿心位方才斷盡；本曲之詞中所說義理極深，昔來所未曾見；此曲係以優美的情歌風格寫詞及作曲，聞者得以激發嚮往諸地菩薩境界之大心，詞、曲都非常優美，難得一見；其中勝妙義理之解說，已印在附贈之彩色小冊中。 2.以各輯公案拈提中直示禪門入處之頌文，作成各種不同曲風之超意境歌曲，值得玩味、參究；聆聽公案拈提之優美歌曲時，請同時閱讀內附之印刷精美說明小冊，可以領會超越三界的證悟境界；未悟者可以因此引發求悟之意向及疑情，眞發菩提心而邁向求悟之途，乃至因此眞實悟入般若，成眞菩薩。 3.正覺總持咒新曲，總持佛法大意；總持咒之義理，已加以解說並印在隨附之小冊中。本 CD 共有十首歌曲，長達 63 分鐘。每盒各附贈二張購書優惠券。每片 280 元。

22.**禪意無限** CD 平實導師以公案拈提書中偈頌寫成不同風格曲子，與他人所寫不同風格曲子共同錄製出版，幫助參禪人進入禪門超越意識之境界。盒中附贈彩色印製的精美解說小冊，以供聆聽時閱讀，令參禪人得以發起參禪之疑情，即有機會證悟本來面目而發起實相智慧，實證大乘菩提般若，能如實證知般若經中的眞實意。本 CD 共有十首歌曲，長達 69 分鐘，每盒各附贈二張購書優惠券。每片 280 元。

23.**我的菩提路**第一輯　釋悟圓、釋善藏等人合著　售價 300 元

24.**我的菩提路**第二輯　郭正益、張志成等人合著　售價 300 元

25.**我的菩提路**第三輯　王美伶等人合著　售價 300 元

26.**我的菩提路**第四輯　陳晏平等人合著　售價 300 元

27.**鈍鳥與靈龜**—考證後代凡夫對大慧宗杲禪師的無根誹謗。

平實導師著 共 458 頁 售價 350 元

28.**維摩詰經講記** 平實導師述 共六輯 每輯三百餘頁 售價各 250 元

29.**真假外道**—破劉東亮、杜大威、釋證嚴常見外道見　正光老師著　200 元

30.**勝鬘經講記**—兼論印順《勝鬘經講記》對於《勝鬘經》之誤解。

平實導師述　共六輯　每輯三百餘頁　售價250 元

31.**楞嚴經講記** 平實導師述 共 **15** 輯，每輯三百餘頁 售價 300 元

32.**明心與眼見佛性**—駁慧廣〈蕭氏「眼見佛性」與「明心」之非〉文中謬說

正光老師著　共 448 頁　售價 300 元

33.**見性與看話頭** 黃正倖老師 著，本書是禪宗參禪的方法論。
內文 375 頁，全書 416 頁，售價 300 元。

34.**達賴真面目**—玩盡天下女人 白正偉老師 等著 中英對照彩色精裝大本 800 元

35.**喇嘛性世界**—揭開假藏傳佛教譚崔瑜伽的面紗 張善思 等人著 200 元

36.**假藏傳佛教的神話**—性、謊言、喇嘛教 正玄教授編著 200 元

37.**金剛經宗通** 平實導師述 共九輯 每輯售價 250 元。

38.**空行母**—性別、身分定位，以及藏傳佛教。
珍妮．坎貝爾著 呂艾倫 中譯 售價 250 元

39.**末代達賴**—性交教主的悲歌 張善思、呂艾倫、辛燕編著 售價 250 元

40.**霧峰無霧**—給哥哥的信 辨正釋印順對佛法的無量誤解
游宗明 老師著 售價 250 元

41.**第七意識與第八意識？**—穿越時空「超意識」
平實導師述 每冊 300 元

42.**黯淡的達賴**—失去光彩的諾貝爾和平獎
正覺教育基金會編著 每冊 250 元

43.**童女迦葉考**—論呂凱文〈佛教輪迴思想的論述分析〉之謬。
平實導師 著 定價 180 元

44.**人間佛教**—實證者必定不悖三乘菩提
平實導師 述，定價 400 元

45.**實相經宗通** 平實導師述 共八輯 每輯 250 元

46.**真心告訴您(一)**—達賴喇嘛在幹什麼？
正覺教育基金會編著 售價 250 元

47.**中觀金鑑**—詳述應成派中觀的起源與其破法本質
孫正德老師著 分爲上、中、下三冊，每冊 250 元

48.**藏傳佛教要義**—《狂密與真密》之簡體字版 平實導師 著 上、下冊
僅在大陸流通 每冊 300 元

49.**法華經講義** 平實導師述 共二十五輯 每輯 300 元

50.**西藏「活佛轉世」制度**—附佛、造神、世俗法
許正豐、張正玄老師合著 定價 150 元

51.**廣論三部曲** 郭正益老師著 定價 150 元

52.**真心告訴您(二)**—達賴喇嘛是佛教僧侶嗎？
—補祝達賴喇嘛八十大壽
正覺教育基金會編著 售價 300 元

53.**次法**—實證佛法前應有的條件
張善思居士著 分爲上、下二冊，每冊 250 元

54.**涅槃**—解說四種涅槃之實證及內涵 平實導師著 上、下冊 各 350 元

55.**山法**—西藏關於他空與佛藏之根本論
篤補巴．喜饒堅贊著 傑弗里．霍普金斯英譯
張火慶教授、張志成、呂艾倫等中譯 精裝大本 1200 元

56.**假鋒虛焰金剛乘**—揭示顯密正理，兼破索達吉師徒《般若鋒兮金剛焰》

釋正安法師著 簡體字版 即將出版 售價未定

57.**廣論之平議**—宗喀巴《菩提道次第廣論》之平議 正雄居士著

約二或三輯 俟正覺電子報連載後結集出版 書價未定

58.**救護佛子向正道**—對印順法師中心思想之綜合判攝

游宗明老師著 書價未定

59.**菩薩學處**—菩薩四攝六度之要義 陸正元老師著 出版日期未定。

60.**八識規矩頌**詳解 ○○居士 註解 出版日期另訂 書價未定。

61.**印度佛教史**—法義與考證。依法義史實評論印順《印度佛教思想史、佛教史地考論》之謬說 正偉老師著 出版日期未定 書價未定

62.**中國佛教史**—依中國佛教正法史實而論。 ○○老師 著 書價未定。

63.**中論正義**—釋龍樹菩薩《中論》頌正理。

孫正德老師著 出版日期未定 書價未定

64.**中觀正義**—註解平實導師《中論正義頌》。

○○法師（居士）著 出版日期未定 書價未定

65.**佛藏經講記** 平實導師述 將於 2019 年 7 月 31 日出版 共 21 輯，每二個月出版一輯，每輯 300 元。

66.**阿含經講記**—將選錄四阿含中數部重要經典全經講解之，講後整理出版。

平實導師述 約二輯 每輯 300 元 出版日期未定

67.**寶積經講記** 平實導師述 每輯三百餘頁 優惠價 300 元 出版日期未定

68.**解深密經講記** 平實導師述 約四輯 將於重講後整理出版

69.**成唯識論略解** 平實導師著 五～六輯 每輯300 元 出版日期未定

70.**修習止觀坐禪法要講記** 平實導師述 每輯三百餘頁

將於正覺寺建成後重講、以講記逐輯出版 出版日期未定

71.**無門關**—《無門關》公案拈提 平實導師著 出版日期未定

72.**中觀再論**—兼述印順《中觀今論》謬誤之平議。正光老師著 出版日期未定

73.**輪迴與超度**—佛教超度法會之真義。

○○法師（居士）著 出版日期未定 書價未定

74.**《釋摩訶衍論》平議**—對偽稱龍樹所造《釋摩訶衍論》之平議

○○法師（居士）著 出版日期未定 書價未定

75.**正覺發願文**註解—以真實大願為因 得證菩提

正德老師著 出版日期未定 書價未定

76.**正覺總持咒**—佛法之總持 正圜老師著 出版日期未定 書價未定

77.**三自性**—依四食、五蘊、十二因緣、十八界法，說三性三無性。

作者未定 出版日期未定

78.**道品**—從三自性說大小乘三十七道品 作者未定 出版日期未定

79.**大乘緣起觀**—依四聖諦七真如現觀十二緣起 作者未定 出版日期未定

80.**三德**—論解脫德、法身德、般若德。 作者未定 出版日期未定

81.**真假如來藏**—對印順《如來藏之研究》謬說之平議 作者未定 出版日期未定

82.**大乘道次第** 作者未定 出版日期未定 書價未定

83.**四緣**—依如來藏故有四緣。　作者未定　出版日期未定
84.**空之探究**—印順《空之探究》謬誤之平議　作者未定 出版日期未定
85.**十法義**—論阿含經中十法之正義　作者未定　出版日期未定
86.**外道見**—論述外道六十二見　作者未定　出版日期未定

正智出版社有限公司 書籍介紹

禪淨圓融：言淨土諸祖所未曾言，示諸宗祖師所未曾示；禪淨圓融，另闢成佛捷徑，兼顧自力他力，闡釋淨土門之速行易行道，亦同時揭櫫聖教門之速行易行道；令廣大淨土行者得免緩行難證之苦，亦令聖道門行者得以藉著淨土速行道而加快成佛之時劫。乃前無古人之超勝見地，非一般弘揚禪淨法門典籍也，先讀爲快。平實導師著 200元。

宗門正眼—公案拈提第一輯：繼承克勤圜悟大師碧巖錄宗旨之禪門鉅作。先則舉示當代大法師之邪說，消弭當代禪門大師鄉愿之心態，摧破當今禪門「世俗禪」之妄談；次則旁通教法，表顯宗門正理；繼以道之次第，消弭古今狂禪；後藉言語及文字機鋒，直示宗門入處。悲智雙運，禪味十足，數百年來難得一睹之禪門鉅著也。平實導師著 500元（原初版書《禪門摩尼寶聚》，改版後補充爲五百餘頁新書，總計多達二十四萬字，內容更精彩，並改名爲《宗門正眼》，讀者原購初版《禪門摩尼寶聚》皆可寄回本公司免費換新，免附回郵，亦無截止期限）（2007年起，凡購買公案拈提第一輯至第七輯，每購一輯皆贈送本公司精製公案拈提〈超意境〉CD一片，市售價格280元，多購多贈）。

禪—悟前與悟後：本書能建立學人悟道之信心與正確知見，圓滿具足而有次第地詳述禪悟之功夫與禪悟之內容，指陳參禪中細微淆訛之處，能使學人明自眞心、見自本性。若未能悟入，亦能以正確知見辨別古今中外一切大師究係眞悟？或屬錯悟？便有能力揀擇，捨名師而選明師，後時必有悟道之緣。一旦悟道，遲者七次人天往返，便出三界，速者一生取辦。學人欲求開悟者，不可不讀。 平實導師著。上、下冊共500元，單冊250元。

眞實如來藏：如來藏眞實存在，乃宇宙萬有之本體，並非印順法師、達賴喇嘛等人所說之「唯有名相、無此心體」。如來藏是涅槃之本際，是一切有智之人竭盡心智、不斷探索而不能得之生命實相；是古今中外許多大師自以爲悟而當面錯過之生命實相。如來藏即是阿賴耶識，乃是一切有情本自具足、不生不滅之眞實心。當代中外大師於此書出版之前所未能言者，作者於本書中盡情流露、詳細闡釋。眞悟者讀之，必能增益悟境、智慧增上；錯悟者讀之，必能檢討自己之錯誤，免犯大妄語業；未悟者讀之，能知參禪之理路，亦能以之檢查一切名師是否眞悟。此書是一切哲學家、宗教家、學佛者及欲昇華心智之人必讀之鉅著。　平實導師著　售價400元。

宗門法眼－公案拈提第二輯：列舉實例，闡釋土城廣欽老和尚之悟處；並直示這位不識字的老和尚妙智橫生之根由，繼而剖析禪宗歷代大德之開悟公案，解析當代密宗高僧卡盧仁波切之錯悟證據，並例舉當代顯宗高僧、大居士之錯悟證據（凡健在者，爲免影響其名聞利養，皆隱其名）。藉辨正當代名師之邪見，向廣大佛子指陳禪悟之正道，彰顯宗門法眼。悲勇兼出，強捋虎鬚；慈智雙運，巧探驪龍；摩尼寶珠在手，直示宗門入處，禪味十足；若非大悟徹底，不能爲之。禪門精奇人物，允宜人手一冊，供作參究及悟後印證之圭臬。本書於2008年4月改版，增寫爲大約500頁篇幅，以利學人研讀參究時更易悟入宗門正法，以前所購初版首刷及初版二刷舊書，皆可免費換取新書。平實導師著　500元（2007年起，凡購買公案拈提第一輯至第七輯，每購一輯皆贈送本公司精製公案拈提〈超意境〉CD一片，市售價格280元，多購多贈）。

宗門道眼－公案拈提第三輯：繼宗門法眼之後，再以金剛之作略、慈悲之胸懷、犀利之筆觸，舉示寒山、拾得、布袋三大士之悟處，消弭當代錯悟者對於寒山大士……等之誤會及誹謗。　亦舉出民初以來與虛雲和尚齊名之蜀郡鹽亭袁煥仙夫子——南懷瑾老師之師，其「悟處」何在？並蒐羅許多眞悟祖師之證悟公案，顯示禪宗歷代祖師之睿智，指陳部分祖師、奧修及當代顯密大師之謬悟，作爲殷鑑，幫助禪子建立及修正參禪之方向及知見。假使讀者閱此書已，一時尚未能悟，亦可一面加功用行，一面以此宗門道眼辨別眞假善知識，避開錯誤之印證及歧路，可免大妄語業之長劫慘痛果報。欲修禪宗之禪者，務請細讀。平實導師著　售價500元（2007年起，凡購買公案拈提第一輯至第七輯，每購一輯皆贈送本公司精製公案拈提〈超意境〉CD一片，市售價格280元，多購多贈）。

楞伽經詳解：本經是禪宗見道者印證所悟眞僞之根本經典，亦是禪宗見道者悟後起修之依據經典；故達摩祖師於印證二祖慧可大師之後，將此經典連同佛缽祖衣一併交付二祖，令其依此經典佛示金言、進入修道位，修學一切種智。由此可知此經對於眞悟之人修學佛道，是非常重要之一部經典。此經能破外道邪說，亦破佛門中錯悟名師之謬說，亦破禪宗部分祖師之狂禪：不讀經典、一向主張「一悟即成究竟佛」之謬執。並開示愚夫所行禪、觀察義禪、攀緣如禪、如來禪等差別，令行者對於三乘禪法差異有所分辨；亦糾正禪宗祖師古來對於如來禪之誤解，嗣後可免以訛傳訛之弊。此經亦是法相唯識宗之根本經典，禪者悟後欲修一切種智而入初地者，必須詳讀。 平實導師著，全套共十輯，已全部出版完畢，每輯主文約320頁，每冊約352頁，定價250元。

宗門血脈—公案拈提第四輯：末法怪象—許多修行人自以爲悟，每將無念靈知認作眞實；崇尚二乘法諸師及其徒衆，則將外於如來藏之緣起性空—無因論之無常空、斷滅空、一切法空—錯認爲 佛所說之般若空性。這兩種現象已於當今海峽兩岸及美加地區顯密大師之中普遍存在；人人自以爲悟，心高氣壯，便敢寫書解釋祖師證悟之公案，大多出於意識思惟所得，言不及義，錯誤百出，因此誤導廣大佛子同陷大妄語之地獄業中而不能自知。彼等書中所說之悟處，其實處處違背第一義經典之聖言量。彼等諸人不論是否身披袈裟，都非佛法宗門血脈，或雖有禪宗法脈之傳承，亦只徒具形式；猶如螟蛉，非眞血脈，未悟得根本眞實故。禪子欲知佛、祖之眞血脈者，請讀此書，便知分曉。平實導師著，主文452頁，全書464頁，定價500元（2007年起，凡購買公案拈提第一輯至第七輯，每購一輯皆贈送本公司精製公案拈提〈超意境〉CD一片，市售價格280元，多購多贈）。

宗通與說通：古今中外，錯誤之人如麻似粟，每以常見外道所說之靈知心，認作眞心；或妄想虛空之勝性能量爲眞如，或錯認物質四大元素藉冥性（靈知心本體）能成就吾人色身及知覺，或認初禪至四禪中之了知心爲不生不滅之涅槃心。此等皆非通宗者之見地。復有錯悟之人一向主張「宗門與教門不相干」，此即尚未通達宗門之人也。其實宗門與教門互通不二，宗門所證者乃是眞如與佛性，教門所說者乃說宗門證悟之眞如佛性，故教門與宗門不二。本書作者以宗教二門互通之見地，細說「宗通與說通」，從初見道至悟後起修之道、細說分明；並將諸宗諸派在整體佛教中之地位與次第，加以明確之教判，學人讀之即可了知佛法之梗概也。欲擇明師學法之前，允宜先讀。平實導師著，主文共381頁，全書392頁，只售成本價300元。

宗門正道—公案拈提第五輯：修學大乘佛法有二果須證—解脫果及大菩提果。二乘人不證大菩提果，唯證解脫果；此果之智慧，名爲聲聞菩提、緣覺菩提。大乘佛子所證二果之菩提果爲佛菩提，故名大菩提果，其慧名爲一切種智—函蓋二乘解脫果。然此大乘二果修證，須經由禪宗之宗門證悟方能相應。而宗門證悟極難，自古已然；其所以難者，咎在古今佛教界普遍存在三種邪見：1.以修定認作佛法，2.以無因論之緣起性空—否定涅槃本際如來藏以後之一切法空作爲佛法，3.以常見外道邪見（離語言妄念之靈知性）作爲佛法。如是邪見，或因自身正見未立所致，或因邪師之邪教導所致，或因無始劫來虛妄熏習所致。若不破除此三種邪見，永劫不悟宗門眞義、不入大乘正道，唯能外門廣修菩薩行。平實導師於此書中，有極爲詳細之說明，有志佛子欲摧邪見、入於內門修菩薩行者，當閱此書。主文共496頁，全書512頁。售價500元（2007年起，凡購買公案拈提第一輯至第七輯，每購一輯皆贈送本公司精製公案拈提〈超意境〉CD一片，市售價格280元，多購多贈）。

狂密與眞密：密教之修學，皆由有相之觀行法門而入，其最終目標仍不離顯教經典所說第一義諦之修證；若離顯教第一義經典、或違背顯教第一義經典，即非佛教。西藏密教之觀行法，如灌頂、觀想、遷識法、寶瓶氣、大聖歡喜雙身修法、喜金剛、無上瑜伽、大樂光明、樂空雙運等，皆是印度教兩性生生不息思想之轉化，自始至終皆以如何能運用交合淫樂之法達到全身受樂爲其中心思想，純屬欲界五欲的貪愛，不能令人超出欲界輪迴，更不能令人斷除我見；何況大乘之明心與見性，更無論矣！故密宗之法絕非佛法也。而其明光大手印、大圓滿法教，又皆同以常見外道所說離語言妄念之無念靈知心錯認爲佛地之眞如，不能直指不生不滅之眞如。西藏密宗所有法王與徒衆，都尚未開頂門眼，不能辨別眞僞，以依人不依法、依密續不依經典故，不肯將其上師喇嘛所說對照第一義經典，純依密續之藏密祖師所說爲準，因此而誇大其證德與證量，動輒謂彼祖師上師爲究竟佛、爲地上菩薩；如今台海兩岸亦有自謂其師證量高於 釋迦文佛者，然觀其師所述，猶未見道，仍在觀行即佛階段，尚未到禪宗相似即佛、分證即佛階位，竟敢標榜爲究竟佛及地上法王，誑惑初機學人。凡此怪象皆是狂密，不同於眞密之修行者。近年狂密盛行，密宗行者被誤導者極衆，動輒自謂已證佛地眞如，自視爲究竟佛，陷於大妄語業中而不知自省，反謗顯宗眞修實證者之證量粗淺；或如義雲高與釋性圓…等人，於報紙上公然誹謗眞實證道者爲「騙子、無道人、人妖、癩蛤蟆…」等，造下誹謗大乘勝義僧之大惡業；或以外道法中有爲有作之甘露、魔術……等法，誑騙初機學人，狂言彼外道法爲眞佛法。如是怪象，在西藏密宗及附藏密之外道中，不一而足，舉之不盡，學人宜應愼思明辨，以免上當後又犯毀破菩薩戒之重罪。密宗學人若欲遠離邪知邪見者，請閱此書，即能了知密宗之邪謬，從此遠離邪見與邪修，轉入眞正之佛道。平實導師著 共四輯 每輯約400頁（主文約340頁）每輯售價300元。

宗門正義—公案拈提第六輯：佛教有六大危機，乃是藏密化、世俗化、膚淺化、學術化、宗門密意失傳、悟後進修諸地之次第混淆；其中尤以宗門密意之失傳，爲當代佛教最大之危機。由宗門密意失傳故，易令 世尊本懷普被錯解，易令 世尊正法被轉易爲外道法，以及加以淺化、世俗化，是故宗門密意之廣泛弘傳與具緣佛弟子，極爲重要。然而欲令宗門密意之廣泛弘傳予具緣之佛弟子者，必須同時配合錯誤知見之解析、普令佛弟子知之，然後輔以公案解析之直示入處，方能令具緣之佛弟子悟入。而此二者，皆須以公案拈提之方式爲之，方易成其功、竟其業，是故平實導師續作宗門正義一書，以利學人。 全書500餘頁，售價500元（2007年起，凡購買公案拈提第一輯至第七輯，每購一輯皆贈送本公司精製公案拈提〈超意境〉CD一片，市售價格280元，多購多贈）。

心經密意—心經與解脫道、佛菩提道、祖師公案之關係與密意。 二乘菩提所證之解脫道，實依第八識心之斷除煩惱障現行而立解脫之名；大乘菩提所證之佛菩提道，實依親證第八識如來藏之涅槃性、清淨自性、及其中道性而立般若之名；禪宗祖師公案所證之眞心，即是此第八識如來藏；是故三乘佛法所修所證之三乘菩提，皆依此如來藏心而立名也。此第八識如來藏心，即是《心經》所說之心也。證得此如來藏已，即能漸入大乘佛菩提道，亦可因證知此心而了知二乘無學所不能知之無餘涅槃本際，是故《心經》之密意，與三乘佛菩提之關係極爲密切、不可分割，三乘佛法皆依此心而立名故。今者平實導師以其所證解脫道之無生智及佛菩提之般若種智，將《心經》與解脫道、佛菩提道、祖師公案之關係與密意，以演講之方式，用淺顯之語句和盤托出，發前人所未言，呈三乘菩提之眞義，令人藉此《心經密意》一舉而窺三乘菩提之堂奧，迥異諸方言不及義之說；欲求眞實佛智者、不可不讀！主文317頁，連同跋文及序文…等共384頁，售價300元。

宗門密意—公案拈提第七輯：佛教之世俗化，將導致學人以信仰作爲學佛，則將以感應及世間法之庇祐，作爲學佛之主要目標，不能了知學佛之主要目標爲親證三乘菩提。大乘菩提則以般若實相智慧爲主要修習目標，以二乘菩提解脫道爲附帶修習之標的；是故學習大乘法者，應以禪宗之證悟爲要務，能親入大乘菩提之實相般若智慧中故，般若實相智慧非二乘聖人所能知故。此書則以台灣世俗化佛教之三大法師，說法似是而非之實例，配合眞悟祖師之公案解析，提示證悟般若之關節，令學人易得悟入。平實導師著，全書五百餘頁，售價500元（2007年起，凡購買公案拈提第一輯至第七輯，每購一輯皆贈送本公司精製公案拈提〈超意境〉CD一片，市售價格280元，多購多贈）。

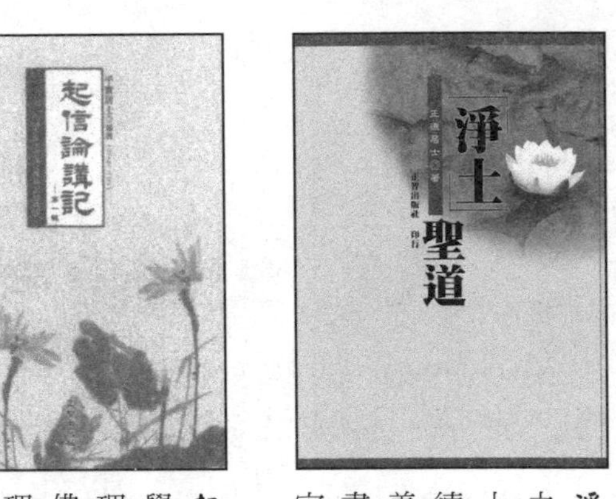

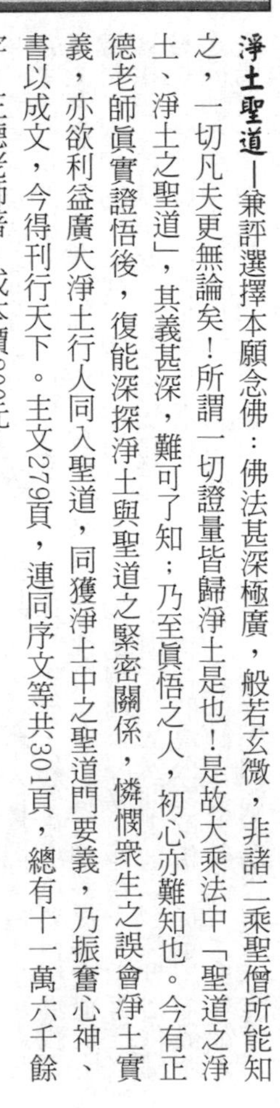

淨土聖道—兼評選擇本願念佛：佛法甚深極廣，般若玄微，非諸二乘聖僧所能知之，一切凡夫更無論矣！所謂一切證量皆歸淨土是也！是故大乘法中「聖道之淨土、淨土之聖道」，其義甚深，難可了知；乃至眞悟之人，初心亦難知也。今有正德老師眞實證悟後，復能深探淨土與聖道之緊密關係，憐憫衆生之誤會淨土實義，亦欲利益廣大淨土行人同入聖道，同獲淨土中之聖道門要義，乃振奮心神、書以成文，今得刊行天下。主文279頁，連同序文等共301頁，總有十一萬六千餘字，正德老師著，成本價200元。

起信論講記：詳解大乘起信論心生滅門與心眞如門之眞實意旨，消除以往大師與學人對起信論所說心生滅門之誤解，由是而得了知眞心如來藏之非常非斷中道正理；亦因此一講解，令此論以往隱晦而被誤解之眞實義，得以如實顯示，令大乘佛菩提道之正理得以顯揚光大；初機學者亦可藉此正論所顯示之法義，對大乘法理生起正信，從此得以眞發菩提心，眞入大乘法中修學，世世常修菩薩正行。平實導師演述，共六輯，都已出版，每輯三百餘頁，售價各250元。

優婆塞戒經講記：本經詳述在家菩薩修學大乘佛法，應如何受持菩薩戒？對人間善行應如何看待？對三寶應如何護持？應如何正確地修集此世後世證法之福德？應如何修集後世「行菩薩道之資糧」？並詳述第一義諦之正義：五蘊非我非異我、自作自受、異作異受、不作不受……等深妙法義，乃是修學大乘佛法、行菩薩行之在家菩薩所應當了知者。出家菩薩今世或未來世登地已，捨報之後多數將如華嚴經中諸大菩薩，以在家菩薩身而修行菩薩行，故亦應以此經所述正理而修之，配合《楞伽經、解深密經、楞嚴經、華嚴經》等道次第正理，方得漸次成就佛道；故此經是一切大乘行者皆應證知之正法。平實導師講述，每輯三百餘頁，售價各250元；共八輯，已全部出版。

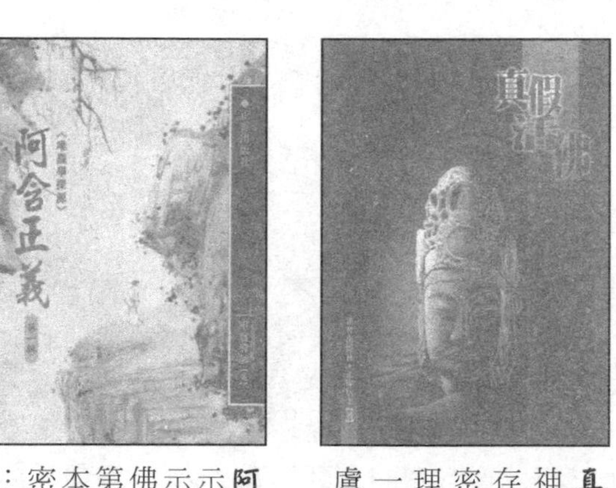

真假活佛—略論附佛外道盧勝彥之邪說：人人身中都有眞活佛，永生不滅而有大神用，但衆生都不了知，所以常被身外的西藏密宗假活佛籠罩欺瞞。本來就眞實存在的眞活佛，才是眞正的密宗無上密！諾那活佛因此而說禪宗是大密宗，但藏密的所有活佛都不知道、也不曾實證自身中的眞活佛。本書詳實宣示眞活佛的道理，舉證盧勝彥的「佛法」不是眞佛法，也顯示盧勝彥是假活佛，直接的闡釋第一義佛法見道的眞實正理。眞佛宗的所有上師與學人們，都應該詳細閱讀，包括盧勝彥個人在內。正犀居士著，優惠價140元。

阿含正義—唯識學探源：廣說四大部《阿含經》諸經中隱說之眞正義理，一一舉示佛陀本懷，令阿含時期初轉法輪根本經典之眞義，如實顯現於佛子眼前。並提示末法大師對於阿含眞義誤解之實例，一一比對之，證實唯識增上慧學確於原始佛法之阿含諸經中已隱覆密意而略說之，證實 世尊確於原始佛法中已曾密意而說第八識如來藏之總相；亦證實 世尊在四阿含中已說此藏識是名色十八界之因、之本—證明如來藏是能生萬法之根本心。佛子可據此修正以往受諸大師（譬如西藏密宗應成派中觀師：印順、昭慧、性廣、大願、達賴、宗喀巴、寂天、月稱、……等人）誤導之邪見，建立正見，轉入正道乃至親證初果而無困難；書中並詳說三果所證的心解脫，以及四果慧解脫的親證，都是如實可行的具體知見與行門。全書共七輯，已出版完畢。平實導師著，每輯三百餘頁，售價300元。

超意境CD：以平實導師公案拈提書中超越意境之頌詞，加上曲風優美的旋律，錄成令人嚮往的超意境歌曲，其中包括正覺發願文及平實導師親自譜成的黃梅調歌曲一首。詞曲雋永，殊堪翫味，可供學禪者吟詠，有助於見道。內附設計精美的彩色小冊，解說每一首詞的背景本事。每片280元。【每購買公案拈提書籍一冊，即贈送一片。】

我的菩提路第一輯：凡夫及二乘聖人不能實證的佛菩提證悟，末法時代的今天仍然有人能得實證，由正覺同修會釋悟圓、釋善藏法師等二十餘位實證如來藏者所寫的見道報告，已爲當代學人見證宗門正法之絲縷不絕，證明大乘義學的法脈仍然存在，爲末法時代求悟般若之學人照耀出光明的坦途。由二十餘位大乘見道者所繕，敘述各種不同的學法、見道因緣與過程，參禪求悟者必讀。全書三百餘頁，售價300元。

我的菩提路第二輯：由郭正益老師等人合著，書中詳述彼等諸人歷經各處道場學法，一一修學而加以檢擇之不同過程以後，因閱讀正覺同修會、正智出版社書籍而發起抉擇分，轉入正覺同修會中修學；乃至學法及見道之過程，都一一詳述之。其中張志成等人係由前現代禪轉進正覺同修會，張志成原爲現代禪副宗長，以前未閱本會書籍時，曾被人藉其名義著文評論 平實導師（詳見《宗通與說通》辨正及《眼見佛性》書末附錄…等）；後因偶然接觸正覺同修會書籍，深覺以前聽人評論平實導師之語不實，於是投入極多時間閱讀本會書籍、深入思辨，詳細探索中觀與唯識之關聯與異同，認爲正覺之法義方是正法，深覺相應；亦解開多年來對佛法的迷雲，確定應依八識論正理修學方是正法。乃不顧面子，毅然前往正覺同修會面見平實導師懺悔，並正式學法求悟。今已與其同修王美伶（亦爲前現代禪傳法老師），同樣證悟如來藏而證得法界實相，生起實相般若眞智。此書中尚有七年來本會第一位眼見佛性者之見性報告一篇，一同供養大乘佛弟子。全書四百頁，售價300元。

我的菩提路第三輯：由王美伶老師等人合著。自從正覺同修會成立以來，每年夏初、冬初都舉辦精進禪三共修，藉以助益會中同修們得以證悟明心發起般若實相智慧；凡已實證而被平實導師印證者，皆書具見道報告用以證明佛法之眞實可證而非玄學，證明佛法並非純屬思想、理論而無實質，是故每年都能有人證明正覺同修會的「實證佛教」主張並非虛語。特別是眼見佛性一法，自古以來中國禪宗祖師實證者極寡，較之明心開悟的證境更難令人信受；至2017年初，正覺同修會中的證悟明心者已近五百人，然而其中眼見佛性者至今唯十餘人爾，可謂難能可貴，是故明心後欲冀眼見佛性者實屬不易。黃正倖老師是懸絕七年無人見性後的第一人，她於2009年的見性報告刊於本書的第二輯中，爲大眾證明佛性確實可以眼見；其後七年之中求見性者都屬解悟佛性而無人眼見，幸而又經七年後的2016冬初，以及2017夏初的禪三，復有三人眼見佛性，希冀鼓舞四眾佛子求見佛性之大心，今則具載一則於書末，顯示求見佛性之事實經歷，供養現代佛教界欲得見性之四眾弟子。全書四百頁，售價300元。

我的菩提路第四輯：由陳晏平等人著。中國禪宗祖師往往有所謂「見性」之言，所言多屬看見如來藏具有能令人發起成佛之自性，並非《大般涅槃經》中 如來所說之眼見佛性。眼見佛性者，於親見佛性之時，即能於山河大地眼見自己佛性，亦能於他人身上眼見自己佛性及對方之佛性，如是境界無法爲尚未實證者解釋；勉強說之，縱使眞實明心證悟之人聞之，亦只能以自身明心之境界想像之，但不論如何想像多屬非量，能有正確之比量者亦是稀有，故說眼見佛性極爲困難。眼見佛性之人若所見極分明時，在所見佛性之境界下所眼見之山河大地、自己五蘊身心皆是虛幻，自有異於明心者之解脫功德受用，此後永不思證二乘涅槃，必定邁向成佛之道而進入第十住位中，已超第一阿僧祇劫三分有一，可謂之爲超劫精進也。今又有明心之後眼見佛性之人出於人間，將其明心及後來見性之報告，連同其餘證悟明心者之精彩報告一同收錄於此書中，供養眞求佛法實證之四衆佛子。全書380頁，售價300元。

鈍鳥與靈龜：鈍鳥及靈龜二物，被宗門證悟者說爲二種人：前者是精修禪定而無智慧者，也是以定爲禪的愚癡禪人；後者是或有禪定、或無禪定的宗門證悟者，凡已證悟者皆是靈龜。但後來被人虛造事實，用以嘲笑大慧宗杲禪師，說他雖是靈龜，卻不免被天童禪師預記「患背」痛苦而亡：「鈍鳥離巢易，靈龜脫殼難。」藉以貶低大慧宗杲的證量。同時將天童禪師實證如來藏的證量，曲解爲意識境界的離念靈知。自從大慧禪師入滅以後，錯悟凡夫對他的不實毀謗就一直存在著，不曾止息，並且捏造的假事實也隨著年月的增加而越來越多，終至編成「鈍鳥與靈龜」的假公案、假故事。本書是考證大慧與天童之間的不朽情誼，顯現這件假公案的虛妄不實；更見大慧宗杲面對惡勢力時的正直不阿，亦顯示大慧對天童禪師的至情深義，將使後人對大慧宗杲的誣謗至此而止，不再有人誤犯毀謗賢聖的惡業。書中亦舉證宗門的所悟確以第八識如來藏爲標的，詳讀之後必可改正以前被錯悟大師誤導的參禪知見，日後必定有助於實證禪宗的開悟境界，得階大乘眞見道位中，即是實證般若之賢聖。全書459頁，售價350元。

維摩詰經講記：本經係 世尊在世時，由等覺菩薩維摩詰居士藉疾病而演說之大乘菩提無上妙義，所說函蓋甚廣，然極簡略，是故今時諸方大師與學人讀之悉皆錯解，何況能知其中隱含之深妙正義，是故普遍無法爲人解說；若強爲人說，則成依文解義而有諸多過失。今由平實導師公開宣講之後，詳實解釋其中密意，令維摩詰菩薩所說大乘不可思議解脫之深妙正法得以正確宣流於人間，利益當代學人及與諸方大師。書中詳實演述大乘佛法深妙不共二乘之智慧境界，顯示諸法之中絕待之實相境界，建立大乘菩薩妙道於永遠不敗不壞之地，以此成就護法偉功，欲冀永利娑婆人天。已經宣講圓滿整理成書流通，以利諸方大師及諸學人。全書共六輯，每輯三百餘頁，售價各250元。

真假外道：本書具體舉證佛門中的常見外道知見實例，並加以教證及理證上的辨正，幫助讀者輕鬆而快速的了知常見外道的錯誤知見，進而遠離佛門內外的常見外道知見，因此即能改正修學方向而快速實證佛法。游正光老師著 。成本價200元。

勝鬘經講記：如來藏為三乘菩提之所依，若離如來藏心體及其含藏之一切種子，即無三界有情及一切世間法，亦無二乘菩提緣起性空之出世間法；本經詳說無始無明、一念無明皆依如來藏而有之正理，藉著詳解煩惱障與所知障間之關係，令學人深入了知二乘菩提與佛菩提相異之妙理；聞後即可了知佛菩提之特勝處及三乘修道之方向與原理，邁向攝受正法而速成佛道的境界中。平實導師講述，共六輯，每輯三百餘頁，售價各250元。

楞嚴經講記：楞嚴經係密教部之重要經典，亦是顯教中普受重視之經典；經中宣說明心與見性之內涵極為詳細，將一切法都會歸如來藏及佛性—妙真如性；亦闡釋佛菩提道修學過程中之種種魔境，以及外道誤會涅槃之狀況，旁及三界世間之起源。然因言句深澀難解，法義亦復深妙寬廣，學人讀之普難通達，是故讀者大多誤會，不能如實理解佛所說之明心與見性內涵，亦因是故多有悟錯之人引為開悟之證言，成就大妄語罪。今由平實導師詳細講解之後，整理成文，以易讀易懂之語體文刊行天下，以利學人。全書十五輯，全部出版完畢。每輯三百餘頁，售價每輯300元。

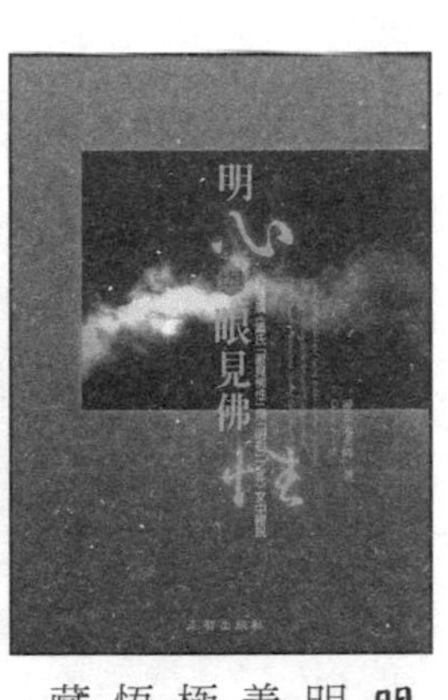

明心與眼見佛性：本書細述明心與眼見佛性之異同，同時顯示了中國禪宗破初參明心與重關眼見佛性二關之間的關聯；書中又藉法義辨正而旁述其他許多勝妙法義，讀後必能遠離佛門長久以來積非成是的錯誤知見，令讀者在佛法的實證上有極大助益。也藉慧廣法師的謬論來教導佛門學人回歸正知正見，遠離古今禪門錯悟者所墮的意識境界，非唯有助於斷我見，也對未來的開悟明心實證第八識如來藏有所助益，是故學禪者都應細讀之。游正光老師著　共448頁　售價300元。

菩薩底憂鬱CD：將菩薩情懷及禪宗公案寫成新詞，並製作成超越意境的優美歌曲。1.主題曲〈菩薩底憂鬱〉，描述地後菩薩能離三界生死而迴向繼續生在人間，但因尚未斷盡習氣種子而有極深沈之憂鬱，非三賢位菩薩及二乘聖者所知，此憂鬱在七地滿心位方才斷盡；本曲之詞中所說義理極深，昔來所未曾見；此曲係以優美的情歌風格寫詞及作曲，聞者得以激發嚮往諸地菩薩境界之大心，詞、曲都非常優美，難得一見；其中勝妙義理之解說，已印在附贈之彩色小冊中。2.以各輯公案拈提中直示禪門入處之頌文，作成各種不同曲風之超意境歌曲，值得玩味、參究；聆聽公案拈提之優美歌曲時，請同時閱讀內附之印刷精美說明小冊，可以領會超越三界的證悟境界；未悟者可以因此引發求悟之意向及疑情，眞發菩提心而邁向求悟之途，乃至因此眞實悟入般若，成眞菩薩。3.正覺總持咒新曲，總持佛法大意；總持咒之義理，已加以解說並印在隨附之小冊中。本CD共有十首歌曲，長達63分鐘，附贈二張購書優惠券。每片280元。

禪意無限CD：平實導師以公案拈提書中偈頌寫成不同風格曲子，與他人所寫不同風格曲子共同錄製出版，幫助參禪人進入禪門超越意識之境界。盒中附贈彩色印製的精美解說小冊，以供聆聽時閱讀，令參禪人得以發起參禪之疑情，即有機會證悟本來面目，實證大乘菩提般若。本CD共有十首歌曲，長達69分鐘，每盒各附贈二張購書優惠券。每片280元。

金剛經宗通：三界唯心，萬法唯識，是成佛之修證內容，是諸地菩薩之所修；般若則是成佛之道（實證三界唯心、萬法唯識）的入門，若未證悟實相般若，即無成佛之可能，必將永在外門廣行菩薩六度，永在凡夫位中。然而實相般若的發起，全賴實證萬法的實相；若欲證知萬法的眞相，則必須探究萬法之所從來，則須實證自心如來—金剛心如來藏，然後現觀這個金剛心的金剛性、眞實性、如如性、清淨性、涅槃性、能生萬法的自性性、本住性，名爲證眞如；進而現觀三界六道唯是此金剛心所成，人間萬法須藉八識心王和合運作方能現起。如是實證《華嚴經》的「三界唯心、萬法唯識」以後，由此等現觀而發起實相般若智慧，繼續進修第十住位的如幻觀、第十行位的陽焰觀、第十迴向位的如夢觀，再生起增上意樂而勇發十無盡願，方能滿足三賢位的實證，轉入初地；自知成佛之道而無偏倚，從此按部就班、次第進修乃至成佛。第八識自心如來是般若智慧之所依，般若智慧的修證則要從實證金剛心自心如來開始；《金剛經》則是解說自心如來之經典，是一切三賢位菩薩所應進修之實相般若經典。這一套書，是將平實導師宣講的《金剛經宗通》內容，整理成文字而流通之；書中所說義理，迥異古今諸家依文解義之說，指出大乘見道方向與理路，有益於禪宗學人求開悟見道，及轉入內門廣修六度萬行。講述完畢後結集出版，總共9輯，每輯約三百餘頁，售價各250元。

空行母—性別、身分定位，以及藏傳佛教：本書作者爲蘇格蘭哲學家，因爲嚮往佛教深妙的哲學內涵，於是進入當年盛行於歐美的假藏傳佛教密宗，擔任卡盧仁波切的翻譯工作多年以後，被邀請成爲卡盧的空行母（又名佛母、明妃），開始了她在密宗裡的實修過程；後來發覺在密宗雙身法中的修行，其實無法使自己成佛，也發覺密宗對女性岐視而處處貶抑，並剝奪女性在雙身法中擔任一半角色時應有的身分定位。當她發覺自己只是雙身法中被喇嘛利用的工具，沒有獲得絲毫應有的尊重與基本定位時，發現了密宗的父權社會控制女性的本質；於是作者傷心地離開了卡盧仁波切與密宗，但是卻被恐嚇不許講出她在密宗裡的經歷，也不許她說出自己對密宗的教義與教制下對女性剝削的本質，否則將被咒殺死亡。後來她去加拿大定居，十餘年後方才擺脫這個恐嚇陰影，下定決心將親身經歷的實情及觀察到的事實寫下來並且出版，公諸於世。出版之後，她被流亡的達賴集團人士大力攻訐，誣指她爲精神狀態失常、說謊……等。但有智之士並未被達賴集團的政治操作及各國政府政治運作吹捧達賴的表相所欺，使她的書銷售無阻而又再版。正智出版社鑑於作者此書是親身經歷的事實，所說具有針對「藏傳佛教」而作學術研究的價值，也有使人認清假藏傳佛教剝削佛母、明妃的男性本位實質，因此洽請作者同意中譯而出版於華人地區。珍妮·坎貝爾女士著，呂艾倫 中譯，每冊250元。

霧峰無霧—給哥哥的信　本書作者藉兄弟之間信件往來論義，略述佛法大義；並以多篇短文辨義，舉出釋印順對佛法的無量誤解證據，並一一給予簡單而清晰的辨正，令人一讀即知。久讀、多讀之後即能認清楚釋印順的六識論見解，與眞實佛法之牴觸是多麼嚴重；於是在久讀、多讀之後，於不知不覺之間提升了對佛法的極深入理解，正知正見就在不知不覺間建立起來了。當三乘佛法的正知見建立起來之後，對於三乘菩提的見道條件便將隨之具足，於是聲聞解脫道的見道也就水到渠成；接著大乘見道的因緣也將次第成熟，未來自然也會有親見大乘菩提之道的因緣，悟入大乘實相般若也將自然成功，自能通達般若系列諸經而成實義菩薩。作者居住於南投縣霧峰鄉，自喻見道之後不復再見霧峰之霧，故鄉原野美景一一明見，於是立此書名爲《霧峰無霧》；讀者若欲撥霧見月，可以此書爲緣。游宗明 老師著 售價250元。

假藏傳佛教的神話—性、謊言、喇嘛教：本書編著者是由一首名叫「阿姊鼓」的歌曲爲緣起，展開了序幕，揭開假藏傳佛教—喇嘛教—的神秘面紗。其重點是蒐集、摘錄網路上質疑「喇嘛教」的帖子，以揭穿「假藏傳佛教的神話」爲主題，串聯成書，並附加彩色插圖以及說明，讓讀者們瞭解西藏密宗及相關人事如何被操作爲「神話」的過程，以及神話背後的眞相。作者：張正玄教授。售價200元。

達賴真面目—玩盡天下女人：假使您不想戴綠帽子，請記得詳細閱讀此書；假使您不想讓好朋友戴綠帽子，請您將此書介紹給您的好朋友。假使您想保護家中的女性，也想要保護好朋友的女眷，請記得將此書送給家中的女性和好友的女眷都來閱讀。本書爲印刷精美的大本彩色中英對照精裝本，爲您揭開達賴喇嘛的眞面目，內容精彩不容錯過，爲利益社會大眾，特別以優惠價格嘉惠所有讀者。編著者：白志偉等。大開版雪銅紙彩色精裝本。售價800元。

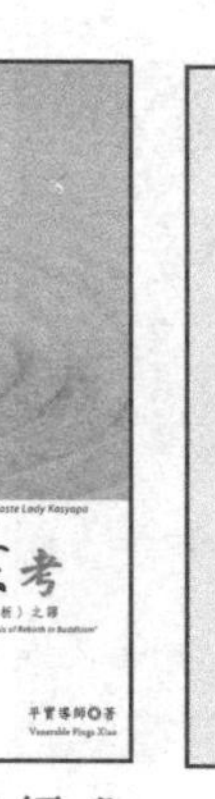

童女迦葉考—論呂凱文〈佛教輪迴思想的論述分析〉之謬：童女迦葉是佛世率領五百大比丘遊行於人間的歷史事實，是以童貞行而依止菩薩戒弘化於人間的大菩薩，不依別解脫戒（聲聞戒）來弘化於人間。這是大乘佛教與聲聞佛教同時存在於佛世的歷史明證，證明大乘佛教不是從聲聞法中分裂出來的部派佛教的產物，卻是聲聞佛教分裂出來的部派佛教聲聞凡夫僧所不樂見的史實；於是古今聲聞法中的凡夫都欲加以扭曲而作詭說，更是末法時代高聲大呼「大乘非佛說」的六識論聲聞凡夫極力想要扭曲的佛教史實之一，於是想方設法扭曲迦葉菩薩爲聲聞僧，以及扭曲迦葉童女爲比丘僧等荒謬不實之論著便陸續出現，古時聲聞僧寫作的《分別功德論》是最具體之事例，現代之代表作則是呂凱文先生的〈佛教輪迴思想的論述分析〉論文。鑑於如是假藉學術考證以籠罩大眾之不實謬論，未來仍將繼續造作及流竄於佛教界，繼續扼殺大乘佛教學人法身慧命，必須舉證辨正之，遂成此書。平實導師 著，每冊180元。

末代達賴—性交教主的悲歌：簡介從藏傳僞佛教（喇嘛教）的修行核心—性力派男女雙修，探討達賴喇嘛及藏傳僞佛教的修行內涵。書中引用外國知名學者著作、世界各地新聞報導，包含：歷代達賴喇嘛的祕史、達賴六世修雙身法的事蹟，以及《時輪續》中的性交灌頂儀式……等；達賴喇嘛書中開示的雙修法、達賴喇嘛的黑暗政治手段；達賴喇嘛所領導的寺院爆發喇嘛性侵兒童；新聞報導《西藏生死書》作者索甲仁波切性侵女信徒、澳洲喇嘛秋達公開道歉、美國最大假藏傳佛教組織領導人邱陽創巴仁波切的性氾濫，等等事件背後眞相的揭露。作者：張善思、呂艾倫、辛燕。售價250元。

黯淡的達賴—失去光彩的諾貝爾和平獎：本書舉出很多證據與論述，詳述達賴喇嘛不為世人所知的一面，顯示達賴喇嘛並不是眞正的和平使者，而是假借諾貝爾和平獎的光環來欺騙世人；透過本書的說明與舉證，讀者可以更清楚的瞭解，達賴喇嘛是結合暴力、黑暗、淫欲於喇嘛教裡的集團首領，其政治行爲與宗教主張，早已讓諾貝爾和平獎的光環染污了。　本書由財團法人正覺教育基金會寫作、編輯，由正覺出版社印行，每冊250元。

第七意識與第八意識？—穿越時空「超意識」：「三界唯心，萬法唯識」是佛教中應該實證的聖教，也是《華嚴經》中明載而可以實證的法界實相。唯心者，三界一切境界、一切諸法唯是一心所成就，即是每一個有情的第八識如來藏，不是意識心。唯識者，即是人類各各都具足的八識心王——眼識、耳鼻舌身意識、意根、阿賴耶識，第八阿賴耶識又名如來藏，人類五陰相應的萬法，莫不由八識心王共同運作而成就，故說萬法唯識。依聖教量及現量、比量，都可以證明意識是二法因緣生，是由第八識藉意根與法塵二法為因緣而出生，又是夜夜斷滅不存之生滅心，即無可能反過來出生第七識意根、第八識如來藏，當知不可能從生滅性的意識心中，細分出恆審思量的第七識意根，更無可能細分出恆而不審的第八識如來藏。本書是將演講內容整理成文字，細說如是內容，並已在《正覺電子報》連載完畢，今彙集成書以廣流通，欲幫助佛門有緣人斷除意識我見，跳脫於識陰之外而取證聲聞初果；嗣後修學禪宗時即得不墮外道神我之中，得以求證第八識金剛心而發起般若實智。平實導師 述，每冊300元。

中觀金鑑—詳述應成派中觀的起源與其破法本質：學佛人往往迷於中觀學派之不同學說，被應成派與自續派所迷惑；修學般若中觀二十年後自以爲實證般若中觀了，卻仍不曾入門，甫聞實證般若中觀者之所說，則茫無所知，迷惑不解；隨後信心盡失，不知如何實證佛法；凡此，皆因惑於這二派中觀學說所致。自續派中觀所說同於常見，以意識境界立爲第八識如來藏之境界，應成派所說則同於斷見，但又同立意識爲常住法，故亦具足斷常二見。今者孫正德老師有鑑於此，乃將起源於密宗的應成派中觀學說，追本溯源，詳考其來源之外，亦一一舉證其立論內容，詳加辨正，令密宗雙身法祖師以識陰境界而造之應成派中觀學說本質，詳細呈現於學人眼前，令其維護雙身法之目的無所遁形。若欲遠離密宗此二大派中觀謬說，欲於三乘菩提有所進道者，允宜具足閱讀並細加思惟，反覆讀之以後將可捨棄邪道返歸正道，則於般若之實證即有可能，證後自能現觀如來藏之中道境界而成就中觀。本書分上、中、下三冊，每冊250元，全部出版完畢。

人間佛教—實證者必定不悖三乘菩提：「大乘非佛說」的講法似乎流傳已久，卻只是日本人企圖擺脫中國正統佛教的影響，而在明治維新時期才開始提出來的說法；台灣佛教、大陸佛教的淺學無智之人，由於未曾實證佛法而迷信日本人錯誤的學術考證，錯認爲這些別有用心的日本佛學考證的講法爲天竺佛教的眞實歷史；甚至還有更激進的反對佛教者提出「釋迦牟尼佛並非眞實存在，只是後人捏造的假歷史人物」，竟然也有少數人願意跟著「學術」的假光環而信受不疑，於是開始有一些佛教界人士造作了反對中國佛教而推崇南洋小乘佛教的行爲，使佛教的信仰者難以檢擇，導致一般大陸人士開始轉入基督教的盲目迷信中。在這些佛教及外教人士之中，也就有一分人根據此邪說而大聲主張「大乘非佛說」的謬論，這些人以「人間佛教」的名義來抵制中國正統佛教，公然宣稱中國的大乘佛教是由聲聞部派佛教的凡夫僧所創造出來的。這樣的說法流傳於台灣及大陸佛教界凡夫僧之中已久，卻非眞正的佛教歷史中曾經發生過的事，只是繼承六識論的聲聞法中凡夫僧依自己的意識境界立場，純憑臆想而編造出來的妄想說法，卻已經影響許多無智之凡夫僧俗信受不移。本書則是從佛教的經藏法義實質及實證的現量內涵本質立論，證明大乘佛法本是佛說，是從《阿含正義》尚未說過的不同面向來討論「人間佛教」的議題，證明「大乘眞佛說」。閱讀本書可以斷除六識論邪見，迴入三乘菩提正道發起實證的因緣；也能斷除禪宗學人學禪時普遍存在之錯誤知見，對於建立參禪時的正知見有很深的著墨。 平實導師 述，內文488頁，全書528頁，定價400元。

喇嘛性世界—揭開假藏傳佛教譚崔瑜伽的面紗：這個世界中的喇嘛，號稱來自世外桃源的香格里拉，穿著或紅或黃的喇嘛長袍，散布於我們的身邊傳教灌頂，吸引了無數的人嚮往學習；這些喇嘛虔誠地爲大衆祈福，手中拿著寶杵（金剛）與寶鈴（蓮花），口中唸著咒語：「唵．嘛呢．叭咪．吽……」，咒語的意思是說：「我至誠歸命金剛杵上的寶珠伸向蓮花寶穴之中」！「喇嘛性世界」是什麼樣的「世界」呢？本書將爲您呈現喇嘛世界的面貌。當您發現眞相以後，您將會唸：「噢！喇嘛．性．世界，譚崔性交嘛！」作者：張善思、呂艾倫。售價200元。

見性與看話頭：黃正倖老師的《見性與看話頭》於《正覺電子報》連載完畢，今結集出版。書中詳說禪宗看話頭的詳細方法，並細說看話頭與眼見佛性的關係，以及眼見佛性者求見佛性前必須具備的條件。本書是禪宗實修者追求明心開悟時參禪的方法書，也是求見佛性者作功夫時必讀的方法書，內容兼顧眼見佛性的理論與實修之方法，是依實修之體驗配合理論而詳述，條理分明而且極爲詳實、周全、深入。本書內文375頁，全書416頁，售價300元。

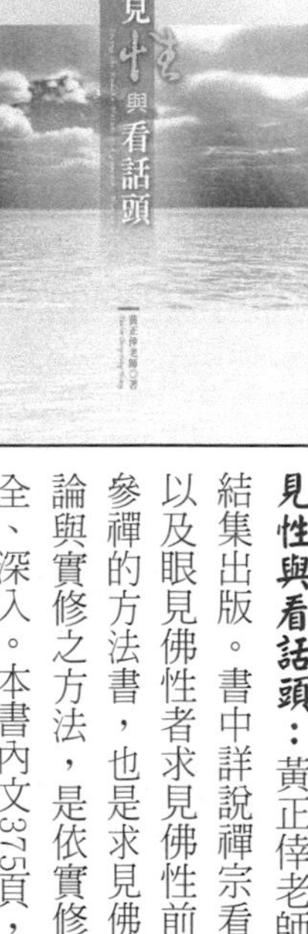

實相經宗通：學佛之目的在於實證一切法界背後之實相，禪宗稱之爲本來面目或本地風光，佛菩提道中稱之爲實相法界；此實相法界即是金剛藏，又名佛法之祕密藏，即是能生有情五陰、十八界及宇宙萬有（山河大地、諸天、三惡道世間）的第八識如來藏，又名阿賴耶識心，即是禪宗祖師所說的眞如心，此心即是三界萬有背後的實相。證得此第八識心時，自能瞭解般若諸經中隱說的種種密意，即得發起實相般若——實相智慧。每見學佛人修學佛法二十年後仍對實相般若茫然無知，亦不知如何入門，茫無所趣；更因不知三乘菩提的互異互同，是故越是久學者對佛法越覺茫然，都肇因於尚未瞭解佛法的全貌，亦未瞭解佛法的修證內容即是第八識心所致。本書對於修學佛法者所應實證的實相境界提出明確解析，並提示趣入佛菩提道的入手處，有心親證實相般若的佛法實修者，宜詳讀之，於佛菩提道之實證即有下手處。平實導師述著，共八輯，已全部出版完畢，每輯成本價250元。

真心告訴您（一）——達賴喇嘛在幹什麼？這是一本報導篇章的選集，更是「破邪顯正」的暮鼓晨鐘。「破邪」是戳破假象，說明達賴喇嘛及其所率領的密宗四大派法王、喇嘛們，弘傳的佛法是仿冒的佛法；他們是假藏傳佛教，是坦特羅（譚崔性交）外道法和藏地崇奉鬼神的苯教混合成的「喇嘛教」，推廣的是以所謂「無上瑜伽」的男女雙身法冒充佛法的假佛教，詐財騙色誤導衆生，常常造成信徒家庭破碎、家中兒少失怙的嚴重後果。「顯正」是揭櫫眞相，指出眞正的藏傳佛教只有一個，就是覺囊巴，傳的是 釋迦牟尼佛演繹的第八識如來藏妙法，稱爲他空見大中觀。正覺教育基金會即以此古今輝映的如來藏正法正知見，在眞心新聞網中逐次報導出來，將箇中原委「眞心告訴您」，如今結集成書，與想要知道密宗眞相的您分享。售價250元。

法華經講義：此書爲平實導師始從2009/7/21演述至2014/1/14之講經錄音整理所成。世尊一代時教，總分五時三教，即是華嚴時、聲聞緣覺教、般若教、種智唯識教、法華時；依此五時三教區分爲藏、通、別、圓四教。本經是最後一時的圓教經典，圓滿收攝一切法教於本經中，是故最後的圓教聖訓中，特地指出無有三乘菩提，其實唯有一佛乘；皆因衆生愚迷故，方便區分爲三乘菩提以助衆生證道。世尊於此經中特地說明如來示現於人間的唯一大事因緣，便是爲有緣衆生「開、示、悟、入」諸佛的所知所見——第八識如來藏妙眞如心，並於諸品中隱說「妙法蓮花」如來藏心的密意。然因此經所說甚深難解，眞義隱晦，古來難得有人能窺堂奧；平實導師以知如是密意故，特爲末法佛門四衆演述《妙法蓮華經》中各品蘊含之密意，使古來未曾被古德註解出來的「此經」密意，如實顯示於當代學人眼前。乃至〈藥王菩薩本事品〉、〈妙音菩薩品〉、〈觀世音菩薩普門品〉、〈普賢菩薩勸發品〉中的微細密意，亦皆一併詳述之，開前人所未曾言之密意，示前人所未見之妙法。最後乃至以〈法華大義〉而總其成，全經妙旨貫通始終，而依佛旨圓攝於一心如來藏妙心，厥爲曠古未有之大說也。平實導師述，共有25輯。每輯300元。

西藏「活佛轉世」制度—附佛、造神、世俗法：歷來關於喇嘛教活佛轉世的研究，多針對歷史及文化兩部分，於其所以成立的理論基礎，較少系統化的探討。尤其是此制度是否依據「佛法」而施設？是否合乎佛法眞實義？現有的文獻大多含糊其詞，或人云亦云，不曾有明確的闡釋與如實的見解。因此本文先從活佛轉世的由來，探索此制度的起源、背景與功能，並進而從活佛的尋訪與認證之過程，發掘活佛轉世的特徵，以確認「活佛轉世」在佛法中應具足何種果德。定價150元。

眞心告訴您（二）—達賴喇嘛是佛教僧侶嗎？補祝達賴喇嘛八十大壽：這是一本針對當今達賴喇嘛所領導的喇嘛教，冒用佛教名相、於師徒間或師兄姊間，實修男女邪淫，而從佛法三乘菩提的現量與聖教量，揭發其謊言與邪術，證明達賴及其喇嘛教是仿冒佛教的外道，是「假藏傳佛教」。藏密四大派教義雖有「八識論」與「六識論」的表面差異，然其實修之內容，皆共許「無上瑜伽」四部灌頂爲究竟「成佛」之法門，也就是共以男女雙修之邪淫法爲「即身成佛」之密要，雖美其名曰「欲貪爲道」之「金剛乘」，並誇稱其成就超越於（應身佛）釋迦牟尼佛所傳之顯教般若乘之上；然詳考其理論，則或以意識離念時之粗細心爲第八識如來藏，或以中脈裡的明點爲第八識如來藏，或如宗喀巴與達賴堅決主張第六意識爲常恆不變之眞心者，分別墮於外道之常見與斷見中；全然違背 佛說能生五蘊之如來藏的實質。售價300元。

涅槃—解說四種涅槃之實證及內涵：眞正學佛之人，首要即是見道，由見道故方有涅槃之實證，證涅槃者方能出生死，但涅槃有四種：二乘聖者的有餘涅槃、無餘涅槃，以及大乘聖者的本來自性清淨涅槃、佛地的無住處涅槃。大乘聖者實證本來自性清淨涅槃，入地前再取證二乘涅槃，然後起惑潤生捨離二乘涅槃，繼續進修而在七地心前斷盡三界愛之習氣種子，依七地無生法忍之具足而證得念念入滅盡定；八地後進斷異熟生死，直至妙覺地下生人間成佛，具足四種涅槃，方是眞正成佛。此理古來少人言，以致誤會涅槃正理者比比皆是，今於此書中廣說四種涅槃、如何實證之理、實證前應有之條件，實屬本世紀佛教界極重要之著作，令人對涅槃有正確無訛之認識，然後可以依之實行而得實證。本書共有上下二冊，每冊各四百餘頁，對涅槃詳加解說，每冊各350元。

佛藏經講義：本經說明爲何佛菩提難以實證之原因，都因往昔無數阿僧祇劫前的邪見所致，引生此世求證時之業障而難以實證。即以諸法實相詳細解說，繼之以念佛品、念法品、念僧品，說明諸佛之實質；然後以淨戒品之說明，期待佛弟子四衆堅持清淨戒而轉化心性，並以往古品的實例說明，教導四衆務必滅除邪見轉入正見中，然後以了戒品的說明和囑累品的付囑，期望末法時代的佛門四衆弟子皆能清淨知見而得以實證。平實導師於此經中有極深入的解說，總共21輯，每輯300元，自《法華經講義》流通完畢後開始發行。

修習止觀坐禪法要講記：修學四禪八定之人，往往錯會禪定之修學知見，欲以無止盡之坐禪而證禪定境界，卻不知修除性障之行門才是修證四禪八定不可或缺之要素，故智者大師云「性障初禪」；性障不除，初禪永不現前，云何修證二禪等？又：行者學定，若唯知數息，而不解六妙門之方便善巧者，欲求一心入定，未到地定極難可得，智者大師名之爲「事障未來」：障礙未到地定之修證。又禪定之修證，不可違背二乘菩提及第一義法，否則縱使具足四禪八定，亦不能實證涅槃而出三界。此諸知見，智者大師於《修習止觀坐禪法要》中皆有闡釋。作者平實導師以其第一義之見地及禪定之實證證量，曾加以詳細解析。將俟正覺寺竣工啓用後重講，不限制聽講者資格；講後將以語體文整理出版。欲修習世間定及增上定之學者，宜細讀之。平實導師述著。

解深密經講記：本經係 世尊晚年第三轉法輪，宣說地上菩薩所應熏修之唯識正義經典，經中所說義理乃是大乘一切種智增上慧學，以阿陀那識—如來藏—阿賴耶識爲主體。禪宗之證悟者，若欲修證初地無生法忍乃至八地無生法忍者，必須修學《楞伽經、解深密經》所說之八識心王一切種智；此二經所說正法，方是眞正成佛之道；印順法師否定第八識如來藏之後所說萬法緣起性空之法，是以誤會後之二乘解脫道取代大乘眞正成佛之道，尚且不符二乘解脫道正理，亦已墮於斷滅見中，不可謂爲成佛之道也。平實導師曾於本會郭故理事長往生時，於喪宅中從首七開始宣講，於每一七各宣講三小時，至第十七而快速略講圓滿，作爲郭老之往生佛事功德，迴向郭老早證八地、速返娑婆住持正法。茲爲今時後世學人故，將擇期重講《解深密經》，以淺顯之語句講畢後，將會整理成文，用供證悟者進道；亦令諸方未悟者，據此經中佛語正義，修正邪見，依之速能入道。平實導師述著，全書輯數未定，每輯三百餘頁，將於未來重講完畢後逐輯出版。

阿含經講記—小乘解脫道之修證：數百年來，南傳佛法所說證果之不實，所說解脫道之虛妄，所弘解脫道法義之世俗化，皆已少人知之；從南洋傳入台灣與大陸之後，所說法義虛謬之事，亦復少人知之；今時台灣全島印順系統之法師居士，多不知南傳佛法數百年來所說解脫道之義理已然偏斜、已然世俗化、已非眞正之二乘解脫正道，猶極力推崇與弘揚。彼等南傳佛法近代所謂之證果者多非眞實證果者，譬如阿迦曼、葛印卡、帕奧禪師、一行禪師……等人，悉皆未斷我見故。近年更有台灣南部大願法師，高抬南傳佛法之二乘修證行門爲「捷徑究竟解脫之道」者，然而南傳佛法縱使眞修實證，得成阿羅漢，至高唯是二乘菩提解脫之道，絕非究竟解脫，無餘涅槃中之實際尚未得證故，法界之實相尚未了知故，習氣種子待除故，一切種智未實證故，焉得謂爲「究竟解脫」？即使南傳佛法近代眞有實證之阿羅漢，尚且不及三賢位中之七住明心菩薩本來自性清淨涅槃智慧境界，則不能知此賢位菩薩所證之無餘涅槃實際，仍非大乘佛法中之見道者，何況普未實證聲聞果乃至未斷我見之人？謬充證果已屬逾越，更何況是誤會二乘菩提之後，以未斷我見之凡夫知見所說之二乘菩提解脫偏斜法道，焉可高抬為「究竟解脫」？而且自稱「捷徑之道」？又妄言解脫之道即是成佛之道，完全否定般若實智、否定三乘菩提所依之如來藏心體，此理大大不通也！平實導師為令修學二乘菩提欲證解脫果者，普得迴入二乘菩提正見、正道中，是故選錄四阿含諸經中，對於二乘解脫道法義有具足圓滿說明之經典，預定未來十年內將會加以詳細講解，令學佛人得以了知二乘解脫道之修證理路與行門，庶免被人誤導之後，未證言證，干犯道禁，成大妄語，欲升反墮。本書首重斷除我見，以助行者斷除我見而實證初果為著眼之目標，若能根據此書內容，配合平實導師所著《識蘊眞義》《阿含正義》內涵而作實地觀行，實證初果非為難事，行者可以藉此三書自行確認聲聞初果為實際可得現觀成就之事。此書中除依二乘經典所說加以宣示外，亦依斷除我見等之證量，及大乘法中道種智之證量，對於意識心之體性加以細述，令諸二乘學人必定得斷我見、常見，免除三縛結之繫縛。次則宣示斷除我執之理，欲令升進而得薄貪瞋痴，乃至斷五下分結…等。平實導師述，共二冊，每冊三百餘頁。每輯300元。

總經銷： 飛鴻 國際行銷股份有限公司
231 新北市新店市中正路 501 之 9 號 2 樓
Tel.02－82186688（五線代表號） Fax.02-82186458、82186459

零售：1.**全台連鎖經銷書局：**
三民書局、誠品書局、何嘉仁書店
敦煌書店、紀伊國屋、金石堂書局、建宏書局
諾貝爾圖書城、墊腳石圖書文化廣場

2.**台北市：**佛化人生 **大安區**羅斯福路 3 段 325 號 6 樓之 4　台電大樓對面
3.**新北市：**春大地書店 **蘆洲區**中正路 117 號
4.**桃園市：**御書堂 **龍潭區**中正路 123 號
5.**新竹市：**大學書局 **東區**建功路 10 號
6.**台中市：**瑞成書局 **東區**雙十路 1 段 4 之 33 號
佛教詠春書局 **南屯區**永春東路 884 號
文春書店 **霧峰區**中正路 1087 號
7.**彰化市：**心泉佛教文化中心 南瑤路 286 號
8.**高雄市：**政大書城 **苓雅區**光華路 148-83 號
明儀書局 **三民區**明福街 2 號\
青年書局 **苓雅區**青年一路 141 號
9.**宜蘭市：**金隆書局　中山路 3 段 43 號
10.**台東市：**東普佛教文物流通處 博愛路 282 號
11.**其餘鄉鎮市經銷書局：**請電詢總經銷**飛鴻**公司。
12.**大陸地區請洽：**

香港：樂文書店
旺角店 :香港九龍旺角西洋菜街 62 號 3 樓
電話 : (852) 2390 3723　email: luckwinbooks@gmail.com
銅鑼灣店 :香港銅鑼灣駱克道 506 號 2 樓
電話 : (852) 2881 1150　email: luckwinbs@gmail.com

廈門：廈門外圖臺灣書店有限公司
地址：廈門市思明區湖濱南路809 號 廈門外圖書城3 樓 郵編：361004
電話：0592-5061658（臺灣地區請撥打 86-592-5061658）
E-mail：JKB118＠188.COM

13.**美國：世界日報圖書部：**紐約圖書部　電話 7187468889#6262
洛杉磯圖書部　電話 3232616972#202

14.**國內外地區網路購書：**

正智出版社 書香園地　http://books.enlighten.org.tw/
（書籍簡介、經銷書局可直接聯結下列網路書局購書）

三民 網路書局　http://www.sanmin.com.tw

誠品 網路書局　http://www.eslitebooks.com

博客來 網路書局　http://www.books.com.tw

金石堂 網路書局　http://www.kingstone.com.tw

飛鴻 網路書局　http://fh6688.com.tw

附註：1.請儘量向各經銷書局購買：郵政劃撥需要八天才能寄到（本公司在您劃撥後第四天才能接到劃撥單，次日寄出後第二天您才能收到書籍，此六天中可能會遇到週休二日，是故共需八天才能收到書籍）若想要早日收到書籍者，請劃撥完畢後，將劃撥收據貼在紙上，旁邊寫上您的姓名、住址、郵區、電話、買書詳細內容，直接傳眞到本公司 02-28344822，並來電 02-28316727、28327495 確認是否已收到您的傳眞，即可提前收到書籍。 2.因台灣每月皆有五十餘種宗教類書籍上架，書局書架空間有限，故唯有新書方有機會上架，通常每次只能有一本新書上架；本公司出版新書，大多上架不久便已售出，若書局未再叫貨補充者，書架上即無新書陳列，則請直接向書局櫃台訂購。 3.若書局不便代購時，可於晚上共修時間向正覺同修會各共修處請購（共修時間及地點，詳閱**共修現況表**。每年例行年假期間請勿前往請書，年假期間請見共修現況表）。 4.郵購：郵政劃撥帳號 19068241。 5.正覺同修會會員購書都以八折計價（戶籍台北市者爲一般會員，外縣市爲護持會員）都可獲得優待，欲一次購買全部書籍者，可以考慮入會，節省書費。入會費一千元（第一年初加入時才需要繳），年費二千元。**6.尚未出版之書籍，請勿預先郵寄書款與本公司，謝謝您！** 7.若欲一次購齊本公司書籍，或同時取得正覺同修會贈閱之全部書籍者，請於正覺同修會共修時間，親到各共修處請購及索取；**台北市讀者**請洽：103 台北市承德路三段 267 號 10 樓（捷運淡水線 圓山站旁）請書時間：週一至週五爲 18.00~21.00，第一、三、五週週六爲 10.00~21.00，雙週之週六爲 10.00~18.00 請購處專線電話：25957295-分機 14（於請書時間方有人接聽）。

敬告大陸讀者：

大陸讀者購書、索書捷徑（尚未在大陸出版的書籍，以下二個途徑都可以購得，電子書另包括結緣書籍）：

1.廈門外國圖書公司：廈門市思明區湖濱南路 809 號 廈門外圖書城 3F

郵編：361004　電話：0592-5061658　網址：http://www.xibc.com.cn/

2.電子書：正智出版社有限公司及正覺同修會在台灣印行的各種局版書、結緣書，已有『**正覺電子書**』陸續上線中，提供讀者於手機、平板電腦上購書、下載、閱讀正智出版社、正覺同修會及正覺教育基金會所出版之電子書，詳細訊息敬請參閱『正覺電子書』專頁：http://books.enlighten.org.tw/ebook

關於平實導師的書訊，請上網查閱：

成佛之道　http://www.a202.idv.tw

正智出版社 書香園地　http://books.enlighten.org.tw/

中國網採訪佛教正覺同修會、正覺教育基金會訊息：

http://big5.china.com.cn/gate/big5/fangtan.china.com.cn/2014-06/19/content_32714638.htm

http://pinpai.china.com.cn/

★ 正智出版社有限公司售書之稅後盈餘，全部捐助財團法人正覺寺籌備處、佛教正覺同修會、正覺教育基金會，供作弘法及購建道場之用；懇請諸方大德支持，功德無量。

★ 聲　明 ★

本社於 2015/01/01 開始調整本目錄中部分書籍之售價，以因應各項成本的持續增加。

＊ 喇嘛教修外道雙身法、墮識陰境界，非佛教 ＊

＊ 弘揚如來藏他空見的覺囊派才是真正藏傳佛教 ＊

售後服務—換書啓事（免附回郵） 2017/12/05

《楞伽經詳解》第三輯初版免費調換新書啓事：茲因 平實導師弘法早期尚未回復往世全部證量，有些法義接受他人的說法，寫書當時並未察覺而有二處（同一種法義）跟著誤說，如今發現已將之修正。茲爲顧及讀者權益，已開始免費調換新書；敬請所有讀者將以前所購第三輯（不論第幾刷），攜回或寄回本公司免費換新；郵寄者之回郵由本公司負擔，不需寄來郵票。因此而造成讀者閱讀、以及換書的不便，在此向所有讀者致上萬分的歉意，祈請讀者大眾見諒！

《楞嚴經講記》第 14 輯初版首刷本免費調換新書啓事：本講記第 14 輯出版前因 平實導師諸事繁忙，未將之重新閱讀而只改正校對時發現的錯別字，故未能發覺十年前所說法義有部分錯誤，於第 15 輯付印前重閱時才發覺第 14 輯中有部分錯誤尚未改正。今已重新審閱修改並已重印完成，煩請所有讀者將以前所購第 14 輯初版首刷本，寄回本公司免費換新（初版二刷本無錯誤），本公司將於寄回新書時同時附上您寄書來換新時的郵資，並在此向所有讀者致上最誠懇的歉意。

《心經密意》初版書免費調換二版新書啓事：本書係演講錄音整理成書，講時因時間所限，省略部分段落未講。後於再版時補寫增加 13 頁，維持原價流通之。茲爲顧及初版讀者權益，自 2003/9/30 開始免費調換新書，原有初版一刷、二刷書籍，皆可寄來本公司換書。

《宗門法眼》已經增寫改版爲 464 頁新書，2008 年 6 月中旬出版。讀者原有初版之第一刷、第二刷書本，都可以寄回本公司免費調換改版新書。改版後之公案及錯悟事例維持不變，但將內容加以增說，較改版前更具有廣度與深度，將更能助益讀者參究實相。

換書者**免附回郵**，亦無截止期限；舊書請寄：111 台北郵政 73-151 號信箱 或 103 台北市承德路三段 267 號 10 樓 正智出版社有限公司。舊書若有塗鴨、殘缺、破損者，仍可換取新書；但缺頁之舊書至少應仍有五分之三頁數，方可換書。所有讀者不必顧念本公司是否有盈餘之問題，都請踴躍寄來換書；本公司成立之目的不是營利，只要能眞實利益學人，即已達到成立及運作之目的。若以郵寄方式換書者，免附回郵；並於寄回新書時，由本公司附上您寄來書籍時耗用的郵資。造成您不便之處，再次致上萬分的歉意。

正智出版社有限公司 啓

換書及道歉公告

《法華經講義》第十三輯，因謄稿、印製等相關人員作業疏失，導致該書中的經文及內文用字將「**親近**」誤植成「清淨」。茲爲顧及讀者權益，自 2017/8/30 開始免費調換新書；敬請所有讀者將以前所購第十三輯初版首刷及二刷本，攜回或寄回本社免費換新，或請自行更正其中的錯誤之處；郵寄者之回郵由本社負擔，不需寄來郵票。同時對因此而造成讀者閱讀、以及換書的困擾及不便，在此向所有讀者致上最誠懇的歉意，祈請讀者大眾見諒！錯誤更正說明如下：

一、第 256 頁第 10 行~第 14 行：【就是先要具備「**法親近處**」、「**眾生親近處**」；法**親近**處就是在實相之法有所實證，如果在實相法上有所實證，他在二乘菩提中自然也能有所實證，以這個作爲第一個**親近**處——第一個基礎。然後還要有第二個基礎，就是瞭解應該如何善待眾生；對於眾生不要有排斥或者是貪取之心，平等觀待而攝受、親近一切有情。以這兩個**親近**處作爲基礎，來實行其他三個安樂行法。】。

二、第 268 頁第 13 行：【具足了那兩個「**親近處**」，使你能夠在末法時代，如實而圓滿的演述《法華經》時，那麼你作這個夢，它就是如理作意的，完全符合邏輯去完成這個過程，就表示你那個晚上，在那短短的一場夢中，已經度了不少眾生了。】

正智出版社有限公司 敬啓

國家圖書館出版品預行編目(CIP)資料

法華經講義 / 平實導師述. -- 初版. -
- 臺北市 : 正智, 2015.05 面 ; 公分
ISBN 978-986-56553-0-3 (第一輯：平裝)
ISBN 978-986-56554-6-4 (第二輯：平裝)
ISBN 978-986-56555-6-3 (第三輯：平裝)
ISBN 978-986-56556-1-7 (第四輯：平裝)
ISBN 978-986-56556-9-3 (第五輯：平裝)
ISBN 978-986-56557-9-2 (第六輯：平裝)
ISBN 978-986-56558-2-2 (第七輯：平裝)
ISBN 978-986-56558-9-1 (第八輯：平裝)
ISBN 978-986-56559-8-3 (第九輯：平裝)
ISBN 978-986-93725-2-7 (第十輯：平裝)
ISBN 978-986-93725-4-1 (第十一輯：平裝)
ISBN 978-986-93725-6-5 (第十二輯：平裝)
ISBN 978-986-93725-7-2 (第十三輯：平裝)
ISBN 978-986-94970-3-9 (第十四輯：平裝)
ISBN 978-986-94970-7-7 (第十五輯：平裝)
ISBN 978-986-94970-9-1 (第十六輯：平裝)
ISBN 978-986-95830-1-5 (第十七輯：平裝)
ISBN 978-986-95830-4-6 (第十八輯：平裝)
ISBN 978-986-95830-9-1 (第十九輯：平裝)
ISBN 978-986-96548-1-4 (第二十輯：平裝)
ISBN 978-986-96548-5-2 (第二十一輯：平裝)
ISBN 978-986-97233-0-5 (第二十二輯：平裝)
ISBN 978-986-97233-2-9 (第二十三輯：平裝)
ISBN 978-986-97233-4-3 (第二十四輯：平裝)
ISBN 978-986-97233-6-7 (第二十五輯：平裝)
1. 法華部
221.5 104004638

法華經講義——第二十四輯

著述者：平實導師
音文轉換：章乃鈞、高惠齡、劉惠莉、蔡正利、黃昇金
校對：章乃鈞 陳介源 孫淑貞 傅素嫻 王美伶
出版者：正智出版社有限公司
電話：〇二 28327495 28316727（白天）
傳眞：〇二 28344822
111 台北郵政 73-151 號信箱
郵政劃撥帳號：一九〇六八二四一
正覺講堂：總機〇二 25957295（夜間）
總經銷：飛鴻國際行銷股份有限公司
231 新北市新店區中正路 501-9 號 2 樓
電話：〇二 82186688（五線代表號）
傳眞：〇二 82186458 82186459
初版首刷：二〇一九年三月三十一日 二千冊
初版三刷：二〇一九年五月十日 二千冊
定價：三〇〇元

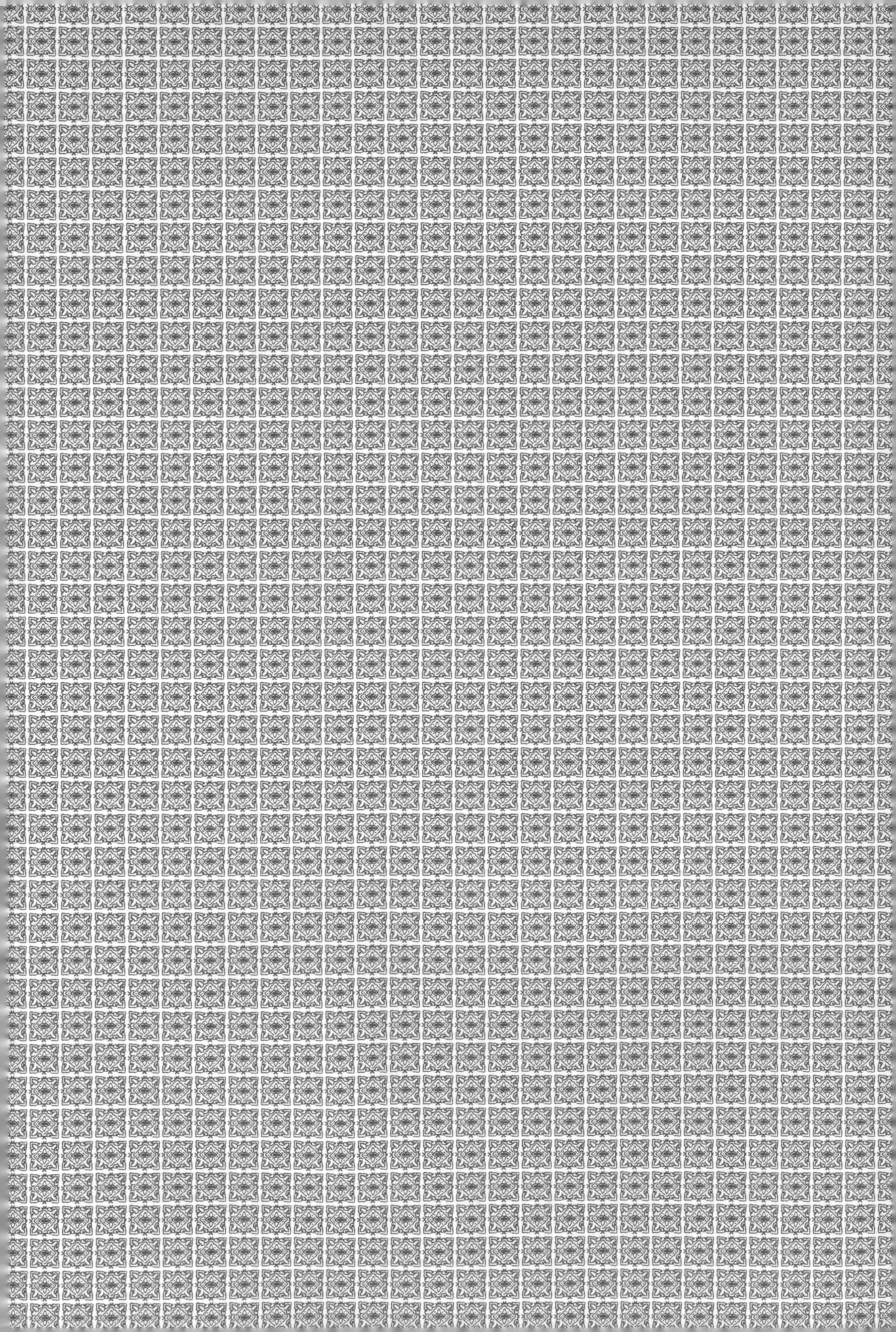